四川省社会科学规划研究后期资助项目（SC19H005）资助

西华师范大学出版基金资助

西华师范大学2017年博士科研启动项目（17E031）资助

四川省社会科学高水平研究团队（基层民主与基层治理）资助

罗尔斯正义理论的
稳定性问题研究

乔新娥 著

John
Bordley
Rawls

中国社会科学出版社

图书在版编目（CIP）数据

罗尔斯正义理论的稳定性问题研究 / 乔新娥著 . —北京：中国社会科学
出版社，2020.10
ISBN 978 – 7 – 5203 – 7350 – 0

Ⅰ.①罗…　Ⅱ.①乔…　Ⅲ.①罗尔斯(Rawls，John Bordley
1921 – 2002)—正义—理论研究　Ⅳ.①B712.59

中国版本图书馆 CIP 数据核字（2020）第 186800 号

出 版 人	赵剑英
责任编辑	王　琪
责任校对	郝阳洋
责任印制	王　超

出　　版	中国社会科学出版社
社　　址	北京鼓楼西大街甲 158 号
邮　　编	100720
网　　址	http://www.csspw.cn
发 行 部	010 – 84083685
门 市 部	010 – 84029450
经　　销	新华书店及其他书店

印　　刷	北京明恒达印务有限公司
装　　订	廊坊市广阳区广增装订厂
版　　次	2020 年 10 月第 1 版
印　　次	2020 年 10 月第 1 次印刷

开　　本	710 × 1000　1/16
印　　张	15.5
字　　数	262 千字
定　　价	89.00 元

凡购买中国社会科学出版社图书，如有质量问题请与本社营销中心联系调换
电话：010 – 84083683

自　序

　　正义是政治领域亘古常新的话题，正义问题在历史上不断经历变化，各个时代的人们都不缺少对于正义价值的探寻热情。我们经常会听到、看到各种关于正义的宣告，充满启示和力量，"实现正义，哪怕天崩地裂"（拉丁格言），"正义是至高无上的尊号"（普鲁塔克），"公义终将获胜，哪怕结果是世界上所有恶棍都尽数灭亡"（康德），"正义是社会制度的首要美德"（罗尔斯），"正义必胜"，等等。正义的理念蕴含着无穷的魅力，促使人们为其绞尽脑汁，为其奔走呐喊，甚至献出宝贵的生命。

　　世界历史经历多个时代的兴亡更替，各国建立初始无不宣称替天行道的正义性，在发动战争的时候也都标榜自己是正义的一方，以此获得更多的支持。正义的魅力流淌在人们的骨血里面，是人类社会永恒的价值追求，提起正义，总能激发起人们或多或少的心潮起伏，体现着与正义相匹配的一系列道德情感。在当代中国，公平正义也成为社会主义的核心价值，成为指导人们参与公共生活、建设和谐社会的基本价值取向。正义的主题内容可大可小，可以大到整个人类的公义事业与目标，成为人类公法的基本标准；也可以是现实生活中的具体安排，仅仅涉及某个人是否在一项活动中获得其应有的公平对待。正义从历史走向当下，从理论走进现实，从高高在上的国家政策进入贴近生活的具体事件，体现了正义主题的广博与复杂。

　　正义观念纷争激发人们探讨的热情，正义的实现则需要审慎复杂的理论联系现实研究。西方政治哲学中罗尔斯的正义理论是一个博大精深的体系，充满深刻的公共哲学思辨内容，多大程度上可以联系现实答疑解惑，如何将其与现实联系在一起是需要不断思考与探究的问题。笔者尝试从罗尔斯正义稳定性这个角度出发，进一步研究正义的实现，希望能对相关问题的深入研究提供一些启发。

目　　录

导　　论

一　选题依据

（一）研究背景

西方政治思想史上对正义的探求经历了两千多年，从古希腊柏拉图的《理想国》到亚里士多德的《政治学》《尼各马可伦理学》，从近现代霍布斯的《利维坦》到洛克的《政府论》，从卢梭的《社会契约论》再到密尔的《功利主义》，都直接或间接论述了社会与国家的正义问题。经历一段时间的沉积之后，当代西方政治哲学中作为自由主义标志性人物的罗尔斯对正义问题的研究起到了复兴与开创作用，从罗尔斯的《正义论》到阿玛蒂亚·森的《正义的理念》，从沃尔泽的《正义诸领域》到巴里的《正义诸理论》，从米勒的《社会正义原则》到桑德尔的《公正》，从弗雷泽《正义的中断》到努斯鲍姆的《正义的前沿》……直接以正义命名的专著就琳琅满目，直接、间接涉及正义问题的著作更是不胜枚举。学者们有的建构理想的正义理论，如罗尔斯和巴里；有的揭示现实中的正义领域及有争议的分配原则并指出正义社会的努力方向，比如沃尔泽和森；有的从政治哲学视角探析正义本身的内在逻辑，比如米勒和桑德尔；有的从社会批判角度分析当下流行正义理论的问题与不足，比如弗雷泽和努斯鲍姆。总之，自从罗尔斯的《正义论》出版之后，正义问题成为西方政治哲学的核心关切，包括正义观念的具体理论内容与相应的制度安排以及社会正义的实现路径都成为哲学家、思想家不断探寻的主题。随着当代政治哲学对于正义探究的不断深入，正义问题中的权利与功利、正当与善的关系，以及理性与情感等都成为学者们关注的主要问题，特别是正义作为人类社会规范诞生的主客观条件以及正义规范作为社会制度价值的实现研究。正义诞生的主观条件包含合理的个人利益取向以及有限的利他主义倾向，正义理念从高高在上的神圣价值变为现实制度建构的价值标准，许多学者比如哈贝马斯、桑德尔对正义的批判理论研究充满话题，让正义本身成为一个充满局限与脆弱的政治价值。再加上当今社会的多元化发展，正义理论观点呈现出多元化的广泛探讨，正义观念的多元化也让人们对正义产生各种疑问，正义的实现也越来越需要人们基本社会共识的支撑，正义的实现越来越成为政治哲学的重要问题，正义规范的可能性与可行性以及正义观念建立现实联系的稳定性研究，成为政治哲学关注正义研究的重要领域。

正义的实现问题研究涉及正义的可取性与可行性以及运行的稳定性探讨，正义的不同观念本身的争论是一个方面，主要涉及正义的可取性（desirability）方面，当然也会有正义观念运用的现实生活中产生哪些问题，某种正义观念是否可以联系到现实社会中去，其实现过程又对社会本身提出何种限制，涉及的是正义的可行性（feasibility）方面与正义的实现研究。正义规范的可取性探究也会因为可行性较高而被选择，正义价值的实现更具有可行性也会增加其可取性论证，可取性与可行性密切配合构成正义理论的整体。正义的研究一方面需要考察不同正义理论之间的可取性纷争，比如功利主义正义观与社会契约论正义观以及个人主义正义观与共同体主义正义观的取舍问题；另一方面也要考察正义观念本身的可行性问题，正义观念在联系社会实现过程中会出现各种问题，比如在特定正义观念不变的情况下，当正义规范与个人利益发生冲突的时候个人如何坚持应有的正义规范，当遵守正义规范的人们看到另一些非正义行为出现之后能否继续坚持原来的正义规范，还有不同的正义规范相互竞争的情况下我们应该如何抉择更有可取性和可行性的正义观念，这些问题的相关探讨就是正义稳定性的研究主题。

在人类文明的早期时候，往往通过充满神秘主义的神话传说或者宗教形式对人类社会进行启示，人们坚信上天和神灵会为人类社会主持公道，就算上天不直接表达意志，也会通过天灾人祸、祥瑞征兆间接指导人类社会，体现一种善有善报、恶有恶报的基本社会正义理想信念，维护人间的基本秩序与团结。这种信奉自然与上天能够指导人事的认识过程在中西方文明中都曾长期存在，中国古代有"天人合一，君权天授"的儒道诠释，在西方也有宗教神话以及基督教上帝对于社会的统领。特别是在西方中世纪政教合一的年代，上帝的教义是人间正义的来源，来世的救赎与幸福是人们坚守现实社会正义的动力源泉。然而，宗教改革文艺复兴启蒙之后，人的意识成为衡量万事万物的尺度，正义的标准也从上帝变为人本身，正义的观念和制度也成为人类社会人为创造的政治价值。正义成为人为的创造观念，意味着正义从神坛走向人世，从高高在上的上帝之城的神圣训诫变为平凡世界的行为规则。作为人为创造的价值，对于正义的研究就离不开对于人性本身的探讨。人性之问，也就成为政治思想研究的最根本问题。苏格拉底的问题继续困扰人们，人的本质是什么？人生而在世的意义是什么？这些问题都需要有人来回答，不同的学者给出了不同的答案，也因此产生了不同的正义观念。正义观念的提出需要以相应的人性观作为基础，要探究正义的实现问题，研究某个正义观念运行到现实生活中的稳定性问题，就必然需要以对人性的深入探究为基础。对于人性的探究，主要有两种思路：一个是经验主义的思路，认为人的出生是一张白板，所有的认知情感都是后天培养的结果，这种观点的代表人物是洛克；另一些学者持有理性主义的观点，认为人是天生的理性动物，人一出生就具备各种天赋和才能，但是需要通过后天的引导才能对人的天赋进行开发，这种观念的主要代表是卢梭。两种路径发展到当代，相互借鉴，形成更加完善和成熟的理论体系。正义的稳定性需要与人性紧密结合，因而需要探究正义的动机。正义的环境是资源的有限以及多元文化的繁荣，正义的主客观限制条件都对正义的稳定性造成了影响。正义观念的可行性探究离不开对理论指导实践的具体制度安排，正当性政府的建构要求有哪些，如何确定和实现法律制度的共识，界定规范的强制与正义的关系等，都是正义价值的相关问题，也是正义观念实现稳定性需要探究的问题。

（二）研究意义

罗尔斯是当代政治哲学中研究正义理论的代表人物，其《正义论》复兴了西方的政治哲学，并使社会正义成为政治哲学几十年的重要论题。罗尔斯及其相关支持者构成政治哲学重要流派，罗尔斯的学生们构成了哈佛大学政治哲学的重要代表，乃至成为美国政治哲学的重要力量。罗尔斯唤醒了西方政治哲学的学术探讨，启发了学者们对于政治哲学的更大兴趣，不管是赞成还是反对，都无法绕过对罗尔斯正义理论的研究。罗尔斯正义论包含一个庞杂的理论体系，从康德式社会契约论的建构到黑格尔色彩的共同体背景正义的强调，从远处契约无知之幕的正义原则的可欲性选择到打开无知之幕考察公平式正义原则在现实实践中的具体运行，从正义观念本身的理论假设到正义制度实现步骤的有序开展等问题，从个人道德心理学基础探究到社会制度共识的精心设计，可谓内容庞杂、包罗万象。对罗尔斯正义理论的研究可以帮助我们进一步了解当代西方政治哲学的主要问题意识，对于从理论上研究社会正义以及构建现实更加公平正义的社会都具有十分必要的意义。

作为西方政治哲学在当代的重量级代表，罗尔斯提出的作为公平的正义两原则继承了西方思想的社会契约论传统，在个人主义人性的基础上对正义问题进行了深入而全面的学术讨论，引发了学界内部的广泛讨论。以往学者们对于正义理论内部两原则的优先性、自由主义与功利主义纷争以及后期政治自由主义转向进行了丰富的系统研究和讨论，包括维护两原则的自由主义立场，以及批判两原则的共同体主义立场，是否实现了理论前后的逻辑自洽等问题，对于我们继续研究正义问题提供了诸多方向。罗尔斯公平正义本身的可欲性论证已经被中外学者广泛探讨，取得了丰硕而有影响力的研究成果，而对于罗尔斯正义的稳定性问题，即可行性方面，作为罗尔斯政治哲学从整全性的伦理道德正义向政治自由主义现实转向的决定性命题，特别是从正义本身的局限和实现角度，还有很多需要挖掘的地方。我们需要进一步围绕正义观念的实现研究即正义稳定性展开讨论，本书致力于从罗尔斯建构的公平式正义观念联系到现实政治社会环境的正义稳定性，从正义本身的实现角度考察其正义理论，探究其中的启示意义。具体而言，我们认为罗尔斯对于政治正义的稳定性探讨进行了开创而系统的研究，包括正义观念作为理论价值作用于个体经历不同阶段形成道德情感的稳定心理认同过程，以及在社会共识基础之上建构政治制度依赖的社会联合等相关问题。

通过对罗尔斯正义稳定性问题的进一步探究，我们可以深化对于正义问题的进一步思考。一般而言，我们需要关注与思考正义相关问题，包括：正义作为人类社会的重要价值，我们应该选择什么样的正义观念，正义规范应该如何实现？对于同一个正义规范，为什么有些人可以坚守，另一些人却不能坚持？在面对各种各样正义规范的竞争中，如何实现一种正义观念的长治久安？这些问题都需要正义稳定性的相关讨论加以回答。政治社会的稳定与存续发展是政治学、社会学的古老话题，对于正义问题的探究也伴随了人类几千年的哲学思考，而"正义稳定性问题"作为一个特定主题则来自罗尔斯《正义论》第三部分对正义理论目的的讨论，后来又在《政治自由主义》中进一步完善，进而被学者们不断关注与拓展，可以看作学术领域一个较新的话题。罗尔斯正义稳定性问题涉及正义理论中个人主义视角的道德心理基础以及自由主义多元价值背景下社会共识的确立与政治制度的建构，是罗尔斯在无知之幕背景下推理出来的公平式正义理论与打开无知之幕之后的现实相结合的实现问题，正义稳定性主要是关于正义观念在现实中的可行性问题，属于正义规范的实现问题。罗尔斯正义理论适用于特定社会制度背景下的公平建构，也有较强的社会适用性特点，但对于指导中国特色社会主义公平正义建设仍具有十分重要的理论启示意义与现实指导意义。

二　关于罗尔斯正义稳定性问题的国内外研究现状分析

（一）正义稳定性的内涵界定

罗尔斯对稳定性问题的系统探讨集中体现在其《正义论》与《政治自由主义》两本著作，以及一些相关论文之中。正义稳定性探讨首先出自《正义论》一书，书里主要包括三编九章，其中第一部分关注理论，开篇提出正义为社会制度的首要美德（virtue），通过社会契约论原初状态的基本思路创造性地建构了正义两原则的理论论证，主要内容是纯理论环境的抽象正义论。第二部分讨论公平正义的社会制度分配问题，主要论述两个正义原则在社会基本结构中的具体安排与现实应用。第三部分探究正义理论的目的，核心问题在于解答原初状态人们的基本善与正义原则指导下人们的共同体善相一致的问题，即正义理论的道德稳定性问题。[①] 后来由于正义理论内部一致性出现问题，罗尔斯在《政治自由主义》中将稳定性更多集中于政治制度建构层面。政治稳定问题在政治学领域一直备受关注，将其与道德稳定性紧密结合在一起进行讨论的完整思路由罗尔斯开创。[②]

虽然正义稳定性问题并没有成为学者们研究罗尔斯正义理论的主要内容，但是对于正义两原则的探讨或多或少都会涉及一些对于正义稳定性的论述，并且稳定性问题并不是无关紧要的，"它能够生成所有（或几乎所有）公民对它和它所支撑的社会秩序的坚定的道德效忠，从而历久弥新"[③]。乔治·克洛斯科（George Klosko）对于稳定性关注较多，从罗尔斯

---

① ［美］约翰·罗尔斯：《正义论》，何怀宏、何包钢、廖申白译，中国社会科学出版社2011年版。

② ［美］约翰·罗尔斯：《政治自由主义》，万俊人译，译林出版社2013年版，第4页。

③ ［美］涛慕思·博格：《罗尔斯：生平与正义理论》，顾肃、刘雪梅译，中国人民大学出版社2010年版，第43页。

正义理论内部到美国社会的实践调查，多方面考察正义观念的稳定运行问题，指出罗尔斯正义稳定性问题的论证失败，以及重叠共识在美国多元化社会很难实现。克洛斯科围绕罗尔斯正义稳定性两个主要方面展开讨论：一是道德稳定，二是政治稳定，详细论述了两者的区别联系与独特性表现。并从两个方面总结出道德稳定与政治稳定的关系：一是道德稳定与政治稳定含义不同，道德稳定是政治稳定实现的前提，可以促进政治稳定的实现，而且，相比其他原则诸如功利主义原则，罗尔斯的正义两原则更有意义；二是，政治稳定需要对不稳定的潜在威胁进行预防和避免，只有这样才能保证罗尔斯正义原则更强的说服力。[①] 大部分国外研究学者都赞同道德稳定与政治稳定的区分，另有学者指出罗尔斯正义理论中最具特色的内容在于心理稳定，科恩（Cohen）将其称为罗尔斯式稳定性，并与一般情况下人们使用的普通的稳定性相区分。[②] 心理稳定主要是道德心理方面的稳定性，而普通的稳定性则主要关切政治社会的稳定。

哈贝马斯关注罗尔斯正义理论的内部论证，也涉及稳定性问题的主要内涵，他指出罗尔斯正义理论的两个步骤：第一步是解决正义原则的内部稳定问题（inherent stability），第二步是解决可接受性（acceptability）即同意的问题。第一步正义观念的内在稳定性——哈贝马斯"赋予思想一种穿过经验之流而显露出稳定命题结构的那种理想性，之所以能具有这种作用，是因为它为概念和判断确保了普遍的、主体间可承认的、在此意义上同一的内容"[③]。而第二步正义观念的可接受性则属于正义社会的稳定性——"正义社会之稳定化的基础不是法律的强制力量，而是正义建制下的生活的社会化力量"[④]。正义原则的内部稳定实际上是公平式正义原则作为正义观念内部的理论论证问题，而正义原则外部稳定则是正义观念运行到现实中的外部可接受性，是一种理论与实践相结合的探讨。本书探究正义稳定性的主要思路更多偏向于哈贝马斯对第二步的界定。

国内学者对于罗尔斯正义理论的稳定性问题的论述虽然并不系统，但

[①] George Klosko, "Rawls's Argument from Political Stability", *Columbia Law Review*, Vol. 94, No. 6, 1994, p. 1886.

[②] ［英］G. A. 科恩：《拯救正义与平等》，陈伟译，复旦大学出版社2014年版，第301—302页。

[③] ［德］哈贝马斯：《在事实与规范之间》，童世骏译，生活·读书·新知三联书店2014年版，第17页。

[④] 同上书，第72页。

是也充满启发，姚大志等人从关注罗尔斯正义理论转向角度区分稳定性的
种类。姚大志认为罗尔斯的稳定性问题是其正义观念可行性的体现，"可
欲性突出了正义原则的理想性，即这种正义原则是否值得我们当作崇高的
目标追求。可行性则强调了政治社会的稳定性，即如何保证实行正义原则
的社会能够长治久安"①。在进一步区分正义稳定性问题的时候又把罗尔斯
有关稳定性的论述分为两个方面：一个是主观论证，对应正义观念的稳定
性；另一个是客观论证，对应正义制度的稳定性。二者确立都依赖于正义
与善形成确定而稳固的联系。② 主观论证主要通过正义感来实现，客观论
证主要通过不依赖于情感或欲望的共同体目的得以实现。③ 丛占修也从正
义观念的稳定性与政治制度的稳定性两方面论证罗尔斯的稳定性问题。④
周保松从正义证成的角度将罗尔斯稳定性问题分为道德稳定性与社会稳定
性，并将二者都看作正义理论规范性道德证成的组成部分，而且二者具有
相对独立性，周保松指出罗尔斯的批评者之所以指责罗尔斯政治自由主义
转向是一种道德妥协，在于二者缺少明确区分，并进一步指出只有认识到
社会稳定也是道德证成的一部分，才会解决这个质疑问题。⑤ 国内还有一
些硕士论文与期刊论文以罗尔斯正义稳定性为主题，主要关注罗尔斯道德
正义感形成的三阶段以及社会稳定的重叠共识基础。

　　总体而言，关于罗尔斯正义稳定性的内涵界定与种类区分，大体上学
者都关注其理论层面的内部论证以及现实运行的解释效度。具体而言，按
照其前后作品主题转向将稳定性问题分为心理（道德）层面和政治层面，
包括道德稳定中正义感的形成以及通过政治建构实现正义稳定性改进。对
于前者，学者们都承认罗尔斯强调正义感对于社会稳定的重要意义，但是
也指出罗尔斯对正义感的论证有不足之处；针对罗尔斯政治稳定性内涵，
西方学者重点关注罗尔斯重叠共识与宪法共识的区别与联系，以及重叠共
识的论证与可行性问题。道德稳定性重点在于个人正义感的形成，政治社
会稳定性重点在于重叠共识与公共理性，二者之间的区别和联系以及由此
形成的个人理性善与政治共同体善的一致性问题，共同服务于罗尔斯正义

---

① 姚大志：《罗尔斯》，长春出版社 2011 年版，第 241 页。
② 姚大志：《正义与罗尔斯的共同体》，《思想战线》2010 年第 4 期。
③ 姚大志：《罗尔斯》，长春出版社 2011 年版，第 180 页。
④ 丛占修：《罗尔斯的稳定性论证探析》，《天津社会科学》2011 年第 2 期。
⑤ 周保松：《稳定性与正当性》，《开放时代》2008 年第 6 期。

原则指导西方民主社会长治久安的目标。

具体联系罗尔斯原著作品的论述，稳定性问题是作为公平的正义理论在无知之幕背景下对正义原则进行选择之后的问题，即打开无知之幕之后正义两原则运用到现实生活的可行性问题与正义社会的实现。《正义论》中稳定性问题大体上可以包含两个方面：一方面是正义观念作为抽象理论作用于个体内心，形成对正义规范认同的内在稳定性，主要内容在于论述正义感等道德心理基础的形成过程；另一方面在于实现个人善与共同体善的一致性问题。而政治稳定的论述出自《政治自由主义》一书，指的是公平正义价值作为制度建构标准依赖的社会基本结构的外在标准，涉及良好秩序社会的基本界定以及社会共识的确立，以及最终形成个人理性善与政治共同体善相结合的探讨。综合考虑罗尔斯前后两部代表作品的正义稳定性探讨，既有围绕个人的内心道德认同展开的最初稳定性，也有关于外在政治社会道德等正当规则约束下对个人理性目的的匹配，在罗尔斯整体的正义稳定性问题中缺一不可。如何形成个人的正义感以及实现个人善与政治共同体善的一致，是罗尔斯从始至终关心的正义稳定性问题，不同之处在于《正义论》到《政治自由主义》两部论著侧重点的转变，发生了正义与善一致的整全（comprehensive）学说让位于非整全（incomprehensive）学说的重叠共识的变化，以及在《作为公平的正义》中加入正义与政治善的一致性的讨论，但是正义稳定性包括的政治制度建构以及个人正义感的论述始终延续，罗尔斯的正义稳定性围绕心理稳定性与政治稳定性展开讨论，因此，道德心理基础与政治制度建构问题是本书研究的关注点。

正义两原则的论证过程包含人们在无知之幕环境中选择作为公平的正义的可能性问题，也是论证的第一部分内容。在原初状态剥离人们现实中具体利益偏好的情况下，论证个人对于正义原则的选择，稳定性问题开始进入罗尔斯视野。在实际生活中，人们是否仍然坚持正义原则涉及正义原则的稳定性问题，这是罗尔斯定义的正义稳定性问题，属于正义的可行性与实现问题。在多元主义背景下，罗尔斯认为正义稳定性的可行性方面还需要与其他整全的价值观进行比较，达成重叠共识才能形成正义的稳定性。正义稳定性为罗尔斯的研究重点之一，不同的是《正义论》针对的是一种正义观念对人的心理形成的稳定性，而《政治自由主义》则是在多种整全正义观念的纷争中使公平式正义成为普遍认可的政治观念的稳定性。前者可以叫作正义的道德稳定或心理稳定，涉及人们形成正义感的动机，后者则是不同的正义观念在人们的头脑中达成共识的问题。正义稳定性的获取，指向人们对于政治共同体的道德忠诚，一方面需要被选择的政治观念在人们心中形成正义感，通过社会、政治、文化的作用在人们心中获得认同的动机支持；另一方面社会中各种整全学说根据公共理性政治价值的区分获得人们的重叠共识，作为正义观念稳定运行的外在制度条件构成人们支持的外部因素。罗尔斯正义稳定性内涵丰富，对于西方社会制度背景下法权正义的实现具有重要的启示意义。

进一步而言，罗尔斯对正义的稳定性的集中探讨包含正义观念内化为个人正义感和由此形成正义与善的一致性，以及现实社会正义的政治观念的重叠共识，体现了罗尔斯对稳定性问题研究的深入。罗尔斯认为，稳定性问题在政治哲学上一直都是重要命题，但是在道德哲学中则受到轻视，可以说正义稳定性由罗尔斯在《正义论》一书中引入道德哲学，但是正义与稳定性分别作为政治制度的价值探讨却是由来已久的，二者的直接结合可以算是罗尔斯对正义问题的开创之举。① 稳定性问题在西方政治思想史上也有重要的理论来源，其中以霍布斯的政治秩序稳定性为主要代表，强调国家公共权力的强制对于维护社会安全稳定的必要意义。罗尔斯将正义问题与稳定性问题紧密结合，针对政治哲学领域中盛行的价值中立的秩序稳定，提出道德对于正义问题的实质介入，主张在正义理论中实现个人理性善与政治共同善的紧密关联，表现为正义稳定性对于实质道德共识的依赖，呈现出与流行的自由主义不同的政治哲学倾向。在罗尔斯笔下，正义稳定性涉及个人与共同体、正义与善的关系问题，甚至罗尔斯认为正义本身就是一种善，正义与个人理性善的关系可以归结为公共善与个人善之间如何保持统一的问题，所以对这个问题的研究不可避免地涉及共同体与正义关系的问题。正义要求保障个人的权利，共同体则要求维护共同善的团结和稳定，二者之间存在明显的张力，同时正义必须以社会制度作为基础，正义是社会制度的基本价值，正义的实现与政治共同体有着密不可分的关系，因此，正义的稳定性的追求需要对共同体进行研究。

（二）正义稳定性的道德心理基础

罗尔斯的道德（心理）稳定性主要是《正义论》提出的个人正义感的形成问题，学者们对于罗尔斯正义感的论述主要来自可行性及有效性方面

---

① ［美］约翰·罗尔斯：《政治自由主义》，万俊人译，译林出版社 2013 年版，第 4 页。

的考察，而忽视正义感在原初状态的具体论证，比如爱德华·麦克莱恩（Edward F. McClennen）就指出，罗尔斯稳定性的论证缺乏原初状态的内部论证。① 实际上，正义感作为个人形成道德（心理）稳定的落脚点，主要内容就在于正义原则选择之后的运行问题。也有学者关注原初状态基本善对于正义感形成的重要意义，保罗·魏特曼（Paul Weithman）论述了罗尔斯自尊（self-respect）概念对于正义稳定性的基本作用以及不稳定来源的可能性与人们的担忧，自尊作为罗尔斯正义原则论证过程中原初状态的首要基本善，是实现正义稳定性的理论前提，深化了原初状态对于稳定性问题的内部论证。魏特曼认为，罗尔斯政治哲学的主要任务是揭示自由公正民主社会的实际信念所依赖的人性的道德本质，合理的心理假设是实现正义稳定性的前提，罗尔斯政治哲学结论具有说服力，但是论证还有进一步提升的空间。② 詹姆斯·津克（James R. Zink）也论述了罗尔斯自尊概念与心理稳定的关系，指出罗尔斯以自尊概念作为选择正义原则的理由缺少说服力，但是通过自尊这个首要基本善可以更加有效地论证作为公平的正义比其他正义理论更具有稳定性。③ 魏特曼与津克从原初状态基本善中的自尊概念出发深化了正义稳定性的内部论证，补充了罗尔斯理论内部论证的不足。

另外一些学者继续探讨罗尔斯正义感在个人心理发展过程中的形成，特别是家庭环境对于个体正义感形成的特殊意义。苏珊·莫勒·奥金（Susan Moller Okin）从家庭与性别的正义关系入手，指出罗尔斯正义理论中缺乏家庭与性别正义的论述。苏珊认同罗尔斯的正义稳定性在于正义感的形成，而形成正义感道德法则的第一条就是家庭中父母作为道德权威的作用，罗尔斯忽视家庭与性别正义的探讨，对于讨论正义感的形成来说是严重的不足。一来，罗尔斯虽然要求各种社团接受基本正义的规范，但是不要求亚群体遵守所有正义原则，因而可能造成潜在的不平等价值，使政治美德受限；二来，家庭对孩子的影响不可替代，家庭的缺失使道德心理法

① Edward F. McClennen, "Justice and the Problem of Stability", *Philosophy & Public Affairs*, Vol. 18, No. 1, 1989, pp. 3-30.
② Paul Weithman, "John Rawls and the Task of Political Philosophy", *The Review of Politics*, Vol. 71, No. 1, 2009, pp. 113-125.
③ James R. Zink, "Reconsidering the Role of Self-Respect in Rawls's a Theory of Justice", *The Journal of Politics*, Vol. 73, No. 2, 2011, pp. 331-344.

则出现空洞。如果家庭内部不能实现成员之间平等共享的正义，那么孩子们很难在组织良好的社会里面发展出稳定的正义感。苏珊指出，罗尔斯正义稳定性第一方面的正义感出现问题，正义稳定性第二方面的论述会更加棘手。① 艾伦·艾帕里（Alan Apperley）也论述了家庭与正义感的关系，既然罗尔斯个人正义感的形成受到家庭环境的影响，就不可能完全独立于家庭，稳定性问题还是要依赖家庭中正义感的作用。② 另外，正义感的形成也有助于家庭成员代与代之间的正义分配，罗杰·派登（Roger Paden）从代际正义实现的角度入手论证罗尔斯正义感的必要性，由于正义在不同代际之间的分配与按照差别原则分配相冲突，要实现代际正义的储存原则（Just Savings Principle），归根结底依赖于原初状态正义原则论证过程中产生的正义感，没有正义感无法实现代际正义。③ 以上学者关注罗尔斯家庭内部的正义感形成与分配，指出罗尔斯道德稳定性的不足，为本书进一步探究奠定了基础。

国内学者对于罗尔斯正义道德（心理）稳定性问题的研究也有较多成果，主要从正义感的可能性及其对正义稳定性的意义、正义感形成的道德心理三原则、正当与善的一致性等角度展开讨论。杨伟清比较罗尔斯稳定性与霍布斯、密尔稳定性的不同，指出罗尔斯作为公平的正义稳定性的优势在于指向正当与善融合的道德问题，但是缺乏对于稳定性问题与其他道德理论建构的比较研究。④ 王嘉从道德心理学的角度评述罗尔斯两个正义原则形成正义感对于维持和修复社会稳定性的作用，并指出正义感作为稳定性问题的解释更具有普遍性。⑤ 马庆则从罗尔斯正义相互性角度论述正义感对于罗尔斯介于公道正义与互利正义二者之间的重要意义。⑥ 秦州比较休谟正义感与罗尔斯正义感对社会稳定性论述的不同，即正义感最终的

---

① Susan Moller Okin, "Political Liberalism, Justice, and Gender", *Ethics*, Vol. 105, No. 1, 1994, pp. 23 – 43.

② Alan Apperley, "Liberalism, Autonomy and Stability", *The Journal of Political Science*, Vol. 30, No. 2, 1990, pp. 291 – 311.

③ Roger Paden, "Rawls's Just Savings Principle and the Sense of Justice", *Social Theory and Practice*, Vol. 23, No. 1, 1997, pp. 27 – 51.

④ 杨伟清：《罗尔斯正义理论中的"稳定性问题"》，《学术月刊》2007 年第 4 期。

⑤ 王嘉：《社会稳定性的道德心理基础——评罗尔斯的"正义感"概念》，《江淮论坛》2010 年第 1 期。

⑥ 马庆：《正义与相互性——罗尔斯理论中的可欲性与可行性》，《内蒙古社会科学》（汉文版）2007 年第 3 期。

形成因素主要不是依赖自然德性的同情而是社会德性的培育，揭示了罗尔斯正义感论述之于休谟正义感论述的优势所在。① 陈江进指出正义感对于维护社会合作起着最基本的稳固作用，是一种复合型的道德情感，论述了正义感内含的感激、愤恨、负罪、义愤等情感因素的不同进化路径。② 黄芳、张国清指出罗尔斯正义感是无知之幕下良序社会假设的产物，打开无知之幕无法向现实转化，从良序社会的角度考察了罗尔斯正义感与成员利益的相互作用。③ 正义感在道德（心理）稳定性方面是一个核心概念，罗尔斯对于正义感的研究深化了休谟的观点，与正义感相关的道德情感共同构成正义稳定性道德心理基础的主要内容。

正义感是与正义密切相关的道德情感，对于正义感等道德情操的研究经历了逐步深化的过程，西方近现代道德伦理学代表观点可以追溯至亚当·斯密的《道德情操论》和休谟的《人性论》，二者的共同之处是都关注正义感的来源与意义，特别是通过个人同情与利益考察正义感等道德情感的形成。斯密区分了正义与仁慈的不同，仁慈是人们自由随意的倾向，而正义则是有条件必须遵守的义务，如果仁慈有缺人们不至于受到惩罚，而正义遭到破坏则会接受相应的惩罚，区别在于不正义行为有可能带来怨恨。④ 怨恨属于正义相关道德情操，可以维护正义保护无辜。所做的坏事越大越难以弥补，受害者心里的怨恨越强烈，如果施暴者认识到了正义的价值，那么他的罪恶感也将更加严重。罗尔斯正义的稳定性依赖于人们的正义感的培育，以及非正义行为出现时产生的恢复正义规范的动机，这可以在斯密和休谟的理论中找到源头。正义具有条件性，好人好报、恶人恶报是其中之一，好人受到亏待，恶人免于处罚，都是违背正义的表现，都会激发人们的非正义情感，令人们感到怨愤。越会激发人们的正义感，也即在不正义行为出现的时候越可能激发人们的怨愤，越能够促进正义的稳定性。休谟在人性基础之上关注道德原则规律，认为正义是人为的结果，正义的动机不可能来自个人利益，也不会来自私人的慈善，人们没有遵守

---

① 秦州：《正义感：休谟与罗尔斯两种阐释的同异性辨析》，《人文杂志》2013 年第 3 期。

② 陈江进：《正义感及其进化论解释——从罗尔斯的正义感思想谈起》，《伦理学研究》2011年第 6 期。

③ 黄芳、张国清：《正义感与成员利益：罗尔斯良序社会之考察》，《浙江社会科学》2014年第 2 期。

④ ［英］亚当·斯密：《道德情操论》，谢宗林译，中央编译出版社 2015 年版，第 95 页。

正义规范的任何真实、普遍的先天动机，正义感不是天生的，而是通过后天的人为教育和协议产生的。正义的稳定性即正义感的问题主要来自后天人们的社会化，依赖于人类情感的道德内化。①

在当代政治思潮中，对于正义感的论述大体上形成了康德式道义论与密尔式功利主义的两条路径，罗尔斯在遵循康德式道德主体基本思路的基础之上借鉴了功利主义看重的个人道德情感。康德强调道德主体的权利与正当正义，密尔论述正义感主要从人们的利益和情感结合出发，关注目的论利益对于人们正义道德情感的基础意义。② 罗尔斯认为正义感的形成起点在于个人的权利和自尊，然而，个人权利和自尊不仅仅是个人利益，也蕴含了人的合理生活计划与目标的追求，正义规范在于协调各方利益形成人们的情感认同，因而可以被广泛接受产生更坚实的稳定性，正义要获得稳定性，也即获取与正义观念匹配的正义的道德情操，由此正义的道德（心理）稳定落脚点主要在于正义感等相关道德情感问题。

（三）正义稳定性的政治内涵与共识

罗尔斯对于道德（心理）稳定性的论述主要集中于《正义论》一书，在《政治自由主义》中发生了一些关注转向，开始增加新的背景与挑战的思考，一个是多元价值主义对正义观念的威胁，另一个是强制权力对正义的压制作用，这都是正义的政治稳定需要克服的弱点。正义的稳定性与强制的关系，对这些问题的思考也呈现出罗尔斯正义稳定性与霍布斯政治稳定性的不同。霍布斯强调要使人们持久稳定的遵守正义的规范，必须要以强制的共同权力作为后盾；罗尔斯在后面的论述中也认可了这种观点，即现实社会的五个事实，不可避免地具有压制倾向，这些都有可能造成不稳定，如何实现政治稳定，《政治自由主义》重点引入重叠共识与公共理性，作为实现正义稳定性的主要根据，很多学者都对这两个概念做出了进一步探讨。

当代与罗尔斯齐名的政治学家哈贝马斯曾与罗尔斯有一场著名的辩论，指出罗尔斯稳定性问题的关键在于第一阶段正义原则论证之后进行的公开讨论，即打开原初状态无知之幕之后，进入多元文化的现实环境正义原则依靠重叠共识进行论证说明的过程，按照这种观点，稳定性是重叠共

① ［英］休谟：《道德原则研究》，曾晓平译，商务印书馆 2015 年版，第 35、156 页。
② ［英］约翰·穆勒：《功利主义》，徐大建译，上海世纪出版集团 2011 年版，第 65 页。

识的一种功能，作用在于避免不同学说之间暴力冲突的工具，但是这样一来新的问题出现了，重叠共识失去理论论证过程的认知价值，主要是作为公平式正义原则运用过程中的实用性产物，暗含了正义原则本身的实际接受，哈贝马斯认为罗尔斯这种转向混淆了"获得论证的可接受性"与"实际接受"二者的区别，重叠共识作为政治共识对于正义稳定性来说太弱了。① 拉里·克拉斯诺夫（Larry Krasnoff）从政治证成（political justification）的规范角度解读罗尔斯的稳定性问题，对哈贝马斯和科恩等人批评罗尔斯从正义理论到政治自由主义的实用主义转向缺乏实际事实的证明做出回应，认为这些学者并未真正认识到罗尔斯政治规范性论证中共识与稳定性的区别和联系。克拉斯诺夫指出，罗尔斯政治证明分为两个阶段：一是共识观念为政治证明提出了必要条件的理论论证；二是稳定性为政治证明提供了充分条件的论证，重叠共识作为正义原则理论论证之后在现实运用过程中的问题说明，主要属于正义稳定性充分条件的论证部分。② 爱德华·桑（Edward Song）则明确关注罗尔斯自由主义的正当性，并指出后期罗尔斯正义稳定性属于一个正当性问题，其中重叠共识是自由正当性论证的必要组成部分。③ 针对重叠共识作为政治共识的程度问题，拉兹（Raz）质疑罗尔斯重叠共识的道德基础，针对罗尔斯认为的政治与真理无关，以同意取代真理的做法，拉兹认为削弱了共识的道德基础和真理性质，罗尔斯对真理的忽视无法保证重叠共识成立，因此降低了理论的说明力度。④ 帕特里克·尼尔（Patrick Neal）反对拉兹认为的罗尔斯未做到实质基础论的观点，认为罗尔斯的观点属于一种结构基础论，而且其强调的认知节制（epistemic abstinence）是一种实用性转向，对于解决多元理性冲突背景下政治正义观念的稳定论证有重要作用。⑤ 总之，这些学者从罗尔斯稳定性论证的两个阶段入手，对于重叠共识、正当性问题等概念进行了区别和探

---

① ［德］尤尔根·哈贝马斯：《论理性的公用》，《包容他者》，曹卫东译，上海人民出版社2002年版，第72—74页。

② Larry Krasnoff, "Consensus, Stability, and Normativity in Rawls's Political Liberalism", *The Journal of Philosophy*, Vol. 95, No. 6, 1998, pp. 269 – 292.

③ Edward Song, "Rawls's Liberal Principle of Legitimacy", *The Philosophical Forum*, 2012, pp. 153 – 173.

④ Joseph Raz, "Facing Diversity: The Case of Epistemic Abstinence", *Philosophy & Public Affairs*, Vol. 19, No. 1, 1990, pp. 3 – 46.

⑤ Patrick Neal, "Does He Mean What He Say? (Mis) Understanding Rawls's Practical Turn", *Polity*, Vol. 27, No. 1, 1994, pp. 77 – 111.

究，确立了重叠共识对于正义稳定性第二部分实用运行过程的作用。虽然不乏学者质疑重叠共识对于正义原则稳定论证的意义，正义稳定性优于缺少道德真理基础而具有实用性特征，降低了正义理论的说服力，但是也有观点指出正是罗尔斯后期政治哲学的实用性转向体现了其应对多元文化冲突的解决思路。

以重叠共识为基础的政治社会稳定性是罗尔斯正义稳定性理论中被批判较多的地方，主要观点分为两派：一派认为重叠共识太薄弱，对于社会中人们的生活深入不够，无法保证社会的稳定；另一派认为重叠共识太厚重，在现实生活中难以实现，强制推行更有可能造成社会的不稳定。学者们将霍布斯的权宜之计与拜尔的宪法共识加以比较，也有学者论述公共理性运用与重叠共识的关系，指出重叠共识在美国现实社会中应当让位于宪法共识的必要性。整体而言，这些西方学者质疑罗尔斯重叠共识的内涵要求太过强烈，在实际生活中很难达成，而美国现实政治生活中已经实现的基本宪法共识可以有效保障民主社会的稳定，主张用宪法共识代替重叠共识，持这样观点的主要代表人物有库尔特·拜尔（Kurt Baier）、乔治·克洛斯科、布莱恩·巴里（Brian Barry）等。格雷认为重叠共识太过厚重而难以达成，理由在于当代社会的多元价值背景，自由主义在价值观念上很难达成具有如此深厚道德实质要求的重叠共识，因为自由主义永远处在冲突之中，唯一能做的只是保持自由主义的宽容精神。[①]

拜尔对于宪法共识的观点是针对罗尔斯公开发表的论文《重叠共识理念》提出来的，后来罗尔斯在《政治自由主义》一书中详细论述重叠共识与宪法共识的比较解读就是回应拜尔的观点。拜尔提出以宪法共识来取代罗尔斯重叠共识，他认为宪法共识可以保证自由民主社会的团结和稳定，并不需要依赖社会基本结构的特殊正义分配原则。重叠共识不能证明可以产生比宪法共识更为稳定的社会团结。正义原则的充分共识在于公平，政治哲学家没有必要提供社会正义的政治观念。政治哲学与道德哲学没有根本区别，都是根据我们社会中的文化来思考问题，都需要为社会的稳定提供充分的共识基础，都在现实中缺乏实际的政治权力作为规范的后盾。[②]

[①]　［英］约翰·格雷：《自由主义的两张面孔》，顾爱斌、李瑞华译，江苏人民出版社2002年版，第25—26页。

[②]　Kurt Baier, "Justice and the Aims of Political Philosophy", *Ethics*, Vol. 99, No. 4, 1989, pp. 771–790.

宪法共识具体作为一般性的同意，是制定和解释法律的基本程序，对于促进自由民主社会的稳定性有着充足的基本作用。克洛斯科支持拜尔的观点，并在文章中多次引用拜尔的观点，并将其与大卫·伊斯顿（David Easton）提出的一种"分散的政治支持"（diffuse political support）与宪法共识相结合，共同作为自由民主社会实现稳定的共识基础。①

布莱恩·巴里指出罗尔斯稳定性问题归根结底是社会的秩序问题，通过比较罗尔斯稳定性与霍布斯稳定性的区别，巴里认为后者是所有社会的稳定性，而前者指的是西方自由民主背景下良好秩序社会的稳定。罗尔斯对稳定性的追求不能脱离对自由民主社会正义的追求，在正义与稳定性的关系中，正义是更为根本的追求，也就是说，罗尔斯的稳定性不仅要考虑人们对于规则的主动服从，还要考虑社会规则的合理程度，这是罗尔斯正义稳定性的基本含义。② 罗尔斯对于正义社会的要求包含了自由主义的优先性价值，因此罗尔斯致力于实现政治正义稳定的重叠共识在适用范围上打了折扣，对于实现一般的稳定性而言缺乏说服力。巴里认为，罗尔斯政治自由主义中借助重叠共识实现的稳定性并不充分，把整全性的道德学说当作理性学说是太冒险和乐观的做法，重叠共识要求的混合观念很难达成，结果将会造成政治制度合法性的破坏，因而政治自由主义不如正义论更能实现稳定性。巴里认为重叠共识内涵过于厚重，要想提高正义稳定性的普遍适用性，应当用更具有普遍意义、内容较为薄弱的共识取代。

也有学者反过来论证罗尔斯重叠共识过于薄弱而不成立，自由主义本就是整全性的学说，以重叠共识为基础的政治正义致力于建构非整全性学说是不符合事实的。艾伦·艾帕里从自主（autonomy）的角度探究了罗尔斯的稳定性问题，认为罗尔斯将自主看作非整全性学说是不够的，并指出罗尔斯稳定性问题的不足。艾帕里认为，政治与非政治的严格划分缺乏事实依据，罗尔斯担心自主作为整全学说的强制压迫性会给自由民主政体带来不稳定，是对实际问题的过分担忧。自主本身可以是一种具有部分整全性的善（a partially comprehensive conception of the good in its own right），包括行为者自主（agent - autonomy）、道德自主（moral - autonomy）、个人自

① George Klosko, "Political Constructivism in Rawls's Political Liberalism", *The American Political science Review*, Vol. 91, No. 3, 1997, pp. 635 – 646.

② Brian Barry, "John Rawls and the Search of Stability", *Ethics*, Vol. 105, No. 4, 1995, pp. 874 – 915.

主（person – autonomy），行为者自主和道德自主是自由主义的价值具有较少争议性，关键在于个人自主的定位，艾帕里认为个人自主要求对个人生活价值进行自我评估，是自由主义社会自主价值的基石，直接导向自由民主生活。① 个人自主具有从生活道德价值到政治道德价值的整全意义，因此仅仅将其定义为重叠共识的政治价值缺少说服力，重叠共识具有深厚的道德价值，对于保障正义稳定性而言有其必要性。

　　另外一些学者将罗尔斯正义稳定性与其他问题进行比较分析，指出政治稳定性问题的不足之处。拉塞尔·亨廷格（Russell Hittinger）论证罗尔斯政治自由主义依赖于特定的历史背景，公共理性依赖于历史条件，因而不同的历史解读会带来不同的公共理性，公共理性是政治稳定的必要条件，在这种角度下的政治观是一种静态（static）的政治自由主义。② 罗伯托·亚历杭德罗（Roberto Alejandro）从罗尔斯政治自由主义的政治性探究出发，指出罗尔斯严格区分公共领域与私人领域的观点，将冲突限制在私人领域，而公共领域的目标主要是社会团结和政治稳定。亚历杭德罗认为罗尔斯政治稳定性作为政治自由主义的目标会产生不良后果，一方面，在资源匮乏条件下，政治稳定性目标会破坏成员之间的互利（mutual advantage），为了获取高税收而损害年长退休者的利益；另一方面，对政治稳定的社会秩序的强调，将会排除偶然性问题，弱化人们的积极作为，从而产生保持沉默的消极公民。③ 詹姆斯·尼克尔（Jams W. Nickel）从政治共同体角度解读罗尔斯的政治稳定性，将罗尔斯重叠共识的理念与政治共同体观念联系在一起，认为重叠共识既不是政治共同体的充分条件也不是其必要条件。④

　　国内学者对于罗尔斯重叠共识关于稳定性的作用也有较多关注。顾肃通过关注罗尔斯重叠共识如何成为可能这一问题，指出其从规范理论到自由国家理论、从真理问题向合理性问题的转变，启发人们思考不同的体

① Alan Apperley, "Liberalism, Autonomy and Stability", *The Journal of Political Science*, Vol. 30, No. 2, 1990, pp. 291 –311.

② Russell Hittinger, "John Rawls, 'Political Liberalism'", *The Review of Metaphysics*, Vol. 47, No. 3, 1994, pp. 585 –602.

③ Roberto Alejandro, "What Is Political about Rawls's Political Liberalism", *The Journal of Politics*, Vol. 58, No. 1, 1996, pp. 1 –24.

④ Jams W. Nickel, "Rawls on Political Community and Principle of Justice", *Law and Philosophy*, Vol. 9, No. 2, 1990, pp. 205 –216.

制、文化和信念之下和谐共存于一个稳定的社会的理论与实践问题。① 姚大志将罗尔斯正义稳定性影响因素进行分类，包括"形而下的利益"与"形而上的信念"，指出正义感重点在于克服人们的利益之争，而重叠共识则致力于弥补人们之间的信念冲突，双管齐下达成正义社会的深厚稳定性，正是由于这种稳定性的深度广度上都远远高于霍布斯的稳定性，因此实现起来更有难度。② 进一步而言，姚大志认为罗尔斯稳定性问题的论证是不成功的，论证混淆了稳定性与合法性（legitimacy）③ 的区别，罗尔斯最终只能实现第一正义原则的重叠共识，即宪法基本问题，但是无法解决第二原则的重叠共识，即基本正义问题，罗尔斯实际解决的只是合法性问题，而非稳定性问题。④ 丛占修对这个观点持有不同意见，认为重叠共识的论证使罗尔斯完成基于正当理由的正义稳定性证成，完成了理论上的重叠共识的论证，只是进入现实政治生活讨论正义的可行性问题时难以站住脚，罗尔斯并未深入开展在现实中正义的运行问题，体现为一个封闭的正义观念基于正当性问题的理论论证，不代表在现实政治中具有可行性。⑤ 周保松的解读思路与此相似，从罗尔斯正义稳定性论证与正当性的关系出发，指出稳定性内含于正义证成的必要条件，与稳定性仅仅涉及可行性问题产生矛盾，如果做出道德稳定性与社会稳定性的区分，则可以完善罗尔斯对稳定性的证成。⑥ 我们认为，正义稳定性不仅需要在理论内部进行正当性论证，同时也需要打开封闭理论的可行性探讨，有学者关注重叠共识对于罗尔斯良好秩序社会以外现实正义稳定的重要意义。顾肃具体考察重叠共识对中国实际社会的可行性意义，指出实现目标依赖于宪法民主的制度建设，并需要漫长的努力。⑦ 李刚也认为重叠共识依赖国家制度层面达

---

① 顾肃：《重叠共识如何可能——后期罗尔斯的自由主义理念》，《南京大学学报》（哲学·人文·社会科学版）1999 年第 4 期。

② 姚大志：《重叠共识观念能证明什么？——评罗尔斯的政治自由主义》，《天津社会科学》2009 年第 6 期。

③ 此处介绍姚大志的观点，因而与姚大志论文中称 legitimacy 为"合法性"保持一致，本书主体部分 legitimacy 一般称作"正当性"。

④ 姚大志：《公共理性与政治合法性——评罗尔斯的政治自由主义》，《江苏行政学院学报》2010 年第 2 期。

⑤ 丛占修：《罗尔斯的稳定性论证探析》，《天津社会科学》2011 年第 2 期。

⑥ 周保松：《稳定性与正当性》，《开放时代》2008 年第 6 期。

⑦ 顾肃：《多元民主社会中的重叠共识与公共理性》，史军译，《马克思主义与现实》2008 年第 1 期。

成宪法共识，但是现实中，宪法政治很难保证多元平等权利，因而重叠共识保障正义稳定性也很难实现。①

综上所述，学者对于罗尔斯重叠共识进行了大量讨论，既有质疑重叠共识过于厚重，也有认为重叠共识与公共理性忽视了道德的实质价值具有相对主义色彩，共同之处是关注重叠共识作为部分整全的理念学说对于实现正义稳定性的必要意义，从理论内部视角与现实可行性立场实现重叠共识的全面探究，为我们进一步研究提供理论基础。

（四）正义与善的一致性问题

正义与善的关系问题也是罗尔斯政治稳定性中的重要部分，反映了道义与目的的关系。密尔认为目的问题实际上就是"关于什么东西值得欲求"的善的问题，正义感本身作为目的就是值得欲求的善，罗尔斯在论述正义稳定性时也将正义与善相一致的目的问题作为重要内容，正义的目的指向正义的稳定性，包括获取正义感以及正义与善相一致。正义与善的关系是罗尔斯正义理论的一个重要内容，也是正义稳定性问题的体现。《正义论》中，罗尔斯提出正义与善的一致性，这种一致性在《政治自由主义》中成为次要问题，《作为公平的正义》又将正义与善的一致性作为重要问题进行阐述，不同于《正义论》中整全的正义观念与共同体善的一致性，修改后的正义与善的一致性在于正义的政治观念与共同体政治善的一致性。根本差异在于罗尔斯区分出正义的政治价值与非政治价值，政治价值对于非政治价值的优先性，公平式正义的观念本身没有变化，区别在于公平式正义从整全性的共同体善变成了共同体的政治善。

总体而言，学者们对罗尔斯《正义论》中正义与善一致性问题的关注不如重叠共识多，比如弗里曼认为一致性有着深刻的意义，姚大志指出弗里曼对罗尔斯进行了辩护，认为正义与善的一致性是实现正义感与人性相统一的必经之路，但是这种观点既有正确的地方又有错误的地方，正确在于指出了一致性的必要，错误在于没有看到正义与善的一致，本质上只是正义感论证的一个扩展而已。② 布莱恩·巴里指出，罗尔斯稳定性的研究在《正义论》和《政治自由主义》中有相似的含义，但是又有不同结果，

---

① 李刚：《秩序良好社会的稳定基石——浅谈罗尔斯的重叠共识》，《学术论坛》2012 年第 4 期。

② 姚大志：《罗尔斯》，长春出版社 2011 年版，第 175 页。

相似的含义都是通过正义感将正义原则内化为个人的道德认同，不同在于，《正义论》的正当与善的一致如果出现危机，作为整全性学说的正义理论可以对非理性观点加以强制，但是政治自由主义作为非整全学说，表明政治正义缺少道德强制规范解决正当与善不一致的矛盾情况，因而如果正当与善发生分歧，将造成制度合法性的破坏。① 对于正义与善一致性问题的讨论，保罗·魏特曼（Paul Weithman）做出了系统论述，他认为罗尔斯从《正义论》到《政治自由主义》转向的原因主要就是正义与善的一致性出现问题，具体表现为罗尔斯的论述从"内在稳定性"（inherent stability）转变为"基于正当理由的稳定性"（stability for the right reason）。②

罗尔斯对于正义先于善的强调是学者研究罗尔斯正义论关注的重点，作为法权正义的代表人物，罗尔斯论述正义与善的关系集中体现在其权利先于善的理念上。学者们对罗尔斯正义与善关系的论述主要从二者的区别入手，持有一种道义论观点，更多的是从权利或正义先于善的角度解读罗尔斯正义与善的关系，而对于正义本身作为目的实现正义与善相一致的目标上关注并不多。我们认为，罗尔斯在论述正义目的善的问题时，关键在于区分善的弱理论和善的强理论，是贯穿正义原则选择最初契约到最终目的的桥梁，善的弱理论是正义原则的前提，善的强理论指向最终的善目标，正义原则贯通了二者之间的一致关系。从正义的稳定性视角考察正义与善的关系，正义要获得稳定性，就需要在人们的心中获取对于正义社会价值的认同，正义与善的关系指向一种共同体价值的捍卫，因此，罗尔斯强调的正义稳定性依赖正义与善的一致性，包含了一定程度的目的论视角，是一种具有共同体价值的体现。

三 基本内容

（一）基本框架

第一章探究正义作为一种规范本身的内在逻辑以及正义稳定性的主要问题意识，围绕正义本身的内在结构，包括正义概念与正义观念、正义观念与正义制度、正义制度与正义德性，它们都是正义稳定性直接相关的基

---

① Brian Barry, "John Rawls and the Search of Stability", *Ethics*, Vol. 105, No. 4, 1995, pp. 874 – 915.

② Paul Weithman, *Why Political Liberalism: On John Rawls's Political Turn?*, New York: Oxford University Press, 2010.

本概念，也是探究罗尔斯正义稳定性问题的逻辑前提。通过论述西方分配正义内涵的客观和主观上的局限，指出实现正义的内外两条路径，罗尔斯对于公平式正义观的稳定性探究正是正义实现内外路径的体现。罗尔斯区分正义观念稳定性与正义制度稳定性，但二者并不能完全分开。罗尔斯正义稳定性主要是作为公平的正义观念的稳定性问题，既包括心理层面形成正义感的问题，也包括合乎情理多元论背景下达成共识的制度保障，内外两个层面实现路径的结合与正义、善密切相关，后面各章分别从这三个方面论述罗尔斯公平式正义稳定性的具体内容。

第二章探究罗尔斯公平式正义观稳定性的道德心理基础，道德心理过程包括道德认知、道德情感、道德信念以及道德行为。正义感是人类道德情感的一种，人类道德情感的基本特征也适用于解释正义感问题，情感纽带的稳固对于观念的稳定性有重要意义。《正义论》中罗尔斯实现正义稳定性的基本途径就是形成正义感，在这个过程中与之相关的一些道德情感，比如义愤与羞愧等都有所涉及。罗尔斯探究正义稳定性问题，首先在于公平式正义观念在打开无知之幕之后在人们心中获取正义感的问题，因此需要重点关注人们如何形成强大的支持正义的情感依赖，特别是正义感的形成与发展，属于道德动机的社会化过程。

第三章探讨正义稳定性问题中正义行为主体的道德能力对于实现正义稳定性的意义。特定的正义观念与特定的人性观念相对应，罗尔斯的公平式正义观念也对应着特定的道德主体的限定内容，主要是一种康德式道德主体的发展，道德主体的要求也是实现正义稳定性的前提。公平式正义可以获取更好的稳定性，在于它可以保障道德主体基本价值的追求，维护自尊与幸福的基本目标，更能促进个体形成对于正义观念的认可和支持。罗尔斯将正义与个人的自尊紧密联系，重点分析自尊作为无知之幕中最为重要的基本善存在，明确指出正义观念的稳定性在于保障个体的自尊与追求幸福的能力，这些都可以促进正义的道德稳定。

第四章探究罗尔斯公平式正义观念稳定性的政治建构，具体内容涉及制度建构的正当性问题，政治权力正当性（legitimacy）与正义问题有着密切联系，正义稳定性依赖的制度需要获取正当性才能实现。罗尔斯提出的政治自由主义认为制度正当性来自公共理性，主张以公民的同意取代真理的价值，作为自由主义政治观念的重要体现，因此正当性问题还涉及政治与真理的关系。罗尔斯认为政治领域对真理的强调会带来额外的强制压迫力量，与民主体现的公民同意作为社会制度正当性来源产生矛盾。通过政治制度实现正义的稳定性，一定程度的强制力量也是不可或缺的，正义稳定性在政治层面考察的正义规范是一种具有强制性含义的稳定性，强制性既包含外在政治制度的强制，还包括个人对道德命令的自我强制，外在的制度规范有效运转从而实现正义的政治观念的稳定，是正义实现的必经之路。

第五章探讨社会结构中的共识对于实现正义稳定性的意义。作为公共理性如何在政治观念的范畴内调节人们的不同良善生活，关键是罗尔斯对于合乎情理的多元论与一般多元论的区分，在合乎情理的多元背景下，需要进一步区分政治价值和非政治价值，以及探究获取社会共识对于实现正义稳定性的必要意义。对于公平式正义稳定性的获取来说，重叠共识作为其中的核心概念，是与宪法共识和权宜之计相区分的重要理念，罗尔斯认为，重叠共识对于实现稳定性而言具有必要性，为实现政治社会的稳定性提供需要达成的共识基础。

第六章结合罗尔斯正义稳定性的政治和道德两个方面，进一步探究正义与共同体善的关系。正义与善的关系是罗尔斯法权正义观中正当/正义先于善观点的集中体现。从罗尔斯理论的内部来看，正义与善的关系是罗尔斯正义稳定性的一个重要内容，《正义论》中个人合理性的善与共同体的善达成一致，是正义稳定性的最终归宿。后来又在《政治自由主义》中权利先于善的理念下将正义归结为政治社会的善，以此与道德观念的善相区分。正义的稳定性需要进一步探究正义与共同体善的关系，罗尔斯的正义稳定性使公平式正义具有强烈的共同体色彩。罗尔斯的公共理性很大程度上依赖于西方民主社会的公共政治文化，作为一个封闭系统的环境，正义的稳定性很大程度上依赖于人们生而入其中、死而出其外的共同体，或者说罗尔斯的正义稳定性所强调的个人心理层面的稳定性以及集体文化和记忆，体现的是个人对于社会的认同与和解。罗尔斯通过外在制度建构和内在心理认同实现正义的稳定性，最终目的是实现正义有序社会的长治久安，政治价值是社会价值中的首要价值，正义成为政治社会善中最重要的善。由此我们可以进一步探究其中包含的共同体思想对于正义实现的意义，研究这个问题，首先要确认共同体本身带来确定性价值的意义，以及对于防范社会不稳定因素的重要意义。

结论与启示部分对全书的正义稳定性问题进行整体概述，包括罗尔斯正义理论本身的认识论问题、适用范围问题，其中蕴含深刻的政治哲学与政治文化关系的相关讨论，以及对于中国建设公平正义社会的启示。

（二）主要内容

本书的主要内容是探究罗尔斯正义观念的稳定性问题，思考正义的建构与实现问题。罗尔斯正义稳定性的概念源自其最著名的作品《正义论》第三部分，起初主要考虑公平式正义原则在打开无知之幕之后运用到现实中如何形成正义感，以及论证个人理性善与正义的一致性问题。后来由于多元价值的影响，罗尔斯认为《正义论》中对于正义稳定性的思考产生困难，对西方当代社会合乎情理的多元正义观产生更深刻思考，对公平式正义稳定性问题的解释出现困难，由此转向《政治自由主义》的研究，确立公平式正义的政治观念，以此实现西方宪政民主多元文化背景下正义社会的稳定性。

本书从分析西方分配正义本身的内在思路与局限问题入手，指出正义实现的内外路径，在此基础上重点分析罗尔斯实现公平式正义稳定性的思想内涵，从而得出实现社会正义的指导性思想。笔者认为，正义稳定性分为正义观念的稳定与正义制度的稳定，二者相互区分也相互联系，本书主要研究正义观念的稳定性。广义的正义观念也包含外在制度建构的具体安排，罗尔斯公平式正义观对应这一套完善的制度设计，对于正义观念实现政治稳定性至关重要。本书研究罗尔斯正义稳定性主要分为道德（心理）稳定与政治稳定两个层面，具体而言可以从三个方面展开讨论，第一方面是外在的不同正义观念进行竞争的时候，人们达成什么样的共识更有利于正义的稳定性，是罗尔斯的重叠共识还是拜尔的宪政共识，是越容易达成的共识越稳定还是越难达成的共识越稳定。第二方面是在人们心理层面形成正义感，这里主要探讨何种正义感的纽带连接程度。第三方面在于正义的稳定性与共同体善的关系，什么样的正义与善的关系更有利于实现正义的稳定性，这里涉及人们对于共同体的认同到何种程度有利于正义的稳定性。文章最后总结出能够促进实现正义的结论和启示，理论上对于真理与人性的界定，政治哲学与文化的关系的展开讨论，以及指导我国实现公平正义社会的一些观点。

难点在于区分罗尔斯正义稳定性的可行性探讨与正义理论中对于正义稳定性理论的证成问题。我们知道，罗尔斯公平式正义观念有着严格的原初状态无知之幕的环境限制，以及复杂的众多假设性理念的支撑，比如对于理想的人的理念设定、理想的良序社会理念设定，以及严格地界定合乎理性的多元论事实与一般性多元论事实的区分等，都决定了罗尔斯公平式正义理论的内在严密性和复杂性，同时把正义问题的领域严格限定在人们生而入其中、死而出其外的政治环境之中，将一些特殊情况甚至政治制度之外的正义问题排除在正义理论之外，比如明确指出将家庭内部、动物群体、残障人士、国际环境排除在公平式正义观念的适用范围。由于罗尔斯正义理论本身的内在封闭性，对于我们探究现实西方社会中分配正义的实现以及探究出对于当代中国建构社会主义公平正义的可资借鉴的指导意义而言具有较大困难，如何区分其理论中的假设性成分和现实性成分，抽出其理论中的指导现实社会正义实现的一般性规律就成为本书的第一个难点。罗尔斯公平式正义是一个在原初状态无知之幕的封闭环境中诞生出来的正义理论，打开无知之幕之后属于正义的稳定性问题，前者属于公平式正义的可欲性方面，后者归属于公平式正义的可行性问题。然而广义上看，公平式正义在可欲性方面和可行性方面的论述都属于正义理论本身的论证问题，归属政治哲学的证成问题。本书重点内容是探究罗尔斯公平式正义的稳定性问题，即可行性问题，可以在何种程度独立于公平式正义在原初状态的可欲性证明，以及能否跳脱出理论本身公共证成的圈子，明确区分二者的关系是本书的第二个难点。第三个难点在于，罗尔斯的理论广博而复杂，他本人的观点前后也产生了较多变化，其对现实问题的关注，以及对众多政治思想借鉴，其理论内涵包罗万象，要理解罗尔斯本人的思想，不可避免需要关注他所引用、借鉴的思想家的重要观点，因为罗尔斯本人思想的广博和深厚，对于研究罗尔斯正义稳定性思想而言也有不小的难度，特别是从罗尔斯复杂的正义理论中找出对于实现公平式正义有直接关系的思想观点。

可能的创新点在于将现实西方社会中人们普遍认可的正义本身的内在局限与实现相结合，从分配正义的实现角度看罗尔斯对于正义稳定性问题的论述，通过探究罗尔斯实现公平式正义观念稳定性问题的论述，分析罗尔斯正义理论中有助于实现正义稳定性的主要思想。罗尔斯公平式正义观念的稳定性是一个特殊正义理论的可行性问题，同时也具有一般性的当代社会正义实现问题的共同思路，本书的创新之处就在于通过研究当代西方最具代表性的罗尔斯正义理论的稳定性问题，从中总结一般分配正义实现的共通性思想。具体内容主要包括建构政治制度的具体共识、探究正义感的性质与来源，以及如何确定共同政治生活的良善和情感更有利于保障正义运行过程中的稳定性，从而得出罗尔斯正义稳定性思想所蕴含的对于实现正义的共通的思想内涵，并指明对于当代中国发展社会主义公平正义的启示。

第一章

西方政治哲学视野下正义
稳定性问题的提出

第一节　正义规范的内在逻辑结构

在西方政治哲学视野下，对于正义问题的研究首先需要界定正义规范的内在结构，什么是正义，正义的具体内容都包括哪些，人们对正义的理解的不同主要体现在哪些方面。围绕这些问题，本章首先从正义的概念与正义的观念、正义的观念与正义的制度、正义制度与社会道德三个方面区分正义本身的内在结构。

一　正义的概念与正义的观念

正义的概念与正义的观念是界定正义规范的两个基本范畴，概念是比观念更为抽象的界定，观念相对而言有着更为具体的内容。一般而言，越是抽象的原则往往越能得到人们的认可，人们持有统一正义概念的共识要远远大于持有统一正义观念的共识。虽然正义概念本身的界定比起正义观念而言相对抽象并且稳定，但是对于正义概念的界定也离不开正义观念的讨论。柏拉图《理想国》开篇论述了多种正义的内涵，尽管并没有严格区分正义的概念和观念，但是通过正义观念可以帮助我们理解正义概念，比如里面提出了一些有代表性的正义观，一种说法是西蒙尼的观点"欠债还钱就是正义"，另一种说法则是"正义就是给每个人恰如其分的报答"，或者"正义就是把善给予友人，把恶给予敌人"，以及色拉叙马霍斯提出的典型的强权正义观,"所谓正义就是当时政府的利益"。① 而很多学者在探究正义概念的发展演变过程中,也主要以不同历史时期的正义观念作为具体对象。廖申白通过整理嬗变中综合的西方正义概念指出,"每一种正义概念,都是以一种观念为基础融合、整合以往丰富涵义的新的综合"②。主要有古希腊德性正义观,具体而言又分为应得的德性和善的德性,基督教以爱制暴的正义,近代自然法理论讲究惩恶扬善的正义,以及发展到现代而言主要是权利正义观和功利正义观的分歧。我们可以看到,不同历史时期正义概念有所不同,但是同一个时期正义概念大体上有着更多的一致性,传统社会的德性正义观,中世纪神学正义,以及现代以来的法权正义等。

　　一般而言,关于什么是正义的问题,人们首先考虑以具体内容来界定,属于正义观念范畴的解释,相比较而言,正义的概念抽象于具体内容,主要是关乎社会秩序的一种安排,是哲学、政治学和法学的核心概念,一种根本的价值判断,"正义和不正义与好和坏或正确和错误比较,是更具体的道德批评形式"③。众所周知,私人关系的交往很少涉及正义与否的探讨,亚里士多德在《尼各马可伦理学》中把友爱和正义相区分,认为如果人与人之间充满友爱,那么公正也将失去意义,与父母子女亲人朋友谈论正义可能常常伤害彼此之间的友爱关系,家庭内部的正义问题有着更多的情感因素,中国古代流行"清官难断家务事"的说法,也说明外在法律很难界定和干预家庭内部的恩怨纠葛。进一步而言,仅仅涉及一个人对待另一个人的态度问题不能简单说正义或者不正义,公平正义的语境往往需要一个参照系,当人们处在一种人际交往的社会关系中,彼此之间的互相态度以及一个主体对待不同群体的方式,就成为公平正义与否的评价对象。正义必然不是单个人的行为,也与私人关系保持基本的绝缘,而必须是一种社会关系的比较和分配。正义一般依靠法律制度加以规范,但是成文法律定义的正义问题不是固定不变的结论。西方政治哲学视野下的正义主要是一种法与社会的分配正义,核心问题在于法律制度下公共物品的分配问题,比如社会中的财产分配,法律制度规定的权利、义务分配,人

---

① [古希腊] 柏拉图:《理想国》,郭斌和、张竹明译,商务印书馆 2015 年版,第 7—19 页。
② 廖申白:《西方正义概念:嬗变中的综合》,《哲学研究》2002 年第 11 期。
③ [英] 哈特:《法律的概念》,张文显、郑成良、杜景义、宋金娜译,中国大百科全书出版社 2003 年版,第 171 页。

们接受教育、医疗、就业的机会分配等。总之，分配正义蕴含着一种总体社会德性的固定法制安排，亚里士多德认为公正意味着守法和平等，[①] 我们认为这个可以算是正义的较为一般的定义。

虽然我们承认社会正义的主要内容表现为法制安排，但是很多时候制度正义并不能体现正义的全部内容，需要一种先验的正义观念作为道德基础为制度建构提供理论背景。换句话说，人为建构的社会正义目标常常建立在自然正义基础之上，"关于所有人定制度和行为之正义性的最终判断，以及关于各种人品之正义性的最终判准，其本身并不是一种人定的判准，而毋宁是一种在任何时间和地点适用于一切人的自然的正义原则"[②]。自然正义为正义规范提供方向指导，正义的目标实现需要人为建构的正义规范为基本实现途径，正义是自然正义与人为正义的有机结合。一般而言，自然正义作为理念为建构人为正义提供指示，代表着理想主义视角的规范正义观，是人为正义不断努力趋近的终极目标，在现实生活中具有实际的指向内容。我们生活中谈论的正义既有自然正义的评价标准，又有后天人为正义的实现程度，归根结底需要先验观念指导人为正义的实现，是一种具有深刻现实意义的理论规范。

正义规范主要在于人为制度建构的分配正义，但是社会法律制度的正义与否不能完全以制度本身的运行水平作为评判，而要以先于实际制度的先验理念为标准。关于分配正义的具体标准、如何进行分配的争议焦点，都是先于制度本身而存在，在西方政治哲学的理论话语体系中主要有权利和功利之争，在中国传统政治文化视角中则更多的是道义与利益之争。罗尔斯表示尽管人们可以产生不同的正义观，但是一般都认同正义的主要内容是关于法律制度框架下对权利和义务的分配，这表达了对于法权正义概念的认可，同时也是被当代学者广泛认可的分配正义的主要内涵。这种正义概念的界定，从制度建构对正义的实现角度入手，具体考察制度正义对权利与义务的分配模式，形成不同正义观念依赖不同制度的观点。可见，正义概念的界定往往与正义观念的界定紧密相连。实际上罗尔斯并没有对正义概念进行严格的界定，他的重要理论贡献在于提出一套尽可能完整的

---

① ［古希腊］亚里士多德：《尼各马可伦理学》，廖申白译，商务印书馆 2003 年版，第 132 页。

② 邓正来、郝雨凡主编：《转型中国的社会正义问题》，广西师范大学出版社 2013 年版，第 6 页。

正义观念，以实现对功利主义与直觉主义伦理学观点的取代。进一步而言，本部分的主要内容就是通过梳理罗尔斯正义观念的稳定性实现问题，通过探究罗尔斯分配正义观念在社会运行过程中的实现问题，即通过论述如何获取人们的稳定支持和认同，进而总结出正义规范实现过程中的一般性规律。现代西方的社会正义主要是分配正义问题，如不特殊指出，本书接下来的正义都是人为的分配正义内涵。

二　正义的观念与正义的制度

正义的概念相对抽象，而正义的观念则涉及更多具体的内容。不管什么样的正义观念，最终都依赖相应的法律制度体系来表现。因此，正义观念的外在表现不能离开与之相对应的正义制度，正义观念的实现也离不开现实正义制度的确立。在一个多元化的社会中，人们心中会有不同的道德正义观念，但实际上占据社会主导地位的正义观念主要是一种，即权威的政治制度和法律体系相互结合确定的社会正义安排。占据统治地位的正义制度反映的正义德性在社会中占据主导地位，同时更精细的社会公正道德观念在每个人身上可能有不同表现，体现权威正义之外的不同正义观念。正义制度确立的正义观念代表了这个社会中居于主导地位的正义观念，有着强制执行的制度力量，而具体到每个人，则涉及复杂的社会化道德观念。也就是说，一套成熟完整的正义观念一方面需要外在的法律制度作为后盾，严格贯彻执行；另一方面教育体系以及道德风俗的社会化引导也是必不可少的。如果建构完整的法律和制度体系能够顺利推进，社会主导的正义观念能够被所有人接受，人们都能够形成主导的正义观念。然而，现实情况是很多不公正的现象层出不穷，说明制度化的正义观念可能缺乏稳定运行的机制和运作，因此正义观念与正义制度的结合与实现，需要深刻探讨正义的稳定运行，要求执行部门在执行过程中严格贯彻和施行，同时加强对相关机构与组织的监督和管理。

一般而言，正义观念与正义制度相结合体现抽象对具体的指导关系，二者共同构成正义的完整体系。狭义来看，正义观念主要是权威制度体现的政治正义观念、社会道德习俗规范下的非制度正义观念，而正义制度则只能表示理想或者现实中关于法律制度体系的具体安排。广义来看，正义观念既包含人们头脑中对于正义的各种观点，也包含如何建构正义制度的具体安排，正义制度的建构属于正义理论观念的一部分。正义制度以正义观念为前提基础，是正义观念的具体反映，是比正义观念更具有现实性的存在。正义观念可能是人们大脑中的抽象思想观点，也可以包含人们对现实正义制度的一般态度，而法律制度正义则只能是以社会政治生活为蓝本的实际具体建构。因此，广义的正义观念要获得实现，既需要外在法律制度秩序的建构与安排，也需要社会道德习俗的规范和引导，又需要获取人们心理层面的认同和支持，具备复杂的内容探讨，罗尔斯探讨公平式正义稳定性问题就包含这些基本思路。

正义本身既有人们内在的观念认知，也有外在的制度化正义体系，制度体系代表的正义反映的是社会中居于主导地位的正义观念，这种正义观念的现实确立往往与特定的社会文化环境相匹配。正义观念与正义制度的区分与关联，体现了正义理论联系现实的可欲性与可行性两个层面，正义观念更多涉及人们对正义理论的态度，而正义制度更多指向正义理论的实现。"可欲性突出了正义原则的理想性问题，即这种正义原则是否值得我们作为崇高的目标来追求。可行性则强调了政治社会的稳定性问题，即如何保证实行正义原则的社会能够长治久安。"① 可欲性和可行性主要探讨两个阶段，"前者关注的是一种正义理论是否值得人们欲求，后者关注的是理论是否能被人们按照理论者所设想的方式履行"②。正义观念重点考虑正义理论的可欲性论证，正义理论的具体要求有哪些，如何获取人们的青睐。而正义制度确立视角则更多关注正义的可行性方面，正义观念如何付诸实践，如何具体指导人们实现正义的目标等。正义稳定性问题在于理论联系现实，既有人们对于一种理论的基本态度倾向，也有正义在现实社会的可行性问题。广义上看，可欲性论证不能完全离开可行性方面的探讨，可行性探讨也是可欲性论证的一个方面，二者的区别主要在于侧重点不同，统一于正义的稳定性问题之中。可欲性与可行性二者并不是完全分开的，前者是后者的前提和基础，后者是前者的引申与升华，与此对应，正义观念与正义制度彼此不同又紧密联系，在正义的实现问题上结合成一个问题的两面。正义观念引出的制度安排，更多关注理论的选择与确立，正义制度建设以正义观念为基础，更多关注正义观念运用到实际环境中的操作和运行。正义的实现体现在制度体系中立法权、行政权、司法权各个权

① 姚大志：《罗尔斯》，长春出版社 2011 年版，第 159 页。
② 马庆：《正义与相互性——罗尔斯理论中的可欲性与可行性》，《内蒙古社会科学》（汉文版）2007 年第 3 期。

力关系的紧密配合，也包括社会层面各种道德习俗与文化观念认知体验，进一步而言，正义观念的稳定实现既需要外在法律制度道德规范的基本保障，又需要人们内在心理的坚定支持。

三　正义制度与社会道德

广义的正义观念包含着一套完整的正义制度的设计，而正义观念除了现实正义制度之外还包含制度的基础德性。正义制度是人为的建构，而正义制度体系的维护和遵循，又需要依靠社会中人们的道德行为来实现。正义制度原则如果没有内化为个人的内在德性和主观动机很难贯彻实施，因此需要社会文化观念与道德风俗对制度加以补充。① 一般而言，制度价值建立在一定社会德性基础之上，不可能存在安全脱离道德价值的中立制度模式，不同于制度的正义价值需要多高程度的个人道德水平，换句话说，正义的实现需要法律制度的强制推行，但是在个人道德认同促进正义制度实现方面有着较多争议。

社会正义包含制度建设与道德习俗的紧密结合，二者相互关联带来正义道德基础与正义制度的复杂关系。一种观点认为正义的社会道德是正义制度的基础，社会中主导的正义德性是正义制度的指导思想，个人正义德性决定人们的幸福和美好生活，也决定着法律制度的确立和发展，传统伦理主义正义观大体上持有这些观点。古希腊思想家如柏拉图、亚里士多德都将正义制度建立在正义道德基础之上，认为正义制度是约定俗成的社会道德产物，"政治制度是从城邦公民的习惯里产生出来的，习惯的倾向决定其他一切的方向"②。社会正义的基础是社会道德，在不同思想家笔下又有不同侧重，柏拉图强调灵魂中三种美好德性的搭配以及国家三个阶层的分工合作符合正义要求，亚里士多德强调公正是一种适度和中庸的美德。另一种观念则认为社会正义的根本表现形式在于法律制度，正义制度先于个人的正义德性，通过法律制度的引导和规范人们可以形成相应的正义德性，具体表现为合法期望先于道德应得，这种论述主要体现在现代西方政治哲学观点中。制度建构的法权正义观念先于社会道德，独立于个人道德而存在，这种观点的代表人物主要有马基雅维利和霍布斯。马基雅维利开

---

① 万俊人：《制度的美德及其局限》，《中国人民大学学报》2005 年第 3 期。
② ［古希腊］柏拉图：《理想国》，郭斌和、张竹明译，商务印书馆 2015 年版，第 317 页。

创现代西方政治权力独立于道德规范的基本思路，霍布斯直接确立正义的法律制度规范评价标准，将社会正义看作以安全和平为目标的社会德性，①"法律就是关于正义与不义问题的法规，被认为不义的事没有一种不是和某些法律相冲突的"②。这种社会德性主要是一种社会秩序的统称，与评判个人行为的道德水平完全不同，体现为正义德性作为一种非整全性道德观念与整全性个人道德的区别。罗尔斯也持有这种观点，从法权正义的权利义务分配秩序观念出发探究正义的具体原则，强调社会正义中合法期望先于人们的社会道德诉求，法权正义确定财产制度安排之后可以形成一种规范性的社会德性，但是对于个人真、善、美等道德具体要求不做实质规定。"道德价值的概念并不提供一个用于分配正义的第一原则。这是因为只有在两个正义原则和自然义务和责任的原则得到承认之后，道德价值的概念才能被采用。"③法权观念先于道德价值，将正义归结为制度价值而非社会中个人道德的现代观点，直接成为罗尔斯法权正义观念的思想来源，具体包括"正义是社会制度的首要美德""正当先于善"等内容。

正义制度是社会公共领域人们共同遵循的权威正义规范，是法律体系的强制力量作为后盾居于社会主导地位的正义观念，而正义观念作用下的个人德性则体现着每个人对共同正义规范的不同认知，具体表现为个人道德观念的差异。个人的正义感与制度规范的正义要求有可能相同，也有可能不同，关键看个人的正义德性是否与社会中的正义制度一致。尽管我们一般都承认，"社会的制度形式影响着社会的成员，并在很大程度上决定着他们想要成为的那种个人"④。然而不可否认的是，个人的正义德性观念仍然可能与制度体现的正义德性不一致，人们仍然有违背社会中权威正义规范的潜在性。如果人们遵守制度正义，正义德性处于相对正常和平稳的发展状态，如果人们背离制度正义，也即正义德性遭遇不稳定冲击，个人不正当行为将遭受制度正义的惩罚。现实中的制度正义规范都由人创造，个人德性的获得需要外在的正义制度引导。人们生活在社会中，离不开外在社会环境的教化和熏陶，正常的制度背景下人们接受权威的制度规范，

① 王利：《国家与正义：利维坦释义》，上海人民出版社2008年版，第191页。

② ［英］霍布斯：《利维坦》，黎思复、黎廷弼译，商务印书馆2015年版，第206页。

③ ［美］约翰·罗尔斯：《正义论》，何怀宏、何包钢、廖申白译，中国社会科学出版社2011年版，第312—313页。

④ ［美］约翰·罗尔斯：《政治自由主义》，万俊人译，译林出版社2013年版，第249页。

应当可以获得权威制度正义观念的内化，但是因为个人生活经历的不同、家庭氛围的影响、社会交往关系的差异，会呈现出不同的个人德性，与权威正义制度的社会道德发生一定程度的偏差与背离。特别在强调私人领域的自由主义理念指导下，社会包容程度更高，社会观念越发呈现分化和多元化，多元社会的价值冲突作为人们探究正义问题的前提，如果个人追求生活整全性善观念与权威制度要求的正义观念不一致，人们对于社会整体正义目标的坚守也会更困难。甚至极端观点认为现代政治不可能在道德上达成真正的共识，而是将个人的道德问题排除在政治领域之外，致力于在政治上达成制度正义共识以此取代全面的社会善共识。这样一来，政治共同体将成为一个权宜之计，政治道德共识的不足有可能威胁正义社会的稳定推进，就像麦金泰尔所指出的，缺乏道德共识的社会造成政治责任变得全然模糊不清，① 降低政治对社会正义的深度介入。

强调正义制度美德代替个人美德的思想家代表是罗尔斯，《正义论》的著名论断"正义是社会制度的首要美德"，表达了正义作为制度美德的核心价值，在严格区分正义的合法预期与道德应得的基础上，罗尔斯将道德应得排在合法预期的从属地位，后期政治哲学转向更是将正义限制在政治自由主义范畴之内，明确把行为主体德性的整全善观念排除在正义制度共识之外，认为这样可以更好地实现制度正义、正义的政治观念的稳定性。罗尔斯降低社会正义行为主体的道德依赖，区分制度规范下的正义社会德性与日常生活的行为主体道德，将个人德性排除在政治领域之外，以此解决个人德性与正义社会德性的偏离。针对这个问题，至善论正义观代表桑德尔发出有力质疑，他指出罗尔斯这种道义论正义观做出与至善论正义观行为主体的不同界定，将私人领域具有依附关系的自我转变成公共政治领域毫无依附的依靠选择决定一切的独立自我，与自由主义提倡的强大而独立的道德自我是背道而驰的，"道义论的自我由于被剥夺了一切构成性的依附联系，更像是被解除行动权力的自我，而非自由解放的自我"②。桑德尔指出，缺少深厚道德依赖的道义论自我将成为任意而为的同义词，相应也缺乏自我认识的能力，将不利于行为主体对正义社会德性的接受，

---

① ［美］阿拉斯戴尔·麦金泰尔：《追寻美德》，宋继杰译，译林出版社 2011 年版，第323—324 页。

② ［美］迈克尔·桑德尔：《自由主义与正义的局限》，万俊人等译，译林出版社 2014 年版，第 200 页。

因此也会威胁社会正义的稳定基础。

　　正义的社会道德是行为主体道德观念的直接体现，而制度正义是人们从事社会活动必须遵守的基本社会规则底线，前者有个人道德和良心为基石，后者有法律强制力量做后盾。对于个人道德与制度正义规范可能发生的偏离，自由主义政治哲学家的解决方案是将正义限制在政治制度领域之内，将主体道德安置在个人追求良善生活的私人领域，这样的结果有可能导致正义缺乏有力的主体道德去实现实质性的正义目标，从而使正义成为无源之水、无本之木。因此，对于正义制度与正义德性的关系需要重新界定，包括正义的社会德性和个人道德的关系，只有努力建构正义制度和正义德性、个人正义与制度正义的协调，才能够促进社会正义的稳定实现。

第二节　西方政治哲学视野下正义的局限和批判

　　上文对正义作为规范价值的基本结构要素的论述，引出西方政治哲学的法权正义观念，以及在此背景下正义制度和个人道德的分化对于实现社会正义的影响。接下来我们进一步关注社会正义的基本条件，包括外在的环境与内在的动机等，从中梳理正义逻辑中蕴含的局限与不足，为挖掘正义的稳定实现奠定基础。

一　正义的环境——资源匮乏与多元价值

　　正义规范是人为创造，为什么创造正义，需要从正义产生的原因出发，也就是正义产生的条件，包括主、客观两方面，对此进行深入探讨的代表人物是休谟，他认为正义首先产生于物质资源的有限性。[①] 人类生活在有限的地球空间中，赖以生存的环境与资源大都具有不可再生性，与物质资料有限性相伴而生的是人们不断扩大的欲望。无限的人类欲望在有限资源争夺过程不可避免会产生矛盾和冲突，需要社会正义规范加以调节。同时，人们之间的社会需求也因人而异，社会分化与发展带来人们欲望追求的多元分化，个人对自由独立的追求以及个性的张扬，社会价值选择也呈多元化发展，人们处在多元文化繁荣的现代社会，传统纽带逐渐瓦解，

---

① ［英］休谟：《人性论》，曾晓平译，商务印书馆2015年版，第532页。

标新立异层出不穷，多维空间、外太空探索以及人工智能的发展，人类主体的自我确定与共同体连接纽带出现危机与挑战，如何实现统一而稳定的社会规范成为正义本身亟待解决的问题。总之，在物质资源有限的基础上，在多元价值的不断扩张中，在兼顾各方社会需求与调节社会矛盾的过程中，都需要社会正义规范发挥相应作用。

休谟指出："正义之起源于人的自私和有限的慷慨，以及自然为满足人类需要所准备的稀少的供应。"① 由于人类社会的不完美，包括个人自私心理的膨胀以及物质资源的匮乏，人们为了克服独自生存的困难选择结群而居共同面对挑战，建立正义规范维护人类社会的安全和秩序。公道和正义依赖于人类特定的生存环境，这种环境既不是物质极为丰富、人们相互仁爱的理想社会，也不是物质资源极为匮乏、一切人反对一切人的极端恶劣环境，而是处于两个极端中间的不完美状态，休谟认为两种极端状态下正义本身实际上没有用武之地。理想社会状态下人们彼此和睦、互相关爱，不需要强制的制度法律正义约束人们的行为举止，社会自然而然形成有序发展的稳定状态；而极端恶劣环境中人们相互仇视、缺乏信任，即便制定出正义规范的法制法规也没有人愿意真正遵守。可见，在极端理想和极端恶劣的环境下正义规范都缺乏必要性，只有处于中间状态的环境正义才有创建的必要性。

正义产生除了自然资源的匮乏这个客观条件以外，在《道德原则研究》一书中休谟还增加了另外一个重要条件，即人们之间的交往条件，由于正义产生于人与人相互交往的社会环境，所以对于交往的程度也要有所限制。休谟指出，在人与人之间完全不平等的相处模式中，不能算作自由交往的社会，也不可能有公平正义的诉求。② 可见，不是所有的人际交往都能够产生正义，家庭之内、熟人之间，人们以关怀和仁爱为相处的主要模式，或者明显呈现不对等关系的情况，不会考虑是否公平公正。主人与奴隶之间，只有前者对后者施加命令和指示，而后者只有服从的权利，也不会讲究是否公正。宗主国和殖民地之间，宗主国为了本国市场、本国民众的利益尽可能剥夺殖民地的资源和财富也没有公正正义的生存空间。由此，正义的诞生还依赖社会交往的相对公开和平等。实际上，社会正义意

---

① ［英］休谟：《人性论》，曾晓平译，商务印书馆2015年版，第532页。
② ［英］休谟：《道德原则研究》，曾晓平译，商务印书馆2015年版，第42页。

味着对于公平和平等价值的追求，同时社会正义的产生也需要人与人之间一定程度的平等交往关系，正义的前提和目标可以看作两种不同程度的平等。正义规范要求人们的交往处于相对平等的状态，彼此之间的力量相对均衡，谁都不可能占据绝对的优势掠夺对方财富，也不可能居于绝对弱势无法表达自己的声音。在一个力量相对均衡的交往关系中，为了防止自己的利益免遭他人的侵犯，首先应当限制自己不去侵犯他人财产，彼此之间达成基本共识，相互默契建立正义，进而正义规范逐渐发展，越发促进人们实现更高水平的平等。从权利义务的平等，到地位尊严的平等，再到机会平等与经济财富平等的逐渐趋近。霍布斯认为自然状态人们彼此实力相当并且对所订信约必须遵守是正义的基本源泉，[①] 尼采也提到正义规范诞生于大致相当的双方之间，正义的最初起源在于交换。[②]

现代社会正义又面临新的挑战，即多元文化与多元价值的蓬勃发展，由此不可避免带来文明的冲突，亨廷顿指出："在冷战后的世界中，人民之间最重要的区别不是意识形态的、政治的或经济的，而是文化的区别。"[③] 在多元文化相互冲突的背景下，正义规范作为人为创造的观念和制度也将面临多元化的冲突和威胁，正义观念的稳定运行需要面对多元文化认同的危机与挑战。随着世界交流的日益丰富和频繁，文化之间的影响与融合也在进一步发展，不同文化之间的和平与竞争关系逐渐成为公共议题。一般而言，正义具有基础层面追求人们平等权利与尊严等价值的普遍强调，但是居于不同文化背景下的人对于权利与尊严呈现差异化理解。正义规范稳定性实现需要建立在相应的文化认同基础上，"特定文化对于特定群体的生存是性命攸关的。有了它，一个群体才能够形成为一个共同体，使共同体具有内聚力，拥有自己的个性和生命，并使共同体得以维系、运转和成长"[④]。不同文化观念中的正义规范相互竞争对于已有的正义规范产生威胁和挑战，不同正义规范与各种善观念也出现各种分化和冲突。"在对正义与人类其他善的关系、正义所要求的平等类型、执行正义

---

① ［英］霍布斯：《利维坦》，黎思复、黎廷弼译，商务印书馆 2015 年版，第 109 页。

② ［德］弗雷德里希·尼采：《人性的，太人性的——一本献给自由灵魂的书》，杨恒达译，中国人民大学出版社 2005 年版，第 70 页。

③ ［美］塞缪尔·亨廷顿：《文明的冲突与世界秩序的重建（修订版）》，周琪、刘绯、张立平、王圆译，新华出版社 2012 年版，第 5 页。

④ 马德普、常士訚：《多元文化存在的不可避免性与人类文化的繁荣》，《云南行政学院学报》2009 年第 5 期。

的范围和正义考虑所与之相关的个人在没有一种上帝法则知识的情况下正义的知识是否可能等问题上，也各执千秋。"① 正义的实现需要连续的观念与制度，而多元价值的冲突会威胁正义观念的连续与稳定，本体论上的多元价值争论与现实层面的多元文明冲突都深刻诠释了不同的正义规范可能面对的多元竞争，如何在多元文化背景下追求世界共同认可的正义规范成为难题。特别是西方政治文化背景下自由民主制度带来多元文化冲突，正义规范产生于特定的历史文化背景之中，文化的冲突也会带来正义规范本身的价值冲突，不同正义规范面对多样异质的社会文化，正义价值的适用性与实现问题成为争论焦点。正义外部环境带来多元论下寻求正义规范长治久安的问题，很大程度上，罗尔斯后期正义理论的自由主义转向，对于正义稳定性的重新诠释就在于回应多元主义的质疑。

二　正义的动机——介于利己与利他之间

正义是人为的产物，那么人性本身的缺陷就不可避免地体现在正义本身之上。人性研究成为正义问题研究的基石，从德尔菲神庙的训示"认识你自己"，到近代思想家探究人的理性与感性道德，再到近现代世俗理性的发展，人性的观念也处在不断的变化中。休谟认为人格在本质上一直处于流动变化之中，很难达成固定不变的统一体，与其说统一性是理性选择的固定结果，不如说自我是处在不断流动之中的感觉集合，自我本身"只是那些以不能想象的速度互相接续着，并处于永远流动和运动之中的直觉的集合体，或一束知觉"②。尼采也指出，人性不是一成不变的，而是处于不断变动之中，"人是生成的，认识能力是生成的……一切都是生成的，没有永恒的事实，就像没有绝对的真理一样"③。正是流变的人性构成了正义产生的主观动机，正义动机考察人们选择正义规范的最初原因，正义的出发点是什么，人们想实现一个什么样的目标，达成什么样的结果，进而选择一种什么样的正义规范。人的动机首先是追求个人需求的基本满足，休谟认为主观上人们追求自利，卢梭强调首先需要满足自爱目标，中国古

① [美]阿拉斯戴尔·麦金泰尔：《谁之正义？何种合理性》，万俊人、吴海针、王今一译，当代中国出版社1996年版，第2页。
② [英]休谟：《人性论》，曾晓平译，商务印书馆2015年版，第278—279页。
③ [德]弗雷德里希·尼采：《人性的，太人性的——一本献给自由灵魂的书》，杨恒达译，中国人民大学出版社2005年版，第16页。

代管子言"衣食足而知荣辱，仓廪实而知礼节"，荣辱礼节作为社会要求的道德风俗建立在人们达成物质需求基础之上，只有满足了基本生存条件，人们才会追求更高的道德规范。正义作为社会规范价值，首先需要满足人们获得基本的物质保障的自利需求，使人们获取起码的生活物质保障，才有足够的基础去实现正义。实际上，人们追求自利的发展也有多种层次，马斯洛需要层次理论从描述性的范畴出发介绍人的多种动机发展，包括生理需要、安全需要、归属与爱的需要、自尊需要、自我实现的需要。① 人的生理和安全需要是人生而在世的最基本需要，在一个温饱和人身安全都无法满足的世界，在一个和平都是奢侈品的状态下，正义目标也难以实现，人类追求社会正义首先需要维护人们的基本物质条件，满足日常生理和安全的需要，进而维护个人的尊严、归属和自我实现。

然而，正义的动机不仅是简单的利己，如果仅有利己主义，人们只会从个人立场角度思考问题，整个世界将会陷入一片混乱，无法实现社会整体的公正目标。正义规范需要满足个人的各种需求，这是正义的基础动机，同时作为社会关系的集合，个人利益的满足离不开社会的关系，需要对社会有所关注，维护社会公共价值，为他人提供力所能及的助力，正义社会要求人们不仅从个人视角看待问题，更要兼顾整个社会的利益，体现一种有限的利他倾向。一般而言，利他行为可以分为"一是不求回报的利他，二是要求回报的利他"②，不求回报的利他具有无条件性，是典型的仁慈品质，比正义更高的价值取向，在现实中很难达到，如果人们都能够自觉做到利己与利他的协调，就不需要社会正义加以调节。实际上，人们更多时候将自己的需求融入社会的要求，不是完全追求对他人的慷慨，而是既满足个人的利益需求，也努力做出有益于社会的行为，体现个人利益和社会利益的复杂关系。一种观点认为个人依赖于社会的存在，个人的地位和价值直接在社会中得到体现，个人利益只有在社会利益的实现条件下才能获得实现；也有观点强调个人利益和公共利益相互矛盾，个人地位和价值独立并先于社会，按照集体行动的逻辑，人们追求个人利益的结果会造成对公共利益的荒废。个人利益与社会利益的复杂性直接反映的是个人与社会的关系。我们认为个人的生活与社会不可分离，同时又保留一定程度

---

① ［美］马斯洛：《动机与人格》，许金声等译，华夏出版社 1987 年版，第 40—53 页。

② 舒远招：《"正义优先于利他"——西方哲学家的一个重要命题及其现实启发意义》，《湖湘论坛》2013 年第 6 期。

的疏离。同理，个人利益与社会利益既紧密相连不可分割，又彼此有着严密的界限，个人利益与社会利益有时不可兼得。正义的动机既要满足个人自利目标，同时也需要一定程度的利他倾向，介于完全利己和利他之间，是一种互利互惠的形式，通过维护社会群体利益从中获取维护个人尊严与价值的基石，这既不是简单不计后果的利己，也不是完全无条件的利他，而是协调个人与社会连续互动有机融合的整体。总之，正义的可能性就在于人既要满足个人的利益，又要对社会利益有所依赖。因此在这种情况下，正义的动机即人们对正义实现的可能性，正义规范是一种人们遵守社会规则同时寻求回报的有限利他行为，可以看作介于利己与利他之间。

综上所述，正义作为社会公共价值，目标旨在保障人们的各项需要得到基本满足，基本需求包括生理和安全，更高需求包括尊严与自我价值实现等，首先是个人自利与自爱，然后是慷慨利他，可以想见，越能满足人们更多更高需求的正义观念越能够获得人们的支持和认可，越能实现更高的正义稳定性。

三　正义的局限与批判

通过以上的分析，可以看出正义并不是人们无条件的遵守，正义的局限不仅表现为人为的动机，同时也有外在的情境因素。内在方面，人们都有自利的倾向，不可能无条件遵守正义的规范；外在方面，物质资源的匮乏、多元文化的冲突以及强制的共同权力的支撑，都会使人们对社会正义问题产生疑问，对于正义规范的遵守产生分歧，甚至违背正义的规范。正义本身的局限性其实也是正义内涵的脆弱性，只有了解了正义的局限，才能使人们更好地实现正义目标。针对正义本身所具有的内在与外在的条件性因素，有学者总结出批判正义本身局限性的三种路径：第一种，反对共同权力为基础的分配正义主张以交换正义加以取代的自由意志论思路；第二种，强调善先于权利的共同主义批判路径；第三种，关注经济基础与上层建筑矛盾的正义历史性与决定因素的马克思主义批判路径。[①] 三种批判路径分别具体表明了人们对于正义本身从内在动机到外在环境问题的不同理解。

第一种批判路径在于交换正义与分配正义的区分，根本分歧在于人性

---

① 杨勇：《正义的局限：批判正义的三种理路》，《求索》2009 年第 5 期。

具备多大程度的共同社会需求和利益，分配正义得以实现的前提是共同利益和共同权力，政府作为代表全民共同利益行使公共权力的存在，拥有最高的世俗权力作为分配社会资源的权威代表，而交换正义对人性中的共同需求和利益追求表示质疑，特别警惕分配正义的共同权力会压制行为主体的自由意志。比如诺齐克反对以强大国家权力为基础的分配正义，提倡一种最低限度国家中的持有正义取而代之，主要包括三个部分：第一是持有的原初获取；第二是持有正义的转让过程；第三是持有的非正义矫正。① 诺齐克认为只要满足了这三个环节的程序安排，不管结果如何都符合正义要求，倡导以"正义的分配"来替代分配正义。分配正义需要在共同权力基础之上确立大致平等的经济地位，"正义的分配"不需要考虑交换正义双方的共同权力基础与大致平等的经济社会地位，认为只要满足了基本的公平程序条件，不管最后达成什么样的经济地位结果都算作正义。我们知道正义必然涉及一套完整的制度程序安排，问题在于这种正义分配过程的程序安排是否充分代表了正义的全部内容，交换正义强调道德主体的自由意志交换，以此反对分配正义需要共同权力作为后盾对人们自由意志的压制，反对分配正义可能出现的对于分配结果的调整，交换正义体现了自由至上主义，对分配正义带来不小挑战。

第二种批判路径的分歧点在于权利与善哪个更有根本性，联系到道德主体，权利优先的观点认为自我本身首先是一种道义的存在，不管主体选择何种行为方式都具有同等的自由空间，自我目的产生于人们进入特定环境之后的个人自由选择，而善先于权利的观点则认为自我本身的存在包含特定的自成目的性（autotelicity）和价值取向，行为主体的自由选择不是完全不受限制，而是需要遵循一定的善意目标，否则将违背做人的基本原则遭到谴责，概括而言这种批判路径围绕自我先于目的的道义论与目的先于自我的至善论展开争议。② 道义论认为正义优先要求尊重个人不管什么行为的资格和道义，是一种一切行为公平对待程序的过程；至善论强调正义行为的指向目的和效果，要求首先根据行为目标确定何种行为的优劣，然后加以不同对待。焦点在于是否个人的不管什么行为、不管出于何种动

---

① ［美］罗伯特·诺齐克：《无政府、国家和乌托邦》，姚大志译，中国社会科学出版社2014年版，第180—182页。

② ［美］迈克尔·桑德尔：《自由主义与正义的局限》，万俊人等译，译林出版社2014年版，第33页。

机都要给予一视同仁的对待，还是首先区分这种行为的不同动机之后，根据动机的具体内容区别对待。两种思想的主要根源在于亚里士多德的目的论指向与康德的正当先于善的道德评价的区分，康德道德义务论最为根本的理论基石在于坚持道德行为主体的意志自由，人只能当作目的而不能当作手段，人的自主行动具有无可争辩的优先权。与此相对，亚里士多德将人们的不同活动分成多种，并且认为人的每种活动最终都指向一定的善，以边沁和密尔为代表的功利主义也坚持目的论，发展为将最大多数人的最大福利当作最终目标，当代共同体主义作为目的论思潮代表对康德式道义论进行批判，认为正义不能脱离对善的依赖。目的论表达正义动机的趋善性，正义并不是行为主体无条件的个人自由行动，而是引向善目标的社会活动，以此为根据批判自我先于目的道义论正义观缺少实质的稳定自我基础。

　　第三种马克思的批判路径表达了西方社会主流正义规范面临的根本挑战。一般而言，西方主流的社会正义面临内在法权批判和外在法权批判两个思路。① 内在法权批判思路表现为，马克思通过考察特定政治法律制度的分配方式是否符合当时当地的特定生产方式来判定正义与否，如果符合就算是特定社会的正义观念，不符合就是不正义；而外在法权批判思路认为马克思从根本上否认西方社会政治法律制度为基础的正义权利，马克思并不想以一种理想的正义规范来取代现实冲突的资本主义社会的正义观念，而是以一种超越于正义和权利观念的视角批判正义的局限，这是从根本上对人为正义局限性的批判，重点在于批判充满冲突的正义客观环境以及理性利己者的主观动机，追求一种根本上适合人性最大自由和全面发展的正义社会。由此，马克思认为现实社会需要正义，主要是因为物质资源生产与占有的矛盾，物质财富无法实现人们的共同公平占有，现实中的多数财富总是掌握在少数人的手里。这种观点深刻揭示了人类社会永远存在的多数人与少数人的矛盾，正义归根结底在于财产分配，是承认少数人的财产权利，还是为广大劳动者创造尽可能多的均等财产分配机会。实际上，马克思对正义的批判主要体现在对于资本主义的批判以及服务于从资本主义向共产主义理想过渡，马克思的正义观首先属于一种解放生产力、发展生产力的正义观，同时这种生产方式为多数无产阶级服务才能称为合

---

① ［美］艾伦·布坎南：《马克思与正义》，林进平译，人民出版社 2013 年版，第 72 页。

理的生产方式，在此基础上建立的社会政治制度才能成为正义社会。正是因为现实资本主义生产方式的有限条件，在一个充满冲突的环境下，为了保障人们有序地争夺个人利益，更需要正义和权利等法权观念对对抗性社会中的冲突进行裁决和协调，但是目前形势下正义只能有限解决这些矛盾，表现为正义的局限性。而在一个理想的未来共产主义社会、物质财富足够丰富的社会，人性得到极大的自由而全面发展，人们彼此争权夺利的需要让位给彼此和谐相处的需要，人为建构的正义和权利制度也将不复存在。马克思对于西方法权正义的批判深刻而富有挑战性，揭示了目前社会正义的根本局限，树立了一种理想环境下正义社会可以达成的高度，但是在很长一段时间之内无法实现物质资料的极大丰富为理想正义提供支持，现实社会中各种冲突还无法完全避免，人们的自利取向依然作为追求更高价值目标的必要基础，正义的局限也将长期存在。正义本身的诸多局限，在一定时间的范围内仍然有它存在的必要性。马克思提出的以现实社会发展阶段为依托向理想社会进发的过渡正义规范和正义制度，表达了一种既关怀正义的理想，又脚踏实地思考现实的正义需要，为进一步探究人为的正义观念和制度问题提出思路指引。

通过论述三种批判路径，即便人们对于正义主客观环境持有基本共识，也无法完全避免社会可能产生的对抗性矛盾，且都承认现实中正义对于协调社会矛盾冲突的基本作用，赞成正义是社会制度的根本德性。然而，不同流派对正义的内涵和立场持有不同理解，也带来对正义局限的不同理解。面对正义充满的各种局限，挽救正义在运行过程中的不足，探究正义观念实现的稳定和延续，就成为正义运行过程中的一个重要问题。正义的稳定性是正义运行过程中的重要问题，是正义观念可行性的重要指标，同时使正义观念获取一种稳定性也是正义观念的评价标准，所以正义稳定性也是正义观念可欲性方面的一个参考。正义观念作为一个整体，不仅需要考虑人们的选择原因，而且要探究正义观念运行是否更具有稳定性，西方政治哲学视角下的正义观念具备特定局限，引发人们进一步思考正义稳定性问题。虽然人为的正义本身有着固定的局限性，人们可能对正义理想持一种不信任的批判态度，但是长期看来，正义价值作为法律制度建设的衡量标准仍然具有不可替代的地位。探究不同正义观念产生的局限与批判，不是为了否定正义，而是为了表明正义实现的困难和挑战，为现实中正义目标以及促进正义规范的运行提供指导方向。尽管正义观念之间相互冲突，不同正义观念也对应着不同的实现问题，但是人们也并未停止对于正义规范的不懈追求，承认一种人为正义的实现可能，并为实现正义做出努力。

第三节 正义的实现路径

上文论述了正义的动机与环境，也是正义的内在外在条件，两个方面共同作用构成了正义本身的共同局限，慈继伟提出"正义秉性"（justice disposition）来解释正义的一般性倾向，基本含义为不随正义观念改变的正义本身恒定的正义倾向性。正义倾向性（disposition）论述在道德哲学领域有着长远的观念史渊源，早在亚里士多德的《尼各马可伦理学》中就明确提出正义反映在人身上的德性问题，涉及道德观念在人身上的独特性质，也是正义本身体现在个人身上的特定品质。针对正义的倾向性即正义秉性，亚里士多德强调正义是一种适度的品质，是一种中庸的美德。[①] 慈继伟总结正义的秉性主要在于两个方面：一个是相互性；一个是反应性情感。[②] 相互性指的是正义的条件性，介于利己和利他倾向之间，表现为人们利他的过程中要求对方表现出对自己的相应善意，正义的相互性原因在于主观上人们具有难以避免的利己主义倾向，以及有限的利他主义因素。反应性情感表现为人们在面对社会交往活动中，遇到正义与非正义现象出现的基本情感反应，对正义的行为表示欣慰和赞扬，对不正义的行为，如果意识到自己行为的过错会产生相应的负罪感，如若是他人，也会激发观察者的义愤情感反应。通过对正义秉性加以挖掘和认识，可以让我们更清楚地看到正义所面临的各种问题，包括正义本身的局限性和脆弱性，为实现正义的可能路径以及努力方向奠定基础。

一 正义的秉性
（一）相互性
正义的相互性表现为正义规范的条件性，具体体现为正义本身并不是

[①] ［古希腊］亚里士多德：《尼各马可伦理学》，廖申白译，商务印书馆 2003 年版，第126 页。

[②] 慈继伟：《正义的两面》，生活·读书·新知三联书店 2001 年版，第11—13 页。

被人们无条件地遵循，而是依赖于从中获取切实有效的利益，而且人们遵守正义规范也需要以其他人共同遵守为前提条件。对于正义规范人们并非无条件地遵守，而是以他人的遵守为前提，如果人们生活中看到他人常常违背正义规范，也会降低对于正义规范进行有效维护的可能性。相互性是正义规范的内在属性，更是外在规范的具体约束，每个人都实现对正义的遵守和拥护，才能实现正义规范的贯彻执行。如果一方遵守正义规范，而另一些人破坏正义规范，需要按照正义规定的相关法律进行惩罚制裁，否则正义无法获得人们的广泛支持。正义的实现是人与人之间普遍遵守的社会规范，相互性作为其精神内核，外在社会规范的约束必不可少。正义规范的履行既需要正义的外在政治制度保障正义相互性精神内核的实现，又是一种体现人们自愿精神的道德价值规范。不同的正义理论是人们制定出来的正义规范，不管是什么正义规范，都需要人们理性的思考来确定。

正义的秉性表现为相互性，不管是什么正义规范，都要人们彼此之间的相互遵守和承诺，承诺意味着一种同意的契约关系，将人们联系在一起的共同意志，[①] 如若有人不遵守，就会引发正义之士在情感上的义愤以及行为上的惩罚。正义对于正义规范作用下社会中的所有人具有约束力，不管是制定规范的一方，还是参与的一方，都有义务遵守，单方面要求别人遵守而制定者却标榜某种特权无视正义规范，是典型的违背正义规范的行为，也是非正义的表现。正义主要表现为立法活动中制定具有普遍实用性的法律，因而具有共同性，甚至有人直接说，共同利益就是公正。[②]

总之，不管什么正义规范都需要人们之间的相互性，公平式正义以及作为公道的正义都以"最低限度的相互性"[③] 作为基础要素和共通之处。正义的秉性反映了人们遵循正义的动机问题，人们为什么需要正义？正义规范可以带来什么样的后果？正义动机归根结底考察的是人性问题，不同的正义观都要涉及人性问题，都会有一定程度的相互性，可以说，只要人进入社会，产生人与人之间的交往，就会产生相互性的关系，但区别在于不同的正义规范对于相互性的定义和内容有着不同的阐释。相互性从自我倾向到利他倾向是一个递进的脉络，完全的自利是利他主义极其匮乏的状

---

① ［美］汉娜·阿伦特：《人的境况》，王寅丽译，上海人民出版社 2014 年版，第 190 页。
② ［古希腊］亚里士多德：《尼各马可伦理学》，廖申白译，商务印书馆 2003 年版，第 246 页。
③ 慈继伟：《正义的两面》，生活·读书·新知三联书店 2001 年版，第 41 页。

态，人与人之间相互敌视，就像霍布斯笔下的"一切人反对一切人的战争状态"①，这种状态是自然状态下人们缺乏共同权力也就是没有统一正义规范可能造成的相互敌视，在霍布斯看来就是一种明显的野蛮状态，共同权力与公正统治引导人们进入文明状态。相互性的最高级别是人与人之间的相互仁爱，在这种情景下人与人之间无条件地友好与包容，是最理想的状态，是现实社会不断努力追寻的目标。在人与人之间相互敌视的最野蛮状态和人与人之间相互仁爱的理想状态之间，是正义问题的主要空间。其中根据利己与利他不同程度的此消彼长又可以分为理性利己主义的正义观、互利的正义观、作为公道的正义观、相互善意的正义观、志愿正义观等。总之，不管是什么样的正义观念，都具有最低限度的相互性特征作为正义本身的共同心理倾向。

（二）反应性道德情感

正义并非自然而然产生的道德规范，而是一种人为创造的社会德性，所以相应而言与正义有关的反应性情感是一种道德情感。道德情感不同于自然情感的喜怒哀乐，身体发肤的简单应激反应可以产生自然情感，以身体感觉为基础产生痛苦或愉悦的感知。道德情感则不仅仅是个人的生理感觉对应的心理反应，而是在道德价值追求的过程中，所感受的外在行为对于道德价值的支持或反对所带来的情感反应。自然情感是一种动物本能，而道德情感则是人之为人的独有特征。不管人多么的自私，人性中总会有一些不同于动物的道德情感，比如同情和怜悯等。"道德情感虽然是心理性的情感，但不是自然情感，而是对理性价值所产生的情感，所以具有精神性。"② 自然情感是天生的情感，而道德情感则依赖于后天的教化和培养。

道德情感是人们在社会交往中对于道德价值产生的情感反应，虽然正义观念的具体内容主要是人们理性的选择，但是让人们对理性观念付诸行动从而实现正义却依靠人们的意志和情感。按照休谟的观点则是理性缺乏主动性，理性的作用在于辨别真伪，主要作用体现在思辨领域，而道德准则属于人的实践领域，发挥主要作用的是人的主动性的情感。③ 人的情感

① ［英］霍布斯：《利维坦》，黎思复、黎廷弼译，商务印书馆2015年版，第95页。
② 赵汀阳：《论可能生活》，生活·读书·新知三联书店1994年版，第160页。
③ ［英］休谟：《人性论》，曾晓平译，商务印书馆2015年版，第493页。

大致有七情六欲，喜怒哀乐忧思恐，但是能够称为道德情感的只有妒忌、负罪感、羞耻心等，是个人行为与道德标准产生不同关系的情感反应。与正义相关的道德情感主要有义愤、羞耻心、负罪感。但是我们认为道德情感并不是凭空产生的，而是以理解为基础的情感的固化，道德情感体现为在不同道德观念认知基础上产生的道德选择，体现了人们不同的生活意义的认识，对生活意义有着不同追求的人，会对相同的道德观念有着不同的态度，相应产生不同的道德情感，"道德情感从根本上说是对生活意义的自觉"①。人生在世首先追问个人的生活意义与目标，人为什么而活，也是哲学的终极命题，这个问题最终指向一种道德伦理生活方式，与原子式个人生活方式的分歧。道德情感的塑造直接指向支持道德和伦理的生活方式，道德情感的产生首先是人们居于社会生活中的结果，罪恶感和责任感是群居性动物的特有方面。② 对待正义规范的不同态度反映了人们不同的道德情感表现，义愤是遵守正义规范的人们对于违反正义规范的人的愤怒，羞耻心和负罪感则是违反了正义规范的人的内心感受，这些都是人之常情，又都是人们在后天的道德化过程中获得的道德情感。对正义规范的维护有着不同的意志表现，也会相应产生不同程度的反应性情感。

（三）正义的基本属性总结

正义是人们群体性活动的社会价值，人们为什么需要正义，主要是为了实现一种人与社会联系的纽带，正义能够促进人类社会的团结安定。关于正义价值的社会地位，柏拉图说正义是城邦四大美德之一，亚里士多德指出正义是一种适度的美德，休谟认为对公共效用的追求产生正义，罗尔斯说"正义是社会制度的首要美德"，总之正义是规范人们社会交往的重要价值。关于正义的产生，正义作为人类社会的社会活动，产生于人与人之间的交往规则，习俗观认为是人们社会风俗习惯的产物，契约论认为是人类社会最初订立契约的演变，不管正义规范如何实现，当代社会分配正义的主要作用是调节社会中的各项资源，既涉及人与人之间的关系，也涉及人与事的关系，具体而言主要是利益和价值两个方面的规范分配。

正义的相互性体现为正义的有条件性，一方必须首先满足对于正义规

---

① 赵汀阳：《论可能生活》，生活·读书·新知三联书店1994年版，第164页。
② ［德］弗洛伊德：《群体心理学与自我的分析》，载车文博主编《弗洛伊德文集》，长春出版社2004年版，第87页。

范的遵守，才能要求其他人也相应遵守正义的规范。正义规范既有外在的强制制度加以保障，又有内在的道德自律加以约束。体现了道德与法律二者关系的统一。正义是规范人类社会活动的重要指标，人们在正义规范的环境中能够更好地实现人与人之间的相互关系，同时也利于个人的幸福和能力的发展，正义的社会也是个人幸福指数较高的社会。正义首先是一种社会德性，表现的是一种社会秩序的有序规范，同时正义也是个人德性的追求，实事求是，诚实守信，一身正气等。二者缺一不可，古希腊强调个人和社会德性的统一，个人的智慧、勇敢和节制三者缺一不可，社会正义也是拥有智慧、勇敢和节制三种品质的人们的分工合作。霍布斯强调社会正义的总体德性，与个人行为道德的分离，认为只要社会实现了和平安定，免除个人的恐惧，实现社会的和平与安全，就是一个正义的社会，在社会契约论语境下人们遵守契约，服从强制的法律权力就是基本的正义表现。总之，正义是一种社会德性是思想家的共识，主要分歧在于个人正义方面。

正义是人与人交往的行为规范，对于社会整体部分的规范要求是公认的，正义规范具体体现为法律和制度安排，但是正义是否也对个人行为品德有所限制，即正义是否是一种个人追求的品行指标，则是一个有着较大争议的话题。正义是一种直接关乎人们的道德价值，关乎人生意义和价值的选择。正义规范社会保障个人幸福，需要以利益的追求为其基础，物质利益的获得是实现个人价值的重要途径。正义既有形而下的利益内容，又有形而上的价值取向，共同构成正义本身的本质特征。在物质利益层面，正义要保证公权力对于物质财富分配程序的公平、公开、公正，不因社会背景和地位的不同而造成机会不公平的分配程序；在精神价值层面，正义要尊重个人主体性，尊重个人的自由意志，照顾每个主体对自己人生目的和意义的创造性建设，在物质需求之外引导个人实现更多的人生价值和人生幸福。在形而上的信念层面，正义既有道德上的价值取向，又有法律上的规范要求，法律规范要求具有强制性，违反法律正义的人们要遭到法律的惩罚；而道德上的价值取向则有社会舆论和风俗习惯的约束特质，虽然缺乏强制力量，但也是一种必不可少的约束和限制。法律规定以道德规范为基础，同时又与道德价值相区分，共同促进正义价值本身的贯彻实行。正义价值规范在不同层次上又分为正义观念和正义制度，观念是制度的理论来源，制度是观念的现实操作，观念的正义性主要是人们头脑中的共识认同，而制度的正义性体现为国家法律层面的具体建构，以及现实生活中的具体执行，而正义观念与制度的贯彻统一有赖于哲学家等理论工作者的合理建构以及现实中人们的接受认同。

通过上面的论述，我们可以简单总结正义的本质属性，从正义产生的主客观条件看出正义的局限，从正义的局限出发引出实现正义以及获取正义的稳定性的努力方向。正义本身的局限和不足，一个是主观上的动机不足，一个是外在环境的支持不够，由此正义的秉性就需要考察人们的相互性态度和反应性情感。考察社会规则所依赖的内在陈述和外在陈述，对正义实现的探讨也主要是从这两个方面入手。针对外在的资源有限和多元文化，需要外在的法律制度环境代表的社会规则对人们的行为进行约束，社会规范的确立要充分尊重人们之间的相互性交往需求。另一个是内在的心理层面，需要考察行为主体对于社会规范的接受程度，主要包括与正义相关的道德情操问题。

具体到正义观念的稳定实现问题，正义稳定性是关于一项正义规范在社会中被人们遵守的问题，正义秉性则是正义的恒定因素，二者都涉及稳定性，但却是不同层面的稳定性问题。正义秉性是正义本身的恒定因素，是正义本身的稳定倾向，是不管外在社会环境和规范如何发生改变都不会变动的成分，是正义的内部稳定。而正义的稳定性则指的是正义规范在现实中的运行和实现，是否可以被人们稳定接受的问题，关乎正义社会的长治久安问题，二者有着根本不同。一个是关于正义基本属性的抽象概括，一个关乎正义规范的具体选择与实现；一个是各种正义规范的共同因素，一个是不同正义观念运用到现实的实现问题。前者涉及人对正义的态度倾向，是一种哲学心理学，后者涉及人们对一套正义规范的接受和遵循，既有人的内在心理学的部分又有外在政治社会的环境适应问题。对前者的研究可以促进后者的进一步实现。前者是抽象的哲学层面的心理问题，后者则是具体的正义规范如何进入人们心理层面的问题；前者是抽象的描述性逻辑推理，后者则关乎具体的规范的实际操作；前者具有更抽象的深层分析人的动机与如何行为的元伦理含义，后者则属于具体的道德实践问题；前者是哲学层面的抽象分析，后者涉及具体历史文化环境的实现背景。对于正义秉性的深入探究与细致划分，目的是更好地探究正义的实现问题。在探究正义秉性的基础之上，我们认为实现正义主要包含内外两条路径。

二　实现正义的外在路径

上面论述了正义的秉性和正义主客观的局限，因为正义规范本身是人为建构，总会或多或少因为人的出发点不同而造成正义本身的不足。正义的环境与动机分别提供了正义实现的必要性和可能性条件，但是也带来了正义的局限，实现正义的过程就需要尽量去改善这些局限性，虽然现实的环境很难完全克服，但是可以尽量去改进和提高。首先是客观环境方面的局限。针对外在环境的资源相对匮乏以及多元竞争，大力发展经济，提高人们的物质生活水平是实现公平正义的先决条件，个人利益的增加首先依赖于社会共同利益的增长。休谟认为正义的主要内容是确定财产权的稳定占有规则，① 马克思对正义的批判也主要是从财产权的角度出发的。可见实现正义最直观的表现就是对财产权的公正分配。正义内含着平等的目标，财产分配既要观照程序又要考察结果。因此实现正义需要在财产的分配中坚持公开、公平、公正的程序，又需要在结果上对弱势群体有适当的照顾，以防严重的贫富差距带来的结果不正义。而针对社会的多元价值观念，更需要主流的正义规范加以引导，以此获得不同价值观念最大限度公约性成分，获取社会的共识，保障正义的实现。而实现这些目标的过程，要积极调动人们的积极性，发挥民众的主观参与，既要坚持执政者分配正义的共同权力，又要充分依赖民众对于执政者的监督，发展二者之间良好的相互作用，实现正义的良序互动。只有这样，才能在正义外在环境中尽量改善正义的局限，实现正义的目标。当然，具体的正义制度在物质资源的分配中有着不同的具体内容，但是几乎都需要满足上面这些要求。

实现正义的外在目标既需要法律制度对于财产权的明确界定，也需要道德习俗和社会舆论对于正义价值的规范引导，前者是强制的，后者是潜移默化的，二者缺一不可。法律的制定和执行充分体现了正义规范的强制力，道德风俗习惯则依赖人们情感和意志的作用力，也是从主观动机方面实现正义观念的内化。虽然法律和道德都可以算是正义规范的外在约束，二者的不同在于法律制度具有强制性，即便人们不自愿，外在的强制也会施加强有力的影响，正义的法律规范主要依靠的是他律，而道德虽然有着社会舆论、风俗习惯的约束，但是因为缺乏强制手段，发挥作用主要依赖

---

① ［英］休谟：《人性论》，曾晓平译，商务印书馆 2015 年版，第 538 页。

个人的自律和潜移默化的心理过程，属于正义实现过程的内在路径。

三　实现正义的内在路径

外在方面主要是法律制度的强制分配，而正义要获得稳定的实现需要人们的认同，完全依靠强制的社会是不稳定的，所以就需要获取人们内在的心理认同。内在方面，正义的局限主要体现为人们动机上的不足，人们并不是无条件地自愿遵守正义规则，而是有着先天的满足自身需求的意愿。正义的动机既然先天具有局限，就需要后天道德规范的内化加以引导，督促人们获取对正义规范的遵守，当然这不仅仅是依靠强制手段或者简单的宣传和洗脑就能解决的，而是需要以理性的价值认知带动人们的情感认同，以尊重个体主观创造性的能力为前提，通过动之以情、晓之以理的方式逐渐获取人们遵守正义的动机，增加对正义规范的信任。这里依然要强调坚持相互性原则，只有社会满足了个人的自尊和价值，在正义的框架内实现对个人权利和价值的尊重，个人才会对道德风尚、法律制度予以深入内心的认同和支持。

正义的观念来自人们的理性认知，但是正义运行过程中既需要人们的理性，即正义运行过程中的实践理性；又需要人们的非理性，将正义规范付诸行动则需要人们情感和意志的作用。正义的实现过程既要考虑个人的相互性的实践理性，又需要情感和意志的支持。情感的力量是强大的，正义作为社会德性对应着人们复杂的道德情感，充分调动人们的道德情操可以促进正义规范的实现和维护。正义的实现依靠人们在正义制度下获得强大的正义动机，归根结底是人形成正义感的心理问题，属于道德心理学范畴。如果人们内化有强烈的正义感，遵守正义就可以成为顺其自然的行为，对非正义行为的拒斥也就顺理成章。这种心理内化的正义感不是脱离理性的简单直觉或者个人喜好，也不是说教的结果，而是在理性认知的前提下，尊重平等个体的主体参与地位，通过相互性的承认原则内化为心理认同。虽然最终的行为指向个人的情感和意志，这种情感和意志不是个人随意而为的结果，而是理性践行的认知结果。信念和意志也是人们理性作用之后的一种坚持。正义的实现依赖人们对于正义规范的接受和认可，个人对制度、文化、社会等方面的心理认同，最终正义规范的稳定实现依赖于一种有说服力的情感纽带。

综上所述，正义实现的路径主要有两个方面：一是反映正义规范的政

治制度建构；二是以政治社会的制度规范为基础的道德社会化建构。二者
结合于个体对于共同的正义规范的认同之中。正义作为外在法律制度的强
制以及内化于心的道德认同的统一，二者缺一不可。虽然正义在本质上内
含的道德价值，并不完全等同于法律制度的具体内容，或者说正义作为评
价制度法律的标准，本身首先是一种道德理论的存在，但是在正义目标的
具体实现过程中，根本手段在于政治制度的强制推行和保障。正义的实现
路径最终是个体对于正义规范的政治认同。认同问题关乎一个人伦理观念
的自我理解，与特定社会文化共同体有着密切联系，而政治认同则主要是
制度建构的导向结果，政治认同区别于社会成员对于广泛价值的认同，关
键在于公民对于政治观念的认可和接纳以及如何形成政治价值共同体。我
们探究正义实现的内外路径需要探讨政治共同体为基础的政治认同。政治
认同指的是政治社会中的人们对于政治系统的一系列制度安排以及各项政
策活动产生的认可和同意的态度，是政治团结和政治忠诚的基础，也是正
义规范稳定运行的基础。政治认同主体是参与政治系统中的各项整治活动
的广大民众，直接关系着政治系统获得民众支持的程度。在当今世界全球
化浪潮以及多元文化价值冲突带来认同危机的背景下，政治认同问题越来
越得到人们的重视。政治认同意指正义规范作为共同价值为社会深度联合
提供基础保障，这个过程不仅要在个体之间的利益层面达成一致性，更重
要的是个体对于一种共同价值的认可，这种共同价值的引导也不仅仅是上
行下效的指令式作风，而是充分调动公民积极性，彼此尊重和接纳的结
果，要求社会成员自愿接受特定的正义规范，实现正义稳定性。

第四节　罗尔斯正义稳定性的内容概述

一　正义稳定性问题的必要性

从上文论述西方法权正义的一般性内外条件与正义的基本倾向，可以
看出人为建构正义本身的局限与脆弱，带来正义的稳定实现问题。在西方
社会法权正义背景下，各种各样的正义观念也就对应不同的正义实现问
题，具有不同的理论联系实践问题，选择一种恰当的正义观念指导实践有
其必要性，一种正义理论的提出归根结底都要与现实相结合，都会涉及稳
定运行问题，罗尔斯正义稳定性问题就属于这个范畴。

　　一般而言，一种理论学说在建构之初即使可以获得理论内部的逻辑自洽，但是在理论之外的更复杂环境往往会水土不服。同样的道理，罗尔斯的公平式正义在无知之幕背景下的论证假设，一旦与现实环境相结合，其在运行过程中的适用性、可信性与有效性就成了问题，这既是公平式正义理论的可行性问题，也是罗尔斯公平式正义理论的建构与实现研究，即正义的稳定性问题。正义观念的选取关乎正义理论的论证，而正义稳定性具体探讨正义规范应用到现实中是否可以得到人们稳定支持的问题，涉及罗尔斯打开无知之幕之后的运行问题。对于特定的正义稳定性的探究，也不可能完全脱离正义观念本身可欲性论证涉及的具体内容。一方面，特定的正义观念对应特定正义的可行性或稳定性问题；另一方面，由于法权正义具有一般的局限性，不同的正义观念在实现过程中也会面对共同的运行问题，涉及共同的正义实现问题。在明确指出西方法权正义本身固有的局限性问题的基础上，探讨罗尔斯对于正义稳定性问题的论述可以帮助我们探讨正义实现的一般性结论。本部分对于罗尔斯正义稳定性的探究主要是公平式正义观念的可行性问题，可以帮助我们进一步总结正义实现的一般性规律。在罗尔斯建构的契约论正义理论中，公平式正义两原则打开无知之幕之后在现实运行中的稳定性问题，是罗尔斯浓墨重彩强调的理论学说的重要组成部分，涉及该正义规范本身对于社会的适用性和有效性，主要内容包括正义的政治观念的建构，并在个体心理层面形成道德情感，在共同体层面形成认同。

二　罗尔斯正义稳定性的基本内容

　　罗尔斯正义理论中，正义的观念来自人们的理性认知，但是正义运行过程中既需要人们的认知理性，也需要人们的实践理性；同时还需要人们的非理性支撑，坚持正义规范需要情感和意志的作用。正义稳定性是正义运行的重要指标，既需要实践理性在社会制度层面的考察，也需要具体情境中人们情感和意志的作用效力。正义的稳定性具有不同含义，一方面意味着正义秉性本身的稳定性成分，另一方面关乎特定正义规范在社会中的秩序稳定被人们遵守的问题。罗尔斯追求一种理论指导实践、个人获取社会价值的问题，寻求的是一种纽带的连接，正义是重要的社会制度价值，正义的稳定性对于社会的长治久安具有决定性意义。关键问题在于这种纽带如何实现，人们如何接受一种稳定的正义观念以及如何实现对一种正义规范的长期接受。正义的稳定性关乎正义观念内化为人们的心理认同和价值取向，正义要获得稳定性，意味着正义本身就不能仅仅是一种实现其他目标的工具手段，其本身就是一种目的，也即正义本身就是一种善，需要探讨正义与共同善的关系，问题在于正义稳定性的实现要求正义是一种什么样的善。同时，正义作为基础政治价值，需要政治制度建构实现，正义的实现需要外在制度与内化道德两个方面共同支撑，二者结合于正义作为共同体性质的善作用于个体层面的伦理性自我理解，因此需要建立在共同体文化传统的基础之上，政治共同体的文化内涵也是实现正义规范的必要影响因素。

具体而言，罗尔斯从《正义论》到《政治自由主义》再到晚年的《作为公平的正义》逐渐深化的理论内容探讨，为正义稳定性问题的探究确立了基本思路。这里需要对罗尔斯的正义理论基本内容做一些简单梳理，主要包括三方面主要内容的逐渐深入：一是公平式正义观念的理论渊源；二是公平式正义观念的本质属性；三是公平式正义的最终归宿。

首先确定罗尔斯正义的理论渊源，主要包括霍布斯等人的社会契约论与康德哲学道义论等内容的有机结合。罗尔斯的正义理论借鉴社会契约论传统，代表人物霍布斯通过社会契约解释国家正义的论述深刻影响了罗尔斯。在霍布斯的《利维坦》中，一方面在自然状态下的人们处于一种自由与平等的状态，同时一些基本的自然法则指导人们在国家诞生之前的行为活动，特别是第三条自然法核心内容为"所定信约必须履行"①，直接表达了正义对于契约的遵守，国家法律是人们签订社会契约的产物，也是社会正义的根本来源和评价标准，没有国家和法律也就没有正义和非正义的区别，影响罗尔斯在无知之幕背景中将人看作自由平等理性的个体，将公平式正义两原则看作原初状态无知之幕下人们的基本倾向。同时，罗尔斯继承康德式道德主体的道义论观点，道德行为的界定来自道德主体作为自由平等理性人在道德行为选择中遵从绝对命令，道德是行为主体的自我立法，只要行为主体遵从所有人行为活动的普遍规律行事就是符合道德原则的行为，直接启发罗尔斯将正义理论中的道德主体看作自我先于目的存在，确立正当先于善的理论基础。霍布斯强调正义制度的国家建构，康德哲学确立道德主体的自由道德意志，二者结合，为罗尔斯从自由平等理性

① ［英］霍布斯：《利维坦》，黎思复、黎廷弼译，商务印书馆2015年版，第109页。

人出发建构公平分配的正义理论提供了主要的思想基础。

其次，罗尔斯正义理论的本质属性需要探究公平式正义在政治制度与道德中的关系。罗尔斯在《正义论》开篇提出正义是制度的首要美德，我们知道政治制度需要促进人类共同生活的多重价值，比如秩序、富强、自由、平等、和谐等，罗尔斯认为正义是制度价值的第一目标。作为公平的正义是一种制度建构下的法权正义，罗尔斯区分了合法期望和道德应得，他通过否定道德上应得的前提性，确立合法期望作为正义的基础，明确指出合法期望先于道德应得体现了制度建构基础之上的社会正义，"一个正义体系回答了人们有权要求什么的问题；满足了他们建立在社会制度之上的合法期望。但是他们有权利得到的东西并不与他们的内在价值相称，也不依赖于他们的内在价值。调节社会基本结构和规定个人义务、责任的原则并不涉及道德应得，分配的份额并不倾向于要与它相称"①。正义本质属性在于法律制度对于权利和义务分配的强制性制度建构和推行，其次才是以此为基础的社会中道德价值的分配。实现正义的首要途径是确立法律制度，只有确立了法律制度的正义性，才能进一步对社会生活中的道德价值进行是否是正义的判断。"关键在于，道德价值额概念并不提供一个用于分配正义的第一原则。这是因为只有在两个正义原则和自然义务和责任的原则得到承认之后，道德价值的概念才能被采用。"② 合法期望比起道德教化更能在根本上促进正义规范的实现，"发明了正确的制度，启蒙了公民大众，哲学就能够确保社会问题的解决，而如果指望道德训诫的话，社会问题是无从被人们稳妥解决的"③。罗尔斯认为正义在本质上是一个政治制度形成之后的基本价值，以此为基础界定道德正义的进一步引导，首先建构法制，树立合法期望，然后才能形成稳定的道德应得，因此正义规范的稳定实现与运行首先在于制度建构对于正义规范的实施，然后才能使人们形成正义感的道德认同，体现为西方法权正义观的一般性思路。

最后，虽然罗尔斯认为正义规范中的合法期望先于道德应得，否定正义理论中的至善论观点，但是仍然认为正义的最终归宿是一种共同体的善

---

① ［美］约翰·罗尔斯：《正义论》，何怀宏、何包钢、廖申白译，中国社会科学出版社2011年版，第311页。

② 同上书，第313页。

③ ［美］列奥·施特劳斯：《自然权利与历史》，彭刚译，生活·读书·新知三联书店2011年版，第204页。

（good of community）。罗尔斯强调公平式正义理论对于至善论的摒弃，认为道德主体的自我具有自由选择目的的权利，否定正义观念对于先验的善理念的依赖，正义的最终目标是开放的。尽管罗尔斯不承认个人具有先验的人生目的，但是仍然认为正义的目标是一种善，正当和善具有一致性，这种一致性不是个人人生计划的具体内容，而是达成成员之间和谐共存的共同体善。罗尔斯对于这种善理念的内容不做具体规定，而是认为社会成员在履行了道义程序正义的前提下，不管最后达成何种结果都是正义，都是一种共同体的善。"合理的结论是：正当和善的一致性在很大程度上取决于一个组织良好的社会是否能获得共同体的善。"① 罗尔斯把社会看作人们为了"互利而进行的一种合作冒险"，社会不同于共同体，社会是私人利益出发构成的联合，而共同体则代表人们共同的生活环境，正义观念诞生是社会中资源的相对匮乏以及多元善观念的冲突，正义目标的实现可以促进社会中人们的联合以及形成共同体的价值，"人类的社会本性在同私有社会观念的对比中得到了最好的说明。所以人类事实上分享着最终目的，而且把他们共同的制度和活动看作自身就有价值的东西"②。作为私有社会中的合作者，生活在共同社会中的人们彼此相互需要，"正是通过建立在社会成员们的需要和潜在性基础上的社会联合，每一个人才能分享其他人表现出来的天赋才能的总和"③。总之，罗尔斯将正义论证为诞生于私有社会，可以进一步促进共同善的价值规范，将正义与共同体善二者紧密结合在一起。

三 罗尔斯正义稳定性的实现路径

罗尔斯在其《正义论》中明确提出了论证公平式正义理论的两个步骤：第一个步骤是在原初状态无知之幕的背景完成对两个正义原则的选择；第二个步骤则是打开无知之幕之后考察正义原则在现实社会中的运行问题，也就是说，第一部分论证正义原则在社会契约中的可欲性问题，第二部分关乎正义原则在现实中的可行性问题，后者即正义的稳定性问题。

---

① ［美］约翰·罗尔斯：《正义论》，何怀宏、何包钢、廖申白译，中国社会科学出版社2011年版，第523页。

② 同上书，第525页。

③ ［美］约翰·罗尔斯：《正义论》，何怀宏、何包钢、廖申白译，中国社会科学出版社2011年版，第526页。

"我将通过把正义原则的论据划分为两部分来解决这一问题。在第一部分中，原则是根据设想妒忌并不存在的假定获得的，而在第二部分中，我们参照人类的生活环境来考虑我们所达到的观念是否是可行的。"① 两个步骤是紧密联系的，第一步是第二步的前提和基础，第二步是第一步的应用和深入。第一，找到支配社会基本制度的正义原则，论证该原则可以保证人们的自尊和权利，是人们欲求的。第二，论证这种由正义原则可以有效指导社会现实，能够在运行过程中保持稳定，促进支配的社会能够长治久安。② 哈贝马斯也认为罗尔斯正义理论分为两个步骤：第一步是解决正义原则的内部稳定问题，第二步是解决可接受性即同意的问题。罗尔斯两个辩护过程，第一个是自我稳定的问题，第二个是获取人们同意的问题。③ 我们关注罗尔斯正义的稳定性，主要是考虑其正义原则应用到现实的可行性问题。罗尔斯明确指出，作为公平的正义的稳定性问题，实质在于"作为公平的正义如何能够产生出对自己的充分支持"④。充分的自我支持又可以分为两个部分：一个是在具体的心理层面形成正义感；另一个则是在合乎情理的多元论背景下达成正义规范的政治社会认同，前者属于道德心理学问题，后者属于制度文化问题。

罗尔斯指出政治的稳定性问题是政治哲学的重大问题，而且在思想史上被广泛论述，但是正义的稳定性不完全等同于政治的稳定性。罗尔斯提出正义的稳定性是一个比较新的理念，与一般的稳定性有着明显的不同。一般的稳定性指的是"一个事物对象无论出于何种理由而持续的那种倾向"⑤。政治稳定可以算是正义稳定的外部制度规范，道德稳定则是正义规范的心理认同。政治稳定需要通过宪法和法律与根本制度保障公民的基本权利和义务，政权本身所具有的正当性，多种正义规范获取一定程度的共识，以及不可避免地对于非正义行为的强制，才能获得。而道德稳定主要是人们对于政治观念形成个人的内心认同，即道德观念的内化过程，是道

① ［美］约翰·罗尔斯：《正义论》，何怀宏、何包钢、廖申白译，中国社会科学出版社2011年版，第143页。

② 姚大志：《罗尔斯》，长春出版社2011年版，第159页。

③ ［德］哈贝马斯：《在事实与规范之间》，童世骏译，生活·读书·新知三联书店2014年版，第71—72页。

④ ［美］约翰·罗尔斯：《作为公平的正义》，姚大志译，中国社会科学出版社2014年版，第218页。

⑤ ［英］G. A. 科恩：《拯救正义与平等》，陈伟译，复旦大学出版社2014年版，第302页。

德本身的社会化过程。正义感的获得需要满足个人的自尊，自尊与正义感有密切关系，甚至有人说，有多少种自尊就有多少种正义观念，只有更加保障个人自尊的正义观念才更能获取人们的心理认同，所以这里需要探讨正义的动机以及人性的本质问题。

联系现实中的运行问题，罗尔斯提出了正义的稳定性理念，既有心理层面形成正义感的内在稳定，又有制度法律体系必要的强制手段加以制约的外在稳定，分别对应正义实现的内外路径的两种表述。两个层面的结合之处体现在正义与善的关系上，因为罗尔斯的分配正义观念主要是一种法权正义，所以正义的核心概念就是权利，正义与善的关系集中体现为权利先于善。具体而言，罗尔斯正义稳定性的实现路径主要包括道德心理基础、政治制度建构与共同体善等因素。

（一）罗尔斯正义稳定性的道德心理基础

罗尔斯正义稳定性问题在《正义论》中的主要内容就是个人心理正义感，也就是人们遵循正义规范的动机问题。罗尔斯主要论述了公平式正义通过保障个人自尊，来获取强大的正义感。正义的稳定性最初提出的时候主要涉及正义的心理稳定问题，即正义感的形成问题。虽然正义稳定性的落脚点是政治心理学问题，但也是外在的正义规范作用下的心理认同，所以正义本身对人的价值和意义的有效保障才能更好地促进正义感的形成，因此正义观念本身的论证问题对于正义的心理稳定问题也有着重要的意义。正义稳定性的心理层面的探究主要涉及正义相关的道德情感，但是这种心理情感的形成并不是简单的说教和宣传，而是通过正义观念对人的价值和尊严的承认来获取人们的认同。所以正义稳定性的心理层面需要对道德主体的本质进行探究，不同的人性观对应不同的正义探究，不同的自尊也对应着不同的正义感，罗尔斯的正义稳定性问题就需要探究罗尔斯本人对于道德主体、自尊等问题的论述。

（二）罗尔斯正义稳定性的政治制度建构

罗尔斯正义稳定性在政治层面主要涉及制度的规划和建构，在罗尔斯法权正义观看来，正义是社会制度的首要价值，个体权利的尊重先于目的论善的追求，社会的基本结构是正义的首要主题，因此法权制度正义的界定成为实现社会正义的优先考虑，制度保障、法制规范是实现正义的必经之路。制度的建构需要考察正当性（legitimacy）问题，需要获取人们的民主同意，特别是在多元价值论背景下达成何种共识以及如何达成共识的问题，是关乎制度建构的重大根本问题，具体而言有重叠共识与宪法共识之分。只有获取正当性的制度才能保障分配正义的实现。不管获取怎样的正当性和共识，实现社会正义依赖的外在制度建构都离不开强制力量的运用，关键在于如何对不可避免的强制力量进行规范和限制，罗尔斯区分的合乎情理的多元论以及一般多元论的事实，分别对应自由平等理性公民的获得正义感与感知整全善的能力，合乎情理的多元论的干涉是被允许的，而整全性的善观念的压制则是不被允许。罗尔斯正义稳定性的政治层面体现了罗尔斯政治哲学的现实转向，从提出一套正义理论到以正义理论指导实践建构具体正义制度关注点的转移，政治层面的稳定性更具体地考虑公平式正义的可行性问题，对于正义的实现有着更现实的指导意义。

（三）罗尔斯论正义与共同体善的关系

正义与善的关系、权利与善的关系是罗尔斯法权正义观念的一项重要内容，在《正义论》第三部分，正义观念归根结底要获得个人心理的稳定性，同时要求个人生活计划的理性善与社会共同体的善达成一致。但是在《政治自由主义》中，又改变了正义与善关系的论述。在《作为公平的正义》一书中，确立了个人合乎情理的善与政治共同体善的一致性，正义与善的关系，弱理论的善与强理论的善的理念都是罗尔斯一直坚持的观点，只要罗尔斯还坚持社会契约论的思考方式，就不能不在无知之幕中对人本身的出发点进行限制，这就是善的弱理论的必要性。笔者认为，罗尔斯正义稳定性是一种重要的观点，更是其政治哲学转向的主要缘由，而正义要获取稳定性，其本身就不能仅仅是一种为了实现其他目标的手段工具，其本身就可以成为目的，其本身就具有价值理性。也就是说，虽然罗尔斯坚持正义先于善，但是也承认正义最终的进步方向与善具有一致性，区别在于《正义论》中正义整体上与善具有一致性，而在《作为公平的正义》一书中，正义与政治共同体的善具有一致性。总之，正义只有作为一种目的性的善，才能实现正义的稳定性。目的与善，就涉及正义与共同体的关系，也是学者们经常指出的罗尔斯政治自由主义是具有共同体倾向的自由主义理论，正义与善关系的探究也相应引出正义与共同体的关系，对于实现正义而言，也是必须要论及的问题。

综上所述，政治层面稳定依赖于人们形成公共理性和达成重叠共识，更多依赖的是理性层面的共同认识，但是政治层面的稳定性也依赖于人们在一个道德共同体中的情感依赖，正义规范的外在理性制度建构，只有获

取人们内心认同，形成正义感，才能获得真正的稳定性。政治层面的正义
稳定性关乎政治制度的正当性建构，分配资源的过程中是否可以充分满足
人们生活在世的各项需求，是否充分尊重个人的主体地位，以及能否为人
们的成长成才提供公平机会，是否有助于人们的自我实现和人生发展等。
心理层面的正义的稳定性问题则重点考察人们在正义制度下获得强大的正
义的动机问题，归根结底是人们如何形成正义感、维持正义感，以及人们
获得正义的道德秉性内化为认同问题，属于心理和道德层面的问题。心理
层面的稳定侧重于强调个人对于正义观念情感的形成，是一种情感层面的
稳定，但是道德情感的来源并不完全是非理性的，而是理性的道德主体经
过深思熟虑之后形成的对于正义规范的认可和接纳。理性与情感哪个才是
道德行为的根本动机，也在道德哲学领域充满争议，实际上在正义观念的
运行中，包含正义的心理层面和政治层面，既有理性的认知解释，也有情
感偏好的表达，二者都发挥着彼此无法替代的作用。正义的稳定性依赖于
正义感的形成，也需要制度安排保障个体的主体地位，个人对制度、文
化、社会的价值产生心理认同与情感接纳。正义稳定性的获取不仅要在利
益层面达成一致性，更重要的是个体对于一种共同体价值的认同。进一步
而言，人与共同体的关系，个人目标与共同价值的关系，对于实现正义稳
定性而言都是重要的相关命题。

第二章

正义稳定性的道德心理基础

罗尔斯认为正义观念要在人们的心理层面获得稳定性，归根结底就是形成对正义观念的情感，即正义感。情感和理性的不同作用在西方道德哲学领域充满争议，启蒙主义思潮把道德看作人们理性选择的结果，与此同时，又将道德定义为情感直觉的反启蒙运动与之相拮抗。情感主义哲学家认为道德情感比起仅仅依靠理性自利的权宜之计更能起到稳固联结的作用，情感越深越能形成稳定的结合。经济学家也关注情感对于人们决策的重要作用，主要表现为在人与人之间建立承诺的能力。"自发性情感影响自我的决策，而社会性情感对自我和他人的决策都会产生影响，由此可以引出情感结构中最重要的一环：建立承诺的能力。"[1] 探究正义稳定问题，需要梳理罗尔斯正义观念的道德心理基础，道德心理问题包括道德认知、道德情感、道德信念、道德行为、道德评价，探究公平式正义观念相应的道德情感问题，主要内容是作为公平的正义观念形成道德主体的正义感问题，包括正义感的道德主体、道德情感表现以及在社会化中的形成过程。

第一节　道德心理过程

道德作为人们行为活动遵从的基本价值，遵循行为心理学的基本规律。探讨政治生活中行为主体的道德问题，从生成机制而言，行为主体的道德建设可以分为内、外两个方面，内在机制主要是行为主体内在行为与心理活动的体现，包括道德建设中的道德认知、道德情感、道德信念；外

---

[1]　[以色列] 埃亚尔·温特：《狡猾的情感》，王晓鹏译，中信出版社 2016 年版，第 5 页。

在机制则是外部环境施加于行为主体的不同作用，包括道德评价、道德惩罚、道德教育与约束等，两个方面共同构成道德发展的具体过程。本书结合前期学者的相关研究成果，探讨道德心理过程建设的构成要素。

一　道德认知

道德认知是道德行为主体在社会生活中进行道德行为活动的起点，道德认知关乎道德主体对于道德社会现象、道德情感态度、道德价值规范等内容的基本认知，只有从理性上把握道德现象与规范的本质特征，理解道德规范的发展和形成过程，才能使道德主体在不同道德价值规范面前做出合理选择，指导行为主体参照相应标准展开活动。道德认知与道德情感、道德信念、道德行为密切结合，一起构成道德活动的完整整体。

道德认知包含着丰富的内涵，窦炎国对这个问题进行了深入的分析，认为具体内容上包含以下四个层次。[①] 首先，道德认知包含人们对于道德规范与责任义务的认识和理解。不同的道德规范要求不同的责任和义务，作为一个民主法制社会的公民，道德规范要求其遵纪守法爱岗敬业，行使相应的公民权利参与社会治理、监督公共权力机关的运行等。作为一个掌握公共话语的官员，道德规范要求其奉公守法清正廉洁，坚守公平公正的法制素养，维护公共事业，在公共场合保持良好公开形象等。其次，道德认知的内容包括关于道德规则的认识和理解，道德行为现象遵循何种规律、通过什么方式影响人们行为，道德活动领域与人类其他活动领域有哪些不同之处，对这些问题的思考都需要在认知层面对道德规律进行理解和把握。再次，关于道德善、道德恶的知觉和体认，道德价值规范的具体内容和目标是什么，道德的要求有哪些，以何种价值标准判断行为道德与否，善恶的界限在哪里，这些问题也需要道德认知加以解答。最后，关于道德自律、道德修养、道德舆论、道德教育的知觉和把握，道德领域包含着丰富的价值规范，这些规范约束着人们的行为活动，对于主体道德的形成和塑造、道德价值的传播与建设，需要道德规范的内外约束条件，既要加强道德教育，提高行为主体的道德意识自觉性，也需要道德舆论、道德监督、道德立法等手段多管齐下、共同作用，从内在自律到外在他律，提高人们的道德水平。

---

① 窦炎国：《论道德认知》，《西北师大学报》（社会科学版）2004 年第 6 期。

根据由浅入深表现形式的差异，窦炎国对道德认知的多个方面进行了分析。① 首先，道德认知关注社会中的道德行为表现，直观的社会现象背后反映的是人们最直接的道德感受与评价，这是道德认知的初级阶段，也是道德认知的直觉和感性阶段，道德行为活动中的实际现象和事件是道德最直接的认知形式，也是道德认知形式的实然阶段。其次，道德认知还意味着我们要对一种道德事实、道德事件的前因后果做出完整的理解和把握，要对社会生活中的道德行为现象做出学理性的分析和概括，充分发挥道德主体的理性思维判断能力，通过复杂深入的思维推理过程理解道德的本质内涵，判断道德行为的价值，对主体的道德行为做出全面评价。也就是说，现实中人们对道德现象和道德事件的感知是道德认知的初级阶段，在此基础之上，人们还应该理解道德作为一种价值规范的理论化形式，在道德实然的行为表现形式之外，道德作为约束人们行为的价值规范，还具有深刻的应然色彩，是道德认知的深入阶段。最后，道德认知除了初级感性知觉和较为深入的学理分析这两类与其他认知过程相似的形式之外，作为指导实践活动的道德还具有自身特有的一种认知形式，即"实践—精神"的认知形式，在简单描述事件、形成基本态度与深入理论分析、概括道德本质之外，更重要的是认识到道德价值规范在实践活动中指导行为实践的认知活动，窦炎国指出，"'实践—精神'的道德认知形式通常采用道德责任、道德义务、道德律令、道德原则、道德规范、道德理想、道德信念、道德意志、道德激情、道德良心等形式来表达和体现道德应然性"②，并在此基础之上进一步建构出从认知到行为活动道德实践的具体指向，进而形成人们的道德行为与道德信念。道德认知从日常生活中现实现象与活动的初级实然阶段，到深入推理的道德理想规范的应然阶段，再到形成道德情感指导行为活动理论联系实践的认知形式，是一个复杂的发展和演变过程。

二 道德情感

道德情感是从道德认知到道德行为的重要过渡，道德认知只有在道德情感的激励作用下，才能将道德价值规范付诸实践，转化为个人的道德行

---

① 窦炎国：《论道德认知》，《西北师大学报》（社会科学版）2004 年第 6 期。
② 同上。

为，强烈的道德情感可以激发人们形成道德信仰，稳定的道德情感可以指导人们的道德实践活动。一个人如果仅仅了解道德善恶的区分，不能代表他就有道德，更重要的是在道德情感与意志选择指导下做出相应的道德行为，这才是真正有道德的表现，道德情感主要有义愤、妒忌、负罪感、羞愧、仇恨等。

思想家们对于道德情感的论述源远流长，一些学派将道德感看作人们道德行为动力的来源，比如针对"为什么某个行动、某个情绪、某种品格被人们看作善良或是恶劣"这些问题，休谟从快乐、痛苦的角度加以回答，认为让人们快乐的行为说明道德上是善的，而让人们一看到就觉得不快乐的行为在道德上就是恶的。① 这主要是一种以人们基本感觉为基础的功利主义视角的答案。另外，亚当·斯密将人与人之间普遍存在的同情感看作道德行为的根本动力，看到不公正现象会激发义愤，甚至悲伤与怨恨、仁慈与慷慨都是影响人们道德行为的重要道德情感。"这种同情的感觉，就像人性中所有其它原始的感情那样，绝非仅限于仁慈的才感觉得到……即使是最残忍的恶棍，最麻木不仁的匪徒，也不至于完全没有这种感觉。"② 尼采认为现代道德是一种奴隶道德，这种道德的产生起源于穷人对富人的怨恨，"奴隶在道德上进行反抗伊始，怨恨本身变得富有创造性并且娩出价值，这种怨恨发自一些人，他们不能通过采取行动做出直接的反应，而只能以一种想象中的报复得到补偿"③。现象学哲学家舍勒强调羞感在伦理学中具有重要的肯定性价值，"羞感是在对更高价值追求中回顾自身时对个体生命的一种呵护……羞感肯定的是'我'作为生命个体的独一无二性或自我高贵生命在意识层次的自觉，对生命高贵的意识越自觉，羞感就越强烈"④。另外，罗尔斯还从平等与公正的角度论述妒忌、负罪感、羞耻等道德情感的伦理学含义，"行为不公正总是倾向于产生负罪感和羞耻感，这些情感是由于我们的调节性的道德情操遭到失败而引起的"⑤，特别是以义愤为表现形式的正义感是高级阶段的道德情感。以上丰

① ［英］休谟：《人性论》，关文运译，商务印书馆2014年版，第507页。
② ［英］亚当·斯密：《道德情操论》，谢宗林译，中央编译出版社2015年版，第2页。
③ ［德］尼采：《道德的谱系》，周红译，生活·读书·新知三联书店1992年版，第27页。
④ 胡炜赟：《羞感：道德生成的情感机制——马克斯·舍勒羞感理论解读》，《理论与现代化》2013年第5期。
⑤ ［美］约翰·罗尔斯：《正义论》，何怀宏、何包钢、廖申白译，中国社会科学出版社2011年版，第578页。

富多彩的关于道德情感的论述深刻表达了思想家们对于道德情感作用的重视，道德情感作为影响人们伦理道德活动的直接动力，可以促进人们道德行为的发生与道德品质的养成，某种程度上，培育良好的道德情操有助于提高道德修养的水平。道德情感虽然是情感的道德力量，但是并不意味着没有理性的成分，相反，稳定的道德情感是人们在理性认识道德价值规范基础之上形成的情感内化。

三　道德信念

在道德认知的基础之上，道德情操也是影响其道德行为的重要动力来源。然而实际情况是，一些官员最初往往能够认识到作为公职人员为人民服务的道德责任，却在后来升官发财的过程与环境中逐渐腐化堕落，走向罪恶的深渊难以自拔。不少官员出身贫寒，早年的个人奋斗也能表现优异坚持自我，却在进入官场之后，面对权势逐渐妥协，一步一步突破个人道德底线成为与权贵沆瀣一气的腐败分子，放弃道德良知走上违法犯罪的道路，究其原因主要是其道德信念的不坚定。这些人从单纯朴实逐步变化为官场中溜须拍马的个中能手，充分证明了缺乏道德信念与道德意志可能带来的道德行为堕落。作为道德行为的又一重要推动力，道德信念的意志力作用更能够昭示道德规范作为人们的主动性选择，更能体现道德意志的力量。道德认知主要是认识层面对理论规范的理解，是人们思维理性触及的价值目标，能否付诸实际行动还要诉诸行为主体道德情感与意志的作用；道德情感从人们普遍存在的怜悯之心出发通过理性加工而形成的情感内化，与人们天生的生物性本能密切相关。虽然强调道德情感的伦理学家把这种感性的起源当作道德的源头动力，但是一般来讲，自然而然的本能情感流露不能充分代表一个人道德意志与品质的高低，还需要全面考察行为主体道德信念与意志的作用。特别是人们在后天环境中的自我克制，在面对利益诱惑的时候战胜自我所做出的坚守道德底线的意志信念的努力，更能体现一个人道德品质的高低。按照康德式道德绝对命令，道德行为只能是个人遵循普遍道德法则下的意志行为活动。

我国传统文化中，道德信念与意志的作用就得到了早期思想家的关注。《道德经》语"强行者有志"，指人们通过强行克服自我不足所体现出来的意志品质；《墨子·修身》云"志不强者智不达"，说明那些意志品质不够坚定的人往往智慧亦不会太高；苏轼言"古之立大事者，不惟有超世之才，亦必有坚忍不拔之志"，强调顽强的意志品质与卓越的才能本领都是一个人成就大事的必要条件。西方的伦理学语境中，哲学思想家们关于义务与良知的论述也比比皆是。康德特别强调道德的根本意义在于人们根据义务与良知做出的行为选择，与个人爱好或者对他人境况的同情引发道德行为的情感主义观点相对照，"没有施惠的爱好而单因为是义务就实行慈善的行为，这样，他的行为才有真正的道德价值"①，只有出于义务心的举动才能彰显个人高尚的道德品质，这个义务的道德价值来自人们内心对于道德规律的服从，只有从心出发接受普遍道德规律的指引，以个人意志与信念的力量引发的自律行为才具有完全的道德价值，才实现了道德主体的道德自由。从古至今，道德信念被人们看作由内而发指导自我选择道德行为的直接动力，虽然根本上离不开道德认知作为出发点与道德情感的逐渐深化，但是相比道德认知的思维水平以及道德情感的自然属性更能体现一个人道德意志品质的高低。以自我立法的形式约束个人的道德行为，不同于外在立法的他律形式，因而更能表现道德行为主体的理想性动机、坚定不移的意志品质与价值取向，体现道德主体的自主性、坚定性与道德自由。因此，培养行为主体理想的道德信念与高尚的意志品质，对于道德规范行为的塑造更为深刻。

　　道德信念以道德认知为基础，同时对道德价值本身保持一种真理的确信与坚持，"'信念'是一种具有充足理由的'坚信'或'相信'，是一种真理性确信，这种真理性确信以实践判断和知识理性为基础"②。中国近现代的百年历史征程中，仁人志士在艰苦的斗争年代前仆后继最终胜利，很大程度上就是依靠强大的意志信念作用。今天的中国，随着人民生活水平日益提高，在现代社会多元化价值发展的背景下，对道德理想信念的坚守越发显得弥足珍贵。一段时间以来，社会生活中出现了较严重的道德滑坡，老年人摔倒要不要帮扶成为社会公众热烈讨论的问题，这些现象背后很大程度上体现了"道德信念危机"，"是道德权威性的下降以及由此引起的道德自律或道德约束力的不断弱化"③。人们对于既有道德规范的真理性产生怀疑，特别是在现实生活中诸多道德价值观念并立共存的背景下，坚守唯一的道德价值难度大增。道德危机不在于"我们不知道社会中有什么

①　[德]康德：《道德形上学探本》，唐钺译，商务印书馆2012年版，第14页。
②　郭良婧：《论"伦理信念"的失范与重建》，《宁夏社会科学》2018年第7期。
③　阎孟伟：《"道德危机"及其社会根源》，《道德与文明》2006年第2期。

道德"这一问题上，而是发生在"我们应当遵守什么样的道德、我们为什么一定要遵守这种道德而非那种道德"这种根本问题。当今社会，我们可以看到违背传统道德的现象层出不穷，以往很多认为理所应当的事情在如今都得到了重新诠释，这些行为表现背后的根源在于时代变化带来新的社会矛盾与现实挑战。现代社会文化日益发展，传统社会曾经被掩盖或避讳的很多问题都可以拿到公共领域进行探讨，社会中广泛存在的价值观念对传统道德习俗产生冲击。多元社会的道德危机不仅出现在我国，就世界各国而言都表现出与传统的明显对比，区别在于不同地区现代化的程度与理念有所差异。危机是普遍存在的，时间上是现代与传统的问题，空间上是全球性问题。这些形势变化使社会中人们对约定俗成道德价值的坚守出现问题，影响着当下中国社会中的道德取向与道德信念。

四　道德行为

道德作为人们的活动领域，行为主体在深入探究道德现象与本质的基础之上，逐渐形成道德责任与义务的基本认知，进一步而言，经过理性的思维加工逐渐形成稳定的道德情操，深化为道德主体的意志信念，这是道德规范逐渐被人们接受形成内化标准并指导道德行为的过程。道德行为是行为主体经过道德认知发展为道德情感，进而形成道德信念之后的外在表现，一般而言，我们所了解的道德行为包括助人为乐、仗义疏财、先人后己、以德报怨，等等。人的一切行为都处在社会关系之中，道德行为作为社会活动也不例外，在不影响他人的前提下，仅仅涉及满足个人基本需求可以说无所谓道德不道德，一旦生活中与他人发生交集，个人活动对他人造成影响，道德行为的审视与评价就产生了。但是，有些基本行为原则，比如对生命体的尊重，即便没有他人在场，道德要求的仁爱也应当贯彻。中国传统儒家学派提倡人的"慎独"是一种高尚的道德修养与品行操守，要求人们在旁人不在场的时候也要严于律己，遵守道德原则，这是传统道德典范的更高境界，在今天依然具有重要意义。

作为反映社会存在的基本价值观念，道德规范随着历史发展的变化而变化。现代社会文明从西方传入我国，最大的区别在于公共领域与私人领域的区分，公共领域涉及与他人的交往活动，而私人领域主要关注个人自由活动范围，一般情况下不涉及道德问题，比如喜好什么美食、衣服与娱乐休闲活动，选择何种生活方式等。但是满足个人基本需求的很多行为，也不一定与道德无关，比如吃什么、吃多吃少的问题可以说不涉及道德，但是如果就餐过程中浪费粮食或者残留垃圾到处乱扔就会影响公共环境，有着道德与否的评价判断。所以虽然现代道德比起传统道德看上去宽容许多，废除了不少封建传统压制人性的要求，同时也带来了更多问题，那就是道德行为与价值的多样性、道德动机与行为的纯洁性、道德信念的坚守等，为道德行为的评价带来诸多难题。

根据人们社会交往活动的不同，道德规范也有不同要求，道德要求根据内容性质不同大体上可以分为公民道德、职业道德、官员道德，其中公民道德适用范围最广，我国公民道德规范主要有爱国守法、明礼诚信、团结友善、勤俭自强、敬业奉献。这些宣传标语广泛悬挂在公共场合作为提示人们日常行为的规范，可以说实现了道德认知内容的广泛宣传与教育，但是即便如此，也无法保证所有人的道德行为切实遵循规范和要求，还需要进一步考察人们是否形成了稳定的道德情感，是否形成了指导人们道德行为的意志信念，这需要考察道德行为的生成机制以及内在的动力来源。我们认为，道德行为的形成路径在于从道德认知、道德情感直到道德信念的一步步深入。虽然道德行为来自人们成熟认知基础之上的内心情感与信念，但是由于道德情感和信念都是人们内在的心理活动，我们无法直接观察与评价，所以对于人们的行为是否符合道德规范，不仅需要考察人们的基本动机，更应该看的是行为本身的现实表现，以及行为之后的实际结果。有时无心插柳办好事或者随大溜出手援助，我们也常常对这样的举动赞赏表扬，做出某种程度的道德认可与积极评价，因此还需要进一步探究道德评价机制。

五　道德评价

道德行为作为最直观的道德活动，经过道德认知、道德情感、道德信念成为人们的外在表现，也是我们对道德本身进行评价的直接参照。对于道德问题的理解学术界有不同思路，对于一种行为是否符合道德，不同思想家给出了不同答案，既有认为出于自然的倾向比如"普遍的同情感"是道德，也有认为动机是决定道德与否的根本标准，比如康德强调"只有出于善良意志而非爱好才具有真正的道德价值"，对于道德本身的不同理解也决定了道德评价的不同思路。

关于道德评价问题，学术界也做出过较多阐述。一般而言，道德评价主要是考察道德行为是否遵循道德原则与规范的问题，更深入一点，道德评价还应该考察行为者的内在动机、情感、信念是否符合道德善恶的价值规范。"道德评价，是指人们在社会生活中依据一定的道德原则和规范，对他人或自身的道德行为和品质做出善与恶的价值判断，以达到扬善抑恶的目的。"[1] 不管是对于道德行为，还是对于道德动机、道德情感、道德信念进行评价，总之都是对于道德本身的价值判断。道德评价本质上属于价值判断范畴，涉及哲学里面最根本的理论难题，即"实然"与"应然"的关系，休谟认为人的行为事实这个"实然"问题无法直接推出"应然"的价值判断，这是两种不同的思路。同时现实的情况是，我们当下社会发展出现了某种程度的道德滑坡，而且道德失范危机主要表现为社会上道德信念的缺失，实际上也是人们对于道德价值的坚守出现了问题。在当下改革开放以及提倡市场经济发展的大背景下，社会中人们的生活方式与价值观念呈现多样性，而成熟稳定的道德评价需要普遍而统一的标准，这其中有着难以弥合的差距。从以上理论与现实两个层面，我们都可以看到建立统一的道德评价标准是个难题。道德评价的前提是道德标准的确立，一个行为本身是否为道德，归根结底在于价值规范本身作为参照，所以道德价值标准的确立关乎道德评价的根本问题，道德评价的标准应该以确立道德价值为根本前提。虽然当下中国社会呈现异质多元化的发展，社会中多元道德价值规范之间存在一定的冲突和对立，但是不可否认我国的根本国情与实际发展状况，不能否认我国社会发展阶段现在与今后长期处于社会主义初级阶段的基本事实，基本统一的社会矛盾现实给相对统一的评价标准提供了可能，"多元化的社会生活并不能够改变客观的、科学的、相对统一的道德评价标准"[2]。探究中国特色社会主义政治主体的道德建设，应以确立道德主体的基本价值标准为前提，即以马克思主义为指导的社会主义核心价值的道德规范。特别是对于掌握公共话语与公共权力的官员来说，社会主义核心价值要求的爱国守法、明礼诚信、勤俭自强、敬业奉献等公民基本道德规范，是需要严格遵守的行为准则，同时还应遵守公职人员廉洁奉公、勤于政务的职业规范。

① 刘永忠：《试论道德评价标准的层次结构系统》，《道德与文明》2000 年第 6 期。
② 同上。

一直以来学界对于道德的评价大体上遵循两种思路："一种是'以动机断善恶'的动机论，即主张完全依据行为的动机评价行为；一种是'以成败论英雄'的效果论，即主张完全依据行为的效果评价行为。"①但是有可能出现目的、手段不一致而造成评价难题，当现实行为本身的动机与效果并非完全一致，目的正当与否、与手段正当与否出现偏差，为实现一个正当目标是否可以不考虑手段本身是否正当等，这些都是考验"动机—效果""目的—手段"评价体系的重要难题。我们认为道德评价应该结合道德动机、行为过程、行为后果三个方面一起考虑。第一，分析动机，动机虽然属于人们的主观活动，看不见摸不到，但是动机之外的内容形式却是客观存在，分析动机可以从外在环境和条件入手。第二，要分析道德行为的过程，考察动机与结果之间是否一致的问题。第三，还要分析道德结果，需要对行为后果进行全面理解分析，进而在三者基础之上对人们道德行为进行道德评价。②在道德价值的基础之上，道德的动机、行为过程、行为效果构成道德行为本身的组成部分，也是道德评价的综合标准，需要结合起来对行为主体的活动进行整体评判，缺一不可。

道德评价是对道德外在行为的判断以及态度，对道德行为施加评价是为了引导道德行为对于非道德行为的取代，所以道德评价并非考察道德规范的结束，还应该进一步探究道德评价之后的改进措施，好的行为应该被奖励，坏的行为应该得到批判，所以与道德评价相关的还有对于道德行为的奖赏，对于非道德行为的惩罚，以及帮助人们形成道德行为规范的宣传教育等。针对道德评价标准的不同，对于不同道德行为的奖惩也有一定争议，对于无心插柳柳成荫或是刻意为之带来良好社会效果的行为，哪一项能够获得更高的道德评价与更多的道德奖励，是与道德评价标准中"动机论"和"效果论"密切相关的讨论。总之关于这些问题的论述都以道德评价为基础。道德评价之后，还要对道德行为进行相应奖赏，以此巩固道德规范的稳定性。

---

① 韩东屏：《论对行为的道德评价方法》，《华中科技大学学报》（社会科学版）2011 年第 4 期。

② 赵新居：《浅议道德行为与道德评价》，《新疆社科论坛》1996 年第 3 期。

第二节　道德情感与正义稳定性

一　道德规范中的理性与情感

　　道德是理性的选择还是情感的趋向，曾经长期作为伦理哲学家们的争论焦点。针对道德与情感的关系，我们需要首先界定理性和情感的内容。理性的概念非常复杂，也很难用一个明确的定义加以概括，一般而言理性可以分为古希腊的理性和近代以来的理性。古希腊的理性是一种集体理性，强调美德、伦理和知识的价值；近代以来的理性则关注个人意识的觉醒和自由意志，进一步分化为工具理性、价值理性、公共理性等不同概念。总之，理性与感性相对，主要内容是人们内心本来就具有的脱离外界环境的理性认知和判断。情感是人们的感性体现，是身体直接直觉和感受的进一步深化，强调人们对外界环境的感知，又可以分为自然情感和社会情感，自然情感主要是个人对自己行为的态度，社会情感则是对自己和他人都有影响的态度，自然情感主要有悲伤、恐惧、悔恨等，社会情感有愤怒、嫉妒、负罪感、羞愧、仇恨等。由于道德是人为的社会规范，所以道德情感是一种社会情感。理性虽然源自人们先验的主观心理，但却旨在从普遍的平等视角（equal eye）看到人类社会的一般属性，本质上具有客观性；而情感的出发点虽然是人们作为外界环境的普遍客观受体的经验性感觉，但是人们却因为感情深浅有着亲疏远近的差别，最终的评价标准是人们不同的主观情感。可见，理性出发点是主观的，最终结果却具有客观性；情感的出发点是客观的，归宿却具有主观性；理性和情感的本质成分就是你中有我、我中有你。理性与自由、平等作为西方近代以来的核心价值紧密相连，一直代表着思想传统的主流，但是其间一直不乏强调民族情感以及仁慈博爱等情感主义的挑战，理性与情感的交汇成为当代道德哲学的重要课题。

　　按照西方道德哲学的发展脉络，主要有理性主义伦理学和情感主义伦理学的区分，具体内容分歧是道德理性还是情感的反映，是被判断出来的还是被感知的。作为西方道德哲学的主流，理性主义伦理学偏重理性的判断作用，在日常生活中高扬理性的力量，贬低情感对于道德的作用，坚信道德的完善在于合乎理性的生活，极端者甚至敌视人类的各种欲望，倡导禁欲主义的观点等，比如古希腊的斯多葛学派。道德情感主义则以情感作为道德价值的根本来源，理性缺乏主动力，只是帮助我们认知和判断真伪，而道德是意志行为的实践学问，主要依靠的是情感和直觉发挥主动力。① 极端观点甚至认为道德价值的判断仅仅是由个人的直接偏好和情感亲疏远近决定的。理性主义和情感主义道德价值判断分庭抗礼，代表了西方近现代的两大潮流。前者以柏拉图、亚里士多德、斯宾诺莎、康德为代表，传统的理性主义伦理学自古希腊以来一直占据主导地位，尤其是苏格拉底明确提出"知识即美德"②，可以算是将美德限制在理性范畴之内的最佳表述，康德也指出人和动物的主要区别不在于感情欲望而在于理性。后者则以沙夫茨伯里、亚当·斯密、休谟等人为主要代表，沙夫茨伯里是第一个把情感引入道德价值判断的思想家，亚当·斯密则把同情当作道德价值判断的基础性意义加以强调，③ 休谟从情感比理性更具主动性角度出发说明情感对于道德判断的意义。在两种流派观点的争锋中，卢梭的观点比较有特殊性，介于理性主义与情感主义二者之间。他虽然强调道德情感的作用，但却认为道德情感首先以理性为基础，普遍理性是社会正义的前提，文明社会首先是一个理性的社会，同时他又认为良心是天生的。④ 这也为马克思主义伦理学完善理性与情感之间的关系奠定了基础。实际上，道德判断的正当理由当然应该包含社会理性，也代表了社会道德规范的普遍性和共同性，而道情感主义伦理学的观点强调个人的道德价值判断的情感取向也是一种主观的特殊性指向，二者各有偏向，也各有弊端。按照马克思主义的理论指导，我们应该清楚人类的道德选择是理性与情感共同作用的结果。按照理性主义与情感主义的分类，也可以看到我们国内以儒家为代表的传统伦理观点，主要是一种理性至上主义伦理观，其中又可以分为"以理节情""以理抑情""以理灭情"。⑤ 现阶段我们依法治国与以德治国的结合也体现了伦理观的理性层面与感情因素的结合，既是坚持马克思主义理论指导的结果，也是借鉴西方伦理思想的结果，是我国传统儒家

---

① ［英］休谟：《人性论》，曾晓平译，商务印书馆 2015 年版，第 493—495 页。

② ［古希腊］柏拉图：《理想国》，郭斌和、张竹明译，商务印书馆 2015 年版，第 231 页。

③ ［英］亚当·斯密：《道德情操论》，谢宗林译，中央编译出版社 2015 年版，第 2 页。

④ 李建华：《道德情感论：当代中国道德建设的一种视角》，北京大学出版社 2011 年版，第 159 页。

⑤ 同上书，第 32—36 页。

伦理观念的延续。

根据马克思主义伦理学的规定，道德首先涉及的是一种社会成员共享的行为规范，既然是社会规范，就要受到社会中各种人与人关系的影响，特别是物质生产水平和人们的相处模式的影响。道德本质是社会利益需求关系的安排，而道德感则是这种外在需求规范的内化，由此产生了我们对于道德规范的敬重感，或者叫作道德感，"人的主体意识的觉醒和道德规范的产生是同步的，其中蕴藏着道德与情感的密切联系"①。在马克思主义伦理学中，道德的发生以经济社会关系的形成和意识的产生为前提，即与人类物质生产相配套的道德和法律的需要，来自人自身维持生产、分配、交换的共同社会秩序的需要，在相应物质基础之上形成了人的道德、利益、需要、情感之间的密切联系。在道德的约束力方面，道德是明显的社会规范，但是其作用则需要个体的主体自觉，考察的是外在的社会规范如何在人的内心形成自愿接受动机的问题，沟通社会与个人、客观与主观的联系。马克思主义伦理学强调理智与情感的统一，既强调理性作为道德认识的基础，又坚持道德情感对于道德价值判断、道德实践的重要意义。马克思坚持人的物性与主观性的统一，"彻底的自然主义或人道主义，既不同于唯心主义，也不同于唯物主义，同时又是把这二者结合起来的真理"②。

以马克思主义道德理论为指导，李建华总结出道德作用于人们心理过程产生的各种不同心理体验，大致而言从低级到高级可以分为四个发展阶段：情景—直觉体验、角色—想象体验、理论—思维体验、信念—自由体验。③ 情景—直觉体验是人类最为低级的道德反应，仅仅涉及类似情景行为的再现，让人们产生某种行为的道德直觉。进一步发展，个体形成对于自我社会角色的认知，人们通过展开联想就能确定自己的道德选择，这时候人们可以不通过某种情景的真实再现，仅仅在头脑中想象自己如果处在类似的情景中可能产生的相应的情感体验，即角色—想象体验。前两个阶段主要是直观的情感发生作用，要么是真实情景的直接情绪，要么是想象

---

① 李建华：《道德情感论：当代中国道德建设的一种视角》，北京大学出版社 2011 年版，第 54 页。

② 马克思：《1844 年经济学哲学手稿》，人民出版社 2014 年版，第 102 页。

③ 李建华：《道德情感论：当代中国道德建设的一种视角》，北京大学出版社 2011 年版，第 140 页。

空间的间接情绪，总之是道德情感发挥着主要作用。再进一步发展则是个体思维体验的道德理论阶段，即理论—思维体验，这是理智成熟的人们可以达到的阶段，人们不仅仅限于真实感受或者联想到某种情景才产生道德体验，而是形成对于某种理论原则的理性思维，这个过程涉及更多理性的利益得失计算，虽然较之直觉和想象有更多理性因素，但是不能保证理论一定能够指导行为的实践活动。理论形成是否能够成为个人行为的指导，还需要进一步借助情感和信念的力量，也即最高级阶段的道德体验模式，信念—自由体验。综上所述，道德的最初阶段源于道德规范应用的情景直觉，而道德的最终归属是个人的自由，真正有道德的人不是被社会规范强迫，而是心甘情愿自觉自主。按照康德的观点表述是道德的绝对命令，即道德的最高原则为意志自律原则，① 按照孔子的说法则是"从心所欲不逾矩"。最高级的道德情感是自由意志和自由信念，也就是说道德的真谛是自由。道德的最终实现依赖于人们内心的自由情感，这个过程就是道德内化的过程。

　　道德内化为人们内在的心理自愿，主要依靠的就是人们对于道德规范的敬重感。道德本质上是一种外在的社会规范，本质上依靠的是个人的道德自觉和自律，也就是说个人意识的自觉是道德规范内化为人们的内在需求的前提。道德与法律不同，法律本质上具有强制性，即便人们心理上并不认可，法律的强制性也可以督促人们遵守，而道德发挥作用依靠的不是强制，而是人们心理上的自愿。法律的作用方式是他律，而道德的作用方式是自律，也是个人达成自由行为的道德选择。法律和道德是人类社会的两大基本规范，虽然发挥作用的方式不同，但都是实现正义社会必不可少的两大途径。理性道德作为社会普遍性的外在规范作用于人们身上不仅依靠于外在的约束和规范，更多的是依靠人们心里的认可与自愿接受，也只有产生了正确的道德情感，人们才能实现对于道德规范的内化，道德规范通过内在的道德情感实现对人们的约束，正义道德规范因此获得稳定性。因此，道德规范的稳定性就是探究理性道德规范形成道德情感的问题，而这个过程的核心内容就是道德主体形成道德情感的问题。

---

① ［德］康德：《道德形上学探本》，唐钺译，商务印书馆 2012 年版，第 51 页。

二 道德主体的情感内容

道德本质是一种对人的社会规范，道德主体是一种有着自我意识觉醒的个人，因此道德规范的情感研究首先需要考察道德价值的承担者即道德主体的情感内容。道德认知层面主要是对道德规范知识的认识和理解，是人们发挥理性能力的主要领域，而道德判断和道德规范的实践，又需要人们情感和意志的作用。

对于道德主体的研究实际上就是对人的本质属性的研究。一般认为人是天使与魔鬼的集合体，既有善良美好的一面，也有阴暗丑恶的一面。人性的复杂很难简单一概而论，本书主要关注道德主体理性和情感的统一。在思想史上，一直以来我们强调的是道德理性价值，而对道德主体的情感定位则较为忽视。但是实际上，道德主体的人既有理性的认知能力，又有情感的表达需求，关键在于哪个是道德主体行为选择的第一内驱力，这也是情感主义和理性主义的分歧所在。我们一般认为人与动物最大的区别在于人类可以理性地分析问题、解决问题，其中使用工具是一个标志性的差异，但是实验心理学发现黑猩猩也可以使用简单的工具实现目的。或者人类与动物的最大区别在于可以充满同情地关怀弱者，同样，随着动物心理学的研究深入，我们发现群居动物中也有明显的群体情感，为了抵抗外敌入侵不顾自身危险的团结气概。因而，我们在动物身上发现明显的理性与情感，依然不能通过自然实验判别动物或者人类行为的第一原动力。我们能确定的是，正常的认知能力的前提是人们有着正常的感觉能力，如果人们不能正确地感觉，理解能力也会不健全，缺乏正确的感觉能力不可能具有完善的认知能力。[①] 所以正确地感觉是人们理智思考的前提和基础，感觉也是人们最为基本的自然反应，理智的思考是较为高级的状态。随着人们的发展成熟，理性的力量发挥着越来越大的作用。但是不可否认的是，人的理智与情感是相互纠缠地结合在一起的，理性中不能没有情感，即便是对于同样理性的社会规范，人们也会有着不同的态度；情感中也不能脱离理智的因素，人的情感（特别是道德情感）是沉淀理性道德规范的感性认识。仅仅承认道德理性成分是不行的，无法解释人们如何会心甘情愿选

---

① J. E. Creighton, "Reason and Feeling", *The Philosophical Review*, Vol. 30, No. 5, 1921, p. 468.

择不同的道德观念，人的情感因素在道德选择与坚守中发挥着重要作用；仅仅谈论道德的情感成分也是不够的，将会由于缺乏普遍的道德理性规范而陷入情感主义的弊端，在众说纷纭的多元异质性观点环境中，将导致普遍有效的道德判断成为无法实现的难题，让人们陷入难以抉择的相对主义境地，由此带来道德危机。亚当·斯密将同情视作道德伦理规范的动力源泉，正是因为人类的共同情感使人们能够对于他人的喜怒哀乐产生同情，同情是一种人生来具有的本能反应，是每个人都具有的自然情感，但是自然情感发展到道德情感则是后天不同社会教化的结果，也是理性规范对于道德情感的渗入。可见，道德主体的理性与情感缺一不可，道德规范的实现需要主体协调理性与情感的关系，关键在于如何保证二者之间的互动协调均衡，以达成道德规范的稳定实现。

马克思主义将人的存在分为自然存在和类存在两个层面，一方面强调人直接的是自然存在物，是一种感性存在物，"人作为对象性的、感性的存在物，是一个受动的存在物；因为它感到自己是受动的，所以是一个有激情的存在物。激情、热情是人强烈追求自己的对象的本质力量"①。人的一切认知和反应都是对外在环境的感知，人的本质首先是感性的、现实的存在物。另一方面，人不同于一般动物之处在于人不仅是自然存在物，而且是自为地存在着的类存在物，历史是人们主观意识活动参与创造的过程。马克思指出，感性是科学的基础，人首先是感性的存在，"人是自然科学的直接对象，因为对人来说，直接的感性自然界直接地就是人的感性"②。李建华总结马克思主义伦理学的规定，认为道德主体的自我意识是道德规范发挥作用的前提，而人的首要意识是以情感为主的感性意识。③道德情感作为解读道德规范作用于人的科学解释，也应该以主体对外界对象的感性意识为起始，然后通过个体理性思维的加工形成确定的道德情感。总之，道德情感是一种理性的情感。

三　道德情感——正义稳定性的心理归宿

上面论述了道德规范中的理性与情感的关系，我们可以总结出道德问

---

① 马克思：《1844 年经济学哲学手稿》，人民出版社 2014 年版，第 104 页。
② 同上书，第 82 页。
③ 李建华：《道德情感论：当代中国道德建设的一种视角》，北京大学出版社 2011 年版，第 54 页。

题的复杂性，既关乎人们外在的理性选择，又关乎人们内心的情感归属，道德情感是一种人们内心产生的对于理性道德规范的敬重感。正义作为一种道德价值，与之相伴的是人们的道德情感，比如同情、仁慈、宽容、忍让等，而且这些道德情感在正义的语境下也不是无条件地施加，而是遵循正义规范、符合特定情形的具体要求。① 对多数人而言，强有力的不是理性而是情感，而最强大的力量则是合乎理性的激情。② 在历史的发展进程中，情感的力量往往引领着革命的浪潮，比如法国大革命就是不同阶级联合形成的同情带来了巨大的道德感召力。③

针对道德情感的具体内容，首先需要区分的是，道德情感不是行为主体单纯理性选择的直接结果。在当代社会中，特别是主流的社会科学对理性的研究明显多于对情感的强调，而且在主流的经济学领域，理性选择理论的经济人假设往往意味着严格的利益得失计算，理性与自利密切结合在一起。但是道德问题却与此不同，虽然道德情感是外在理性内化为个人的社会情感，道德表现往往与利益追求保持一定距离，常常是一种超越利益计算的更高标准，所以这个时候道德情感就比理性计算发挥着更大的作用。甚至，道德价值往往与利己主义相对的利他主义相连，"人的利己心就是道德推动力必须要控制和克服的首要力量"④。可见，仅仅依靠理性的利益计算并不能构成完整的道德信念，而是需要道德内化为人们的心理趋向的内在感情，也即形成道德情感。或者说这时候的理性是简单的利益计算之外的广义理性，包含着更具远见性和更大社会利益的认知，而不仅仅是眼前物质利益的直接得失。道德情感的来源和实现要以这种理性认知作为基础，但是理性的道德认知同样无法替代道德情感本身。情感比理性更能够建立稳固的联系，我们认为道德规范如果要达成稳固的实现，最终的归宿是对道德规范形成情感与意志。其次，道德情感与简单地追求个人快乐和幸福也不可同日而语。虽然道德情感归属于一种情感的表现，但是与人们表面上的直接感觉截然相反，道德的追求往往与直接的个人需求和快

---

① 赵汀阳：《论可能生活》，中国人民大学出版社 2004 年版，第 185 页。

② ［美］列奥·施特劳斯：《自然权利与历史》，彭刚译，生活·读书·新知三联书店 2011 年版，第 184、206 页。

③ ［美］汉娜·阿伦特：《论革命》，陈周旺译，译林出版社 2007 年版，第 67 页。

④ ［德］叔本华：《叔本华论道德与自由》，韦启昌译，上海世纪出版集团 2006 年版，第 134 页。

乐的满足是不一致的，追求个人欲望的满足不是道德规范的内容。虽然长远来看，道德追求更有利于人类的长期稳定健康发展，有利于树立人类社会的信任联结，但是一般性的道德规范往往直接表现为对人们为所欲为行为加以节制和规范，追求道德规范是与快乐欲望甚至幸福完全不同的东西，往往更多地意味着一种理性对于偏好欲望的摒弃和牺牲。"虽然每个人自然都偏好他自己的幸福甚于他人的幸福，但是，任何公正的旁观者绝不可能赞许，我们以牺牲他人为代价，放纵我们自己的这种自然的偏好。"① 可见，有关善恶的道德判断不是与快乐幸福直接相关的事物，而是与人们的意志直接相关的理性法则。② 道德情感是对理性道德规范的敬重感。

根据道德情感对于道德内容的不同态度又可以分为积极的道德情感和消极的道德情感，积极的道德情感表现为人们对于道德行为的积极践行，而消极的道德情感则阻止人们做出非道德行为。积极的道德情感促使人们对于道德行为的赞赏和鼓励，消极的道德情感则激发人们对于非道德行为的愤慨和不满。两者相互作用，共同促进道德规范在人们的心中形成稳定的情感取向。道德情感的形成是正义获取心理稳定性的重要途径，正义观念的内在稳定的探究主要就是探究相关道德情感的形成。

上面探讨了道德情感的基础和来源，同时道德情感内部还包含着复杂的分类。李建华区分了道德情感的不同层次，主要有义务感、荣辱感、正义感、良心等，其中社会正义感是最高级的道德情感，关乎社会秩序、延续社会公平的根本问题。③ 本书的关注重点是正义的稳定性问题，本章的重点则是正义稳定性的心理层面，针对正义问题的道德规范，则是需要形成人们对社会规范的正义感，最终才能实现正义问题的有效运行，也就是正义规范的道德情感的最终落脚点是正义感问题。正义感强既有积极表现的一面，也有消极表现的一面。正义感强的人对于自我遵守正义行为有着坚定的贯彻，而对于违反正义规范的行为也有着强烈的愤慨和谴责。正义感强烈的人表现为对不同行为进行不同的对待，惩恶扬善是正义的内在要求，对正义行为的褒奖与对非正义行为的惩罚是正义积极层面和消极层面

---

① ［英］亚当·斯密：《道德情操论》，谢宗林译，中央编译出版社2015年版，第99页。
② ［德］康德：《实践理性批判》，邓晓芒译，人民出版社2013年版，第82页。
③ 李建华：《道德情感论：当代中国道德建设的一种视角》，北京大学出版社2011年版，第129页。

的具体体现。或者说，正义的主要作用在消极的惩罚，因为遵守正义是人们应尽的义务，而违反正义遭到的惩罚可以威慑我们伤害他人。① 这也正是正义与仁慈的不同之处，仁慈要求个人的完全无私以及不加区别地宽恕一切，而正义则允许合理的个人自利以及宽容应该宽容的行为，惩罚违反正义的行为。正义比起仁慈对于社会建构更有基础意义，而仁慈是社会更高级的追求，"仁慈是增添社会建筑光彩的装饰品"，"正义则是撑起整座社会建筑的主要栋梁"。②

我们上面提到道德的情感规范、道德主体的情感定位以及道德情感本身的理性基础等，正义感作为最高级的道德情感，毫无疑问具备这些道德情感的共性。正义感以理性的正义规范为认知基础，正义感依赖人们自愿自觉形成对于正义规范的内在心理情感。正义感不是人们随个人意愿产生的审美情感，而是在社会普遍理性的道德规范的前提下产生的社会道德情感，并且通过社会化过程作用于人们内心的情感归属。虽然正义感是社会道德情感的最高表现，具体到每一个人身上，正义感的强烈程度也会因人而异，但是普遍的理性规范则是正义感的前提和基础。正义感是一种理性的道德情感，可以说正义规范的理性程度越高，人们的正义感的道德层次也就越高，正义感也就相应愈加强烈。"正义感就是正义观念在社会成员身上的现实体现，就是社会成员渴望正义、认同正义并主持正义的道德情感反应。正义感作为人的高级道德情感之一，是人们基于对正义观念的认识，依据特定社会的正义标，对现实的制度、道德关系和道德行为做出判断时所产生的一种情感体验和态度。"③ 忠诚和正义感都是促进社会团结的道德情感，但是忠诚明显不同于正义感，忠诚比正义感的应用范围更加广泛。忠诚可以涉及私人的交往，一个人对另一个人的态度、立场就可以是忠诚，而正义则需要有一个相互性关系作为条件或者一个道德主体同时对待大致同等地位的两个人的情景。正义感是一种理性的道德情感，在外部理性社会规范的作用下，忠诚主要以个人对于所在共同体的归属感来区分人们不同的忠诚度。正义感是人们对同样的正义规范产生相似的反应性情感，而忠诚则是以自己观念的亲疏远近加以界定的情感依赖，"忠诚主体

① ［英］亚当·斯密：《道德情操论》，谢宗林译，中央编译出版社2015年版，第98页。
② 同上书，第104页。
③ 郑湘萍、李绍元：《正义感的基本内涵及现实意义》，《湘潭师范学院学报》（社会科学版）2003年第5期。

具有一种把效忠对象纳入'自家人'之中的认同意识"①。虽然正义的稳定性广义上看也是一种促进团结的忠诚情感，但却是对于正义规范的忠诚。或者可以说，依赖私人情感的忠诚是一种私人领域的忠诚，是一种常常不考虑正当与否的偏狭情感，往往与正义感相互冲突；而公共领域的忠诚则是以共同的道德价值和政治目标为基础的忠诚，在一定程度上与正义感有着很大程度的重合。当然最好的情况是，公共领域政治目标本身就是正义的，这样一来，对于公共领域政治目标的忠诚就是强烈的正义感的另一种表现。

综上，价值观念要获取稳定性，需要在个体心理层面形成共同的对于正义规范的道德情感。人的最基础反应来自对外在环境的感受性，而理性的认知则是通过经年累月社会环境的洗礼而接受的社会教化形成，最终的落脚点依然是情感，从感性、理性到最后的情感是人类接受道德观念心理发展的进阶过程。道德观念的稳定性是外在的理性认知通过作用于人们的心理情绪进而获取道德情感的过程。正义有效的稳定性依赖于人性、道德观念、社会化等各个步骤的共同作用，从而形成人们心理上对于获取正义观念的情感稳定，也即形成正义感的过程。正义感作为社会正义的情感归属与相应的正义规范密切相连，可以说什么样的正义规范对应着什么样的正义感。罗尔斯正义稳定性的心理层面的落脚点就是正义感问题，这种正义感的形成与其公平式正义观念的外在规范所规定的道德本质和道德主体性是不可分割的。因此，探究罗尔斯内在稳定性的正义感问题就不能离开对于罗尔斯正义观念道德主体的探究。

第三节 罗尔斯正义内在稳定的相关道德情感

本章第一节首先论述道德情感与正义稳定性有着密切联系，并且道德情感的特征本质上反映着该道德理论对于道德主体的深刻解读。本章第二节论述了罗尔斯公平式正义道德主体的特征，正义感就是道德主体对于正义规范产生的心理情感。第三节进入罗尔斯道德主体对应产生的相关道德

---

① 张国清、刁小行：《正义、忠诚和团结——罗蒂与沃尔泽社会批判理论之比较》，《浙江社会科学》2013 年第 4 期。

情感。正义感是最高级的道德情感，正义感也是罗尔斯正义的心理稳定的最终落脚点。正义感的形成是为了道德主体形成实现正义内在稳定性的动机，从而克服正义不稳定的可能性来源。正义的不稳定性植根于人们的内在本性：一个是过于关心自身利益，一个是对他人的不信任。具体而言，一是人们认为他人可能都会遵守正义规范，因此造成有人不遵守正义规范也不会造成过多偏差的想法；二是虽然大家都应该遵守正义规范，但是总有人可能不遵守，既然他人可能不遵守，那么自己也可以不遵守，不遵守是情有可原的。① 总之，都是人们缺乏对基本正义原则认同和坚守的情况下又对他人缺乏信任造成的不稳定倾向。正义感就是探究人们维持遵守正义规范的持久动力的理由，从而实现正义观念的内在稳定。正义规范的道德情感的核心在于，个人作为道德主体要形成对于正义规范的情感依赖，而这种情感的产生需要正义规范首先实现对于个体价值和尊严的承认，正义规范源自对于人作为人的价值的承认。人们形成正义感是因为正义观念能够满足人们的各种需求，维护人们的基本尊严，正义感是正义内在稳定的基本要求，所以探究正义稳定性的道德情感需要对正义感进行探究。

一　正义感

正义感，顾名思义就是人们对于正义道德规范产生的情感指向，道德情感的复杂含义我们在上面已经做出明确论述。罗尔斯对正义感的强调是其正义理论稳定性问题的重要内容。"公民正义感也就是个体正义感，指个体依据社会正义原则对特定利益关系做出评价时产生的、对生活于其中的社会公正制度的一种稳定而持久的原则性认同感和敬重感。"② 富有正义感的人能够尊重社会规范制度的运行，尊重他人独立存在的地位和价值，对于正义的行为坚决贯彻，对于不正义的行为坚决抵制等。道德情感是一种理性情感，正义感作为道德情感的高级状态，也是一种理性的情感，问题在于正义感所包含的理性成分根据正义观念与道德主体的不同而不同。罗尔斯正义感必然反映着其公平式正义观念的内涵。正义的社会对于每个人都有着相应的社会权利和义务的安排，如果达成或违反其中的正义规范，就会产生相应的情感反应。正义感是人们在正义社会中对于正义规范

① John Rawls, "The Sense of Justice", *The Philosophy Review*, Vol. 72, No. 3, 1963, p. 290.
② 宋广文、李晓芹：《论公民正义感的培养》，《中国德育》2007 年第 3 期。

产生的敬重感，正义感不是先验的主观情感，而是对于理性规范内化为人们心理取向的结果，是人们理性反思平衡的结果。正义感与个人的自我反思有着密切联系，作为自由平等的理性人，正义感的形成与个人自尊有着重要联系，一个缺乏自尊的人往往也是一个缺乏正义感的人。

罗尔斯把正义的内在（inherent）稳定性放了正义感的论述上，正义感作为一种道德情感，具有道德情感的一般性特征，罗尔斯总结了三点：一是道德情感必须由某种行为和自然态度来解释；二是道德情感以某种道德准则为先决条件，道德情感是一种理性观念产生的情感取向；三是道德情感与某种自然态度比如爱、互信有必然的联系，自然态度缺失反映着道德情感的缺失。① 罗尔斯正义观念的内在稳定，主要在于形成正义感的问题，这种正义的稳定性又涉及两个层次：一个是正义感对公民维持认可的正义原则提供支持的力量；另一个则是正义感对于人们因诸多原因没能坚守住正义，做出破坏正义的行为之后，如何弥补和恢复。② 前者主要是正面的正义感发挥的支持作用，后者则是正义感衍生的违反了正义原则之后产生的负罪感对于正义规范的复原作用。具体而言，正义感分为积极意义的正义感和消极意义的正义感，积极意义的正义感是对正义规范的遵循，消极意义上的正义感主要是一种惩罚机制。在特定的社会环境之中，每个人都享有固定的权利和义务，一旦有人违反了社会规范就会产生相应的负罪感，因为他破坏了同胞感情（fellow‐feelings），破坏了社会合作的纽带。③ 利他惩罚作为正义感的惩罚机制，这种行为模式在世界各国的民族风俗和民族文化中都可以找到。总而言之，正义感是一种复杂的道德情感，具体到不同正义规范的行为中又有不同的内容，主要表现有怨恨、负罪感（guilty）和羞愧感（shame）。

二　怨恨和义愤

怨恨（resentment）和义愤（indignation）不同于简单的生气，所有的动物都可以生气，生气可以是自然情绪的反应，并不涉及道德规范的认

---

① John Rawls, "The Sense of Justice", *The Philosophy Review*, Vol. 72, No. 3, 1963, pp. 297 - 298.

② 王嘉:《社会稳定性的道德心理基础——评罗尔斯的"正义感"概念》,《江淮论坛》2010 年第 1 期。

③ John Rawls, "The Sense of Justice", *The Philosophy Review*, Vol. 72, No. 3, 1963, p. 292.

同，但是怨恨和义愤是道德情感，是人类专属的情感反应，尼采甚至把怨恨看作道德价值判断的根源，认为西方现代道德谱系就在于卑贱者对于高贵者的仇恨。① 怨恨根据内容性质又可以分为个人怨恨和社会怨恨，个人怨恨可能是一种非常消极的情感反应，仅仅在于个人因为心胸狭隘而产生的报复欲望，作为与社会正义规范相关的道德情感，社会怨恨与我们的研究有更大关系。舍勒指出，怨恨形成的主要情感基础是报复冲动，同时又不是简单的反击冲动或防卫冲动，不仅仅带有激动情绪的对抗性反应，还是一种"君子报仇十年不晚"的道德克制，怨恨表现为激烈情绪在内心翻腾，但是又不立马发泄出来，而是忍辱负重之后的报复。② 一般认为，社会怨恨大小与社会本身的公平程度有很大关系，绝对不公平的等级社会怨恨不会很大，相对均贫富的民主制公平社会怨恨也很小，而变革社会中不公平现象被广泛揭示但是又没有根本改善的社会怨恨最大。

怨恨是一种深刻的个人情感体验，但是社会公平正义密切关联的道德情感主要体现在与之相似的怨愤，罗尔斯区分了怨愤与义愤，都包含对不满行为的愤怒，不同在于怨愤主要是人们对于别人的错误行为对自己造成伤害和破坏之后的行为反应，义愤则是人们对于那些错误行为对他人造成伤害的反应。③ 在怨愤的情感反应中，人们自己是当事的受害者，而义愤则是人们虽然作为旁观者，但是因为联想和共享的社会正义规范使人们对当事者的痛苦感同身受。怨愤和义愤都是正义感的附属反应，正义感强烈的人，怨愤和义愤的情感反应也会强烈，而缺乏正义感的人，可能对违反正义的行为感到生气，但是并不一定产生怨愤或义愤。怨愤和义愤则往往涉及一种在特定正义规范指导下的报复心理，善恶各有回报是典型的正义规范要求的内容。

三　负罪感与羞愧

负罪感（guilty, guilt feelings）是道德行为主体感受到自己的行为违反了道德标准之后产生的相应道德情感。首先是道德准则本身的存在，并且

---

① ［德］尼采：《论道德的谱系》，周红译，生活・读书・新知三联书店1992年版，第21页。

② ［德］马克思・舍勒：《道德意识中的怨恨与羞感》，林克等译，北京师范大学出版社2017年版，第7页。

③ John Rawls, "The Sense of Justice", *The Philosophy Review*, Vol. 72, No. 3, 1963, p.299.

行为主体认识到自己有义务按照道德规范的要求行动，但是在因为诸多原因没有履行义务的时候，负罪感就产生了。负罪感说明行为主体认可道德规范作为正当合理的规范原则有其存在的必要性，没有履行是因为自身的过错。具体到正义的道德规范上，虽然负罪感意味着正义规范遭到了破坏，但是负罪感对于个人做出非正义不道德行为的纠正和补偿意义重大，心理产生的负罪感加强了人们对于非正义行为的扭转和补偿，有着不愉快感受的经验教训更能使人们在以后的正义道德的履行中增加遵守的动力。相反，如果一个人在违反了正义规范之后没有产生负罪感，那么可以说明该行为主体并没有认可这样的正义规范的正当合理性，如果社会中这样的道德主体对于这种正义规范的不认可不在少数，那么我们可以看到要么是社会正义本身出了问题，要么是正义的社会化过程出现了严重问题，总之都可以指导我们完善正义规范的修正，实现正义秩序的稳定。

　　羞愧（shame）与负罪感紧密联系，都是人类不同于动物的特定道德情感，负罪感是明确违反了道德规范的内容要求，这个过程也有可能同时产生羞愧感。羞愧感的来源可以追溯到《圣经·旧约》中亚当、夏娃偷食禁果之后的反应，二人本来在伊甸园中无忧无虑，在上帝面前开始感到赤身裸体的羞愧。舍勒认为，羞愧产生于人们的身体要求与精神意义之间的不平衡，人的不平衡和不和谐是产生羞愧感的基本条件，人们经过外在的神的旨意或者道德教化对自己产生某种精神期许，一旦个人的行为表现没能达成某种理想精神的要求，就会出现心理的不平衡，这种不平衡感表现为羞愧，因此羞愧是人们本能表现与更高道德精神之间的落差感，神和动物不会产生羞愧感。[①] 这种精神的道德规范可以体现在多重社会规范上，在个体的灵与肉、永恒与暂时等方面，罗尔斯特别强调人们在公平正义规范中的道德感受，负罪与羞愧是对公平正义道德规范的深度体验，负罪是因为自己的行为结果违反了公平互信的社会联结，而羞愧的原因则主要在于自己缺乏某种能力或者具有某种个人弱点。[②]

　　同样作为正义感的相关道德情感，罗尔斯对负罪感和义愤的强调也有着不同的侧重。负罪感主要是针对自己行为心理产生的道德情感，而义愤则是旁观者看到他人遭到不公平对待的道德情感。罗尔斯强调的正义内在

---

　　① ［德］马克思·舍勒：《道德意识中的怨恨与羞感》，林克等译，北京师范大学出版社2017年版，第171—172页。
　　② John Rawls, "The Sense of Justice", *The Philosophy Review*, Vol. 72, No. 3, 1963, p. 295.

稳定性在于在每个道德主体的心中形成正义感，因此当事者的负罪感比起旁观者的义愤更能得到罗尔斯的重视。以负罪感为主要内容的正义感，是罗尔斯坚持康德式意志自由、道德自律的延续，体现了罗尔斯对道德主体内在良心道德的强调。然而，正义作为社会道德规范，可能更应该考虑外在道德环境中人们的褒贬、谴责、义愤和奖惩，与罗尔斯更侧重于关注行为主体本身的负罪感有些不同。比如有学者指出在愤恨、负罪与义愤等相关道德情感中，真正能体现正义感本质的是义愤而非负罪感，同时，罗尔斯提出的道德心理发展的解释仅仅提供了一种视角，还可以从进化论的角度解释正义感，过分的利己主义倾向在进化过程中被淘汰了，而那些具有相互的利他倾向更利于实现社会的团结合作被保存下来，成为正义感的重要来源。① 这为我们理解罗尔斯正义感理论的不足之处提供了新的思路。总之，罗尔斯道德情感的脉络是康德式道德绝对命令内向作用的延续，正义感最终指向的是每个个体通过相互性的社会交往形成的自觉反应，道德主体作为个体的存在是道德发生的出发点，也是最终归宿，因此对于道德主体的道德能力的研究值得我们重视，下一章主要围绕这个问题展开讨论。

通过上面的论述我们可以看出，按照罗尔斯对于人性的解读，正义感是相应的人性发展的必然结果，正义感强烈之人，在成长过程中感受到的是父母作为道德权威的爱与信任，社会交往中的同胞之爱和互信，以及对于正义规范本身的认可和赞同。因为人们都是被自己追求的目标和理想鼓舞，在这些目标和理想缺失或者被破坏的时候，人们都会感到丢脸和羞愧，这些情感反应是正常人性的组成部分，因而罗尔斯认为缺少正义感也是缺少人性的表现。② 一个正常的行为主体经过从小到大的家庭、社会交往的经历，都有可能被培养为一个充满正义感的人。正义的责任可以归属为任何一个正常的人，而不仅仅是遭遇不公正对待的人。任何一个在正常的环境成长并形成个人独立尊严的行为主体，都可以被培养成有正义感的人。罗尔斯道德情感的基石是实现人们的自尊和价值感，也就是说，只有正义规范有效保障人们的自尊，才能促进正义感的形成，即获取正义的心理稳定。

---

① 陈江进：《正义感及其进化论解释——从罗尔斯的正义感思想谈起》，《伦理学研究》2011年第6期。

② John Rawls, "The Sense of Justice", *The Philosophy Review*, Vol. 72, No. 3, 1963, p. 300.

第四节　正义感的形成与发展

正义感关乎正义观念的稳定运行，所以正义感的形成和培育是正义观念心理稳定的重要问题。既然自尊与正义感有着如此密切的关系，正义感的形成很大程度上也是个体尊严的形成过程。正义本身与仁爱不同，正义不同于无条件的仁爱，这也是正义具有外在强制性规范的体现，但是正义感在形成过程中却离不开家庭中父母对于子女的信任和友爱。正义感的缺失不仅是个人道德能力的欠缺，也可能是在成长过程中爱与信任的欠缺。[1]道德情感与自然态度有某种意义上的对应关系，道德情感的缺失反映着相应自然态度的缺失。[2]罗尔斯通过借鉴皮亚杰儿童心理发展的脉络总结出正义感的形成具有三个阶段：父母权威道德阶段、社团道德阶段和道德原则阶段。

一　父母权威道德阶段

在道德主体的成长过程中，首先接触的是自己父母的道德规范的训诫。孩子一开始处在父母的合法权威之下，在缺乏理性认知的时候，道德的选择和执行都是按照父母的教育进行的。如果孩子生长在一个正常的充满关怀、尊重、爱与信任的环境中，孩子从小意识到自己受到的尊重和爱护，就会相信父母所要求的就是对自己有利的安排。父母尊重孩子，孩子也会对父母产生敬重，道德的相互性产生作用。"一般地说，去爱另一个人，这意味着不仅要关心他的要求和需要，而且要肯定他自己的人格价值感。慢慢地，父母对孩子的爱也在他的身上引起了对父母的爱。"[3]或者用弗洛姆的话来说，爱是一种主动给予的能力，意味着关心、尊重、认识和创造性的活动。[4]这种爱不是工具性质的，父母不能把孩子当作实现自己

① John Rawls，"The Sense of Justice"，*The Philosophy Review*，Vol. 72，No. 3，1963，p. 281.

② Ibid.，p. 297.

③ ［美］约翰·罗尔斯：《正义论》，何怀宏、何包钢、廖申白译，中国社会科学出版社2011年版，第466页。

④ ［美］弗洛姆：《为自己的人》，孙依依译，生活·读书·新知三联书店1988年版，第251页。

目标的手段，而应该把孩子当作道德行为的主体，尊重其个性化的自我价值，而不是培养孩子去实现自己年轻时未曾实现的梦想。孩子在父母的关爱中获得被尊重的主体价值感，也会对父母产生相应的情感反应，尊重父母的道德规范，接受父母的道德权威。在这样充满爱与信任的环境中成长的孩子，如果父母本身就是充满正义的人，那么孩子的行为举止也会相应遵循正义的规范，因为在缺乏抽象认知的时候，道德榜样的力量支撑着孩子的道德实践。同样，一旦违反了正义规范，没有达到父母提出的正义规范目标，孩子的心里就会产生内疚和负罪感。在这个过程中，父母的爱与信任的情感态度是孩子形成道德情感的重要纽带，一旦父母的爱与信任缺失，孩子的道德情感也将会遭到破坏而阻碍道德的培育。

父母权威道德阶段是最基本的道德发展阶段，仅仅依赖权威者的道德观念，当然也是正义观念最不成熟、最不稳定的阶段。父母作为权威道德的榜样对孩子是明显的外在约束力，是孩子道德约束的他律力量，这种道德规范的约束依赖于孩子与父母之间的亲密联系以及父母对于孩子的尊重和爱护，这种道德意识还没有成为孩子心中的自愿行动，缺乏内心的认同是不稳定的。如果父母能够一以贯之的遵守正义规范，给孩子做好道德的榜样，孩子可以在道德发展的过程中通过父母的爱与尊重和言传身教培养自己对于正义观念的认同和情感，逐渐发展到更高级的道德阶段，使正义观念在自己心中逐渐稳定，对于道德规范的接受从外在的他律逐渐内化为自律。但是，如果父母本身做不到以身作则，或者父母违背了正义的道德规范，或者父母对于孩子的道德教育过程没有尊重孩子本身的主体地位和尊严，孩子很难形成对于道德规范的接受和认同，甚至有可能在亲情与正义之间选择亲情，而做出违背正义规范的行为。这也是不成熟的正义观念可能造成的不稳定倾向。

二 社团道德阶段

随着社交范围的扩大，孩子对道德规范的认识发展到第二个阶段。孩子逐渐进入同龄人的社交环境中，在社会交往的过程中，明确的权威人物不再发挥着决定作用，而是独立平等的个体之间的交往成为主要的社会活动。在社会团体中，每个人作为独立自主的个体存在，彼此之间形成频繁接触的互动关系，相互之间的关系建立在公平、平等、信任的社会道德规范基础之上。社会规范是维持个体自尊、互信、友爱的必要条件，人们追求个体自尊基础上的社会合作、社会交往，就需要道德规范作为实现这个目标的前提、基础。如果人们能够坚持良好有序的社会合作，就会遵循社会道德规范的引导。相反，如果人们对于社会联合缺乏信任，对于社团没有感情，甚至仇视所处的社会环境、社会交往活动，对于其中的道德规范也会持敌视态度，也就不能很好地履行社会道德规范要求的责任和义务。社会交往之间的相互性使人们形成对于共同社会团体的依赖，这种道德规范依然是具体社团作用下的联结，这样的社团有着共同的目标和情感依赖，人们可以比较容易地遵循其中的道德要求。

　　从权威道德阶段到社团道德阶段，对家人的情感依恋让位于对社会团体的情感依赖，作为共同社团的一分子，"如果那些置身于一个社会合作体系之中的人们带着明显意图支持它的公正的（或公平的）规则，友谊和相互信任的联系就会在他们中间发展，因而坚持这些规则对于这个合作系统始终有所裨益"①。如果这样的社团大到一个国家，人们可能因为爱国而坚持国家制度支持下的正义规范。这样的社团交往有着共同的目的，人们处在社会交往的共同体之中，感受共同价值的引导，"社会道德的内容所具有的特征是合作德性：正义和公平，忠诚与信任，正直和无偏袒。有代表性的恶是贪婪和不公平，虚伪和欺骗，成见与偏袒"②。在一个提倡社会交往美德的环境中，作为自由平等的交往主体，个人的独立交往价值和尊严得到重视，能协调一致，共同抵抗社会交往之恶的干扰，人们都能够从遵循社会交往的道德规范中获得益处，每个人都会自愿接受社会规范的引导，自觉地遵守社会道德规范，对社会交往道德产生一定的情感依赖。一旦有人违反了社会规范，正义的人们会产生相应的情感反应，比如义愤、羞愧或者负罪感。社团道德规范既有他律的影响，有着明确的社会德性的引导，依赖于社会交往环境的公平公正，同时也体现着个体的自律行为选择，使人们自主理性地做出遵守道德规范的选择。因而，比起权威，道德规范更加稳定，但是这种道德情感取决于社会环境的公正，社会环境的不公正也会干扰人们对正义规范的坚持，因而也具有不稳定的潜在可能性。

---

　　① ［美］约翰·罗尔斯：《正义论》，何怀宏、何包钢、廖申白译，中国社会科学出版社2011年版，第473页。

　　② 同上书，第475页。

三 道德原则阶段

权威道德和社团道德适用于人们在具体的社会交往环境中对于道德规范的遵守，只有当人们对于其中密切交往的他人产生具体依恋，对于依恋对象的信任和情感转移到权威和社团的正义规范上，才会使人们对正义产生依赖，实现对于道德规范的遵守。如果人们处于一个陌生的社会环境，权威道德和社团道德就很难发挥作用，这就需要人们对抽象的道德原则形成更深刻的认可，从对具体交往的依恋关系转移到抽象的具体原则的信奉，这是道德发展的更进一步要求。

道德发展的第三个阶段也是最高阶段，是人们对抽象原则的信奉，权威人物虽然可以帮助我们形成自己的道德原则，但是权威也有可能犯错误，当权威人物没能遵守道德规范的时候，我们对道德的坚持就主要取决于对原则本身的信守。经过权威人物和社团道德的引导，正义规范本身内化为道德主体的行为准则，前两个阶段只是认知过程逐渐深化的必经之路，而对于正义规范的内在认同，即形成对于抽象原则的正义感，才是正义稳定性的最终归宿。通过前面几个阶段的发展，最终的结果是一种抽象的应该、一种义务感的形成。[1] 对于抽象的正义道德本身的感情代替对于权威、社团的依恋成为最高理想和动力，"现在他想成为一个公正的人。在这里，行为公正的观念，以及发展公正的制度的观念，慢慢对他具有了与以前那些次要的理想的类似的吸引力"[2]。当然，这种道德观念经过前两个阶段的爱与信任的感情培育，成为进入人们心中的情感依赖，虽然最终的结果是抽象原则超越权威和社团成为人们的最高指示，道德情感的最终形成却不能够跨越前两个阶段直接培育。

由此我们看到，正义感不是人们心中凭空想象的产物，也不是外在的道德规范的强行灌输，而是道德主体在社会化过程中根据外在道德规范对我们独立尊严价值的维护，并通过互动关系内化为个人情感。第三个阶段的心理法则可以做出如下总结：如果我们在前两个心理阶段感受到了足够的爱与信任以及尊重，那么作为满足两个正义原则的制度框架的社会合作

---

[1] Frank Thilly, "Conscience", *The Philosophical Review*, Vol. 9, No. 1, 1900, pp. 22 – 23.

[2] [美] 约翰·罗尔斯：《正义论》，何怀宏、何包钢、廖申白译，中国社会科学出版社 2011 年版，第 475 页。

系统的受益人来说，他将在第三个心理阶段获取稳定的正义感。① 但是，当我们形成对于抽象正义原则的正义感之后，并不意味着对于社会联结的爱与信任就失去了用武之地，我们承认抽象道德原则形成的正义感是更高级的正义稳定性，但是以爱与信任为基础的社会情感纽带也可能发挥着维持正义稳定的重要作用，特别是在对于共同体主义的观念中。在共同善指导下的社会交往活动中，社会情感的归属是正义稳定性的重要来源，罗尔斯对于社会团体中同胞之间爱与信任的重视，也体现了其对共同体主义价值的重视，只是在罗尔斯看来，正义稳定性的最高标准应该是高于共同体情感纽带的正义感，成熟的道德情感的形成比起友爱与互信的情感纽带更有利于正义的稳定性，"无论如何，当存在友谊和相互信任的自然纽带时，这些道德情感比没有这些纽带时更为强烈"②。

综上所述，罗尔斯论述的正义感培育主要经过了三个阶段，权威阶段的榜样力量，社会团体的相互性交往，以及抽象道德原则的内化，循序渐进，从外部具体的道德榜样到内在心理的抽象原则，经历了从他律向自律的转化。罗尔斯正义观念心理层面的稳定性主要是以单个的道德主体作为考察对象，主要目标是每个道德主体获取对于正义观念的认同感，核心概念是道德主体的道德情感特别是正义感，主要关注个人道德规范与正义感的形成。最终结果是理性的正义原则进入情感世界，正义原则内化为人们心中的正义感，也就是获得正义观念的内在稳定性。按照罗尔斯的论述，道德的三个阶段是形成稳定正义感的必经之路，而且一旦正义感缺失，也意味着个人三个道德发展阶段出现了问题，但是这样一来也就意味着，如果其中一个环节出现差错，难道整个人就不能形成稳定的正义感了吗？罗尔斯对于成年以后人们的正义纠错机制缺乏进一步的论述。同时，作为孩子培养道德规范的第一步骤，如果父母本身不是一个公正的权威，孩子们也很难形成正确的正义观念，更不用说稳定的正义感了，罗尔斯道德发展理论缺乏对于家庭内部成员正义观念形成的具体讨论。③ 罗尔斯对于正义感的论述源自其对道德情感的重视和强调，把道德主体形成正义感作为正

① John Rawls, "The Sense of Justice", *The Philosophy Review*, Vol. 72, No. 3, 1963, p. 292.
② ［美］约翰·罗尔斯：《正义论》，何怀宏、何包钢、廖申白译，中国社会科学出版社2011年版，第477页。
③ Susan Moller Okin, Justice, "Gender and the Family", *Ethics*, Vol. 105, No. 1, 1994, pp. 23－43.

义内在稳定的归宿，可以看出正义感对于正义稳定的根本意义。同时将人们缺乏正义感归结于人性的缺乏，"一个缺乏正义感的人，一个除非自私利益和权宜之计的考虑否则就从不履行正义要求的人，不仅没有友谊、情感和相互信任的相互联系，而且也不能够体验到不满和义愤。他缺乏某种自然态度和一种极其基本的道德情感。换言之，一个缺乏正义感的人也缺乏包含在人性这一概念之下的某些基本的态度和功能"①。然而，将正义感看作人性的必然发展方向，是对人性本质的高度理想化，也是对人性复杂性的低估和简化。实际上，道德主体的道德能力依然是一个复杂的动态过程，如何形成正义感与正义稳定性，还需要进一步探究主体本身的基础和前提，这将是正义主体的道德能力进一步考虑的问题，罗尔斯特别重视自尊基础善对于正义稳定性的意义。

---

① ［美］约翰·罗尔斯：《正义论》，何怀宏、何包钢、廖申白译，中国社会科学出版社2011 年版，第490—491 页。

第三章

正义主体的道德能力

正义的稳定性遵从行为主体的一般性道德心理规律，在此基础之上，道德主体形成各种道德品质与能力也是正义稳定性的必要准备。在罗尔斯正义观中，道德主体是一种道义论主体，在选取正义观念的过程中形成了两种道德能力：一个是选择自己良善生活的能力；另一个是遵循社会基本正义规范形成正义感的能力，分别对应公民的不同能力理性与合理性能力，也是获取正义稳定性的必要基础，体现为正义主体对于个人自尊和幸福等价值的追求。

第一节　罗尔斯正义观的道德主体

一　康德式道德主体

康德道义论区分了道德主体与道德客体，明确表明道德主体是一个先验的自我，超脱经验影响的具有自由平等观念的理性存在物，因为道德主体是理性的存在物，有理性的人以本身存在作为目的，理性存在物的价值体现为意志的内涵，所以道德的意义体现为道德主体的自律。作为一个道德主体，其行为的动机和意志是道德行为的根本来源。道德主体的好坏主要体现在意志上，唯有意志可以说明一个主体人格品质的好坏，"一个意志的准则永远按照这条法则，这意志就是绝对的、在一切方面都善的，并且是一切善的东西的至上条件"①。好意志是为人根本，承载道德主体的根本价值。好意志本身具有绝对的价值，脱离外在的客

---

① ［德］康德：《实践理性批判》，邓晓芒译，人民出版社2013年版，第85页。

观经验、偏好情感而存在，不因结果的变化而受到影响，好意志体现人的自主、自尊和自立的根本价值。好意志作为道德行为的根本出发点，因自身的存在而有价值，作为道德行为的根本动机具有决定性，不管结果如何都是一种善，体现道德观念的义务论。康德认为每个人都有不同的偏好，因而不具有普遍性，无法作为道德普遍规律的来源，出于需求、偏好、同情等的行为都不能算是道德行为。需求和偏好是外在的经验附属物，无法成为道德行为的根本来源，沾染个人偏好与需求的行为不再是纯粹的善意志举动，即便是慈善家因为同情而做出帮助他人的举动也不能算作道德行为。道德的根本意义在于其是一种普遍意志，不管人们喜欢与否、需要与否，只有符合义务的要求才是真正的道德行为，义务只能来自道德主体的内心选择，而非外在的经验存在，所以道德最终是一种自律行为。

而道德客体则意味着道德行为的客观对象，受经验和现实环境影响，因为合乎经验的一切事物都难以摆脱偶然性的影响，所以来自外物影响的他律道德都具有特殊适用性，不是普遍的道德律。康德认为所有从经验角度探究道德基础的理论都只能适合特定情况，缺乏普遍适用性和说服力，只有从唯理主义出发才能确立普遍有效的道德哲学。"一切道德的概念所有的中心和起源都在于理性，完全无所待于经验，并且不特在于纯粹理论的理性，而且一样实实在在地在于人的极平常日用的理性。这些概念不能由任何经验的（即非必然的）只是抽象而得；就是因为它的起源这么纯洁，它才配做我们最高的实践原则。"① 道德规律必须具有普遍性，才能满足所有理性存在物的平等价值和地位，而经验性的偏好和情感只能作为他律的存在物对道德行为加以限制，不影响道德行为本身的价值属性，不管是什么偏好和结果，作为道德客体，只要道德主体从自身好意志的普遍道德律出发做出的行为就是道德行为。

在康德看来，绝对命令才是真的道德律，绝对命令意味着规则不以特定目标为目的，规则本身就是必须执行的理由。"它与行为的内容以及人的预期行为得到的结果无关，它只注意行为自身所从出的形式和原则。假如行为者的动机是好的，无论结果怎么样，行为根本上是好的。"② 从自由

---

① ［德］康德：《道德形上学探本》，唐钺译，商务印书馆 2012 年版，第 27 页。
② 同上书，第 33 页。

平等理性存在物的道德主体出发，排除经验需要情感偏好的外在影响，只有从普遍人类利益出发的才是真正的绝对命令，否则只是一个假言命令。唯一的绝对命令就是"只照你能够立志要它成为普遍规律的那个格准去行为"，除此之外的所有行为只能是偏好，不能归于道德行为的范畴。三个绝对命令是不可违抗的：一是一切理性存在物的意志出发点都具有普遍性，对一切人普遍适用；二是人性作为存在物具有客观目的性，有理性者是一切目的的主体，人只能作为目的不能作为工具；三是意志与实践理性通过每个人都有颁布普遍规律的意志得到调和。① 三个绝对命令可以归结为一句话，每个人都有从全人类出发制定普遍适用于全人类规律并普遍执行的理性，康德的绝对命令意味着每个人不仅为自己的行为进行道德立法，而且都有为全人类立法并执行的好意志，体现道德主体作为普遍理性存在物的独立价值和平等尊严。

然而，康德道德自律彰显了理性主体的尊严和价值，也有其难以克服的难点。仅仅考虑动机而忽视结果的行为原则，考虑先验的主观意志而忽视经验性的外界环境，缺乏对道德行为的直观认知和评判。对于现实中无心之失或者好心办坏事的行为，虽然可以一定程度上进行道德谴责，但是造成的伤害结果不能依靠康德式道德观加以评判。道德行为仅仅依靠自我立法的普遍意志难以对不良结果进行评价，因此还需要外在社会约束的惩戒手段，就像西季维克提出的，所作所为同样出自个人自由选择动机的圣人和恶棍，按照康德的道德观点很难做出明确的区别判断。② 总之，康德强调道德主体的纯粹自律缺乏牢固的现实经验根基，是一种脱离客观事实经验的抽象集合，"所以他最终只不过是把近代的形而上学的客观独断主义转变成了一种主观的独断主义，放弃了追问什么是自在自为的真理问题，因此无法达到真正的包含丰富规定性的统一"③。这种缺少现实经验根基的道德主体观，直接影响罗尔斯的道德主体概念，在正义稳定性的实现中体现理想主义的内涵。

---

① ［德］康德：《道德形上学探本》，唐钺译，商务印书馆 2012 年版，第 48—49 页。

② ［英］亨利·西季维克：《伦理学方法》，廖申白译，中国社会科学出版社 1993 年版，第524 页。

③ 赵协真：《试论康德对道德主体的规定》，《云南大学学报》（社会科学版）2009 年第1 期。

二　罗尔斯正义观念的道德主体

（一）自我先于目的

罗尔斯在公平式正义中继承发展了康德式道德观点，认为道德与否在本质上由道德主体自我立法决定，"人是一种自由、平等的理性存在物，当他的行为原则是作为对他的这一本性的可能是最准确的表现而被他选择时，他是在自律地行动的"①。与康德一样，罗尔斯认为作为公平的正义也是一种道义论，道义论意味着义务对于结果和目的的优先性，罗尔斯认为正义是社会结构的首要价值，意味着正义对于社会中的其他价值具有优先性，正义之外的效率、财富、幸福、文明都以正义为前提，一切有违公平正义的福利和幸福都没有价值。作为典型的道义论正义观，罗尔斯认为正当先于善，权利先于结果和目的，也就意味着道德主体本身相对于目的和结果的优先性。道德主体作为康德式的自由平等理性人，有着独立的选择能力和尊严，不管目的和结果是什么，选择能力从个人的理性出发，有着对全体人类立法的能力。自我对于目的的优先性意味着自我作为排除偶然性自然社会因素制约的存在物，选择的权利优先于一切经验的结果考虑，任何外在的事物都不得干涉。

自我与目的的优先关系反映着道德主体的本质属性。行为主体对行为意义而言具有优先性，目的由选择塑造，目的是自我意志选择的结果，蕴含在自我的本质中，内含"我选择成为什么样的人"的意志论观点，自我与目的的关系表现为自我可以根据个人的需求选择目的。另一种观点认为目的在社会活动中是更优先的存在，自我在不断认知和发现各种目的的过程中逐渐形成，自我的本质是接受目的引导的结果，内含"我被环境塑造成为什么样的人"的认知论观点。② 这种观点认为自我与目的之间是一个外界刺激与个体选择双重作用的过程。

自我对目的的优先性意味着自我的选择能力先于选择的结果和目的，目的由自我选择得出。"自我相对于其目的的优先性意味着，我不仅仅是经验所抛出的一连串目标、属性和目的的一个被动容器，并不简单地是环

---

① ［美］约翰·罗尔斯：《正义论》，何怀宏、何包钢、廖申白译，中国社会科学出版社2011年版，第251页。

② ［美］迈克尔·桑德尔：《自由主义与正义的局限》，万俊人等译，译林出版社2014年版，第75页。

境的怪异产物，而总是一个不可还原的、积极的、有意志的行为者，能从我的环境中分别出来，具有选择能力。"① 不管最终选择什么结果和目的，选择能力的正当或权利具有有限性。自由选择的正当性先于任何目的性的福利和欲望，个体的平等选择权利相对于各种偏好具有无条件性。作为公平的正义原则本质上是一种康德意义上的绝对命令，正义原则是一个人的行为选择的准则，因为行为体是自由平等理性的存在物，所以这个规律同样适用于所有的自由平等理性存在物。针对西季维克提出质疑的康德意志论话语中圣人和恶棍的生活都有可能同等地作为本体自我自由选择的结果，罗尔斯做出明确反驳，虽然恶棍和圣人都可能是完整的自我自由选择采取的行为结果，但是这只是表面的现象自我，实质情况是只有圣人才能体现自由、平等的理性存在物的本体自我，恶棍的选择已经违背自由、平等、理性等道德自我的预定价值。罗尔斯坚持康德道德主体传统的自我先于目的论，同时把圣人自由平等存在意志纳入自我的本质核心之中，包含一定程度的目的指向，对于自由选择进行了某种限定，并不是所有的自我选择都符合理性存在物的本质选择，是一种规范性的自我定性。

按照康德的观点，作为真正的自我，从普遍理性存在物的角度出发，一定会选择体现自由平等理性存在物的原则去行动，自我先于目的的内容体现着对真正自我本质与目的的内涵要求，自我的本质涉及"我是什么""人的本质是什么"等问题。自我由许多部分组成，需求、欲望、偏好、目的等，关于自我的理论需要区分"我是什么"与"我有什么"的问题，比如我的房子、车子属于"我有"的成分，我的意志、品格属于"我是什么"的范畴，但是有些偶然属性是否归为"我是什么"的范畴是自我本质的主要争议点。这里涉及的主要问题是环境在多大程度上影响自我的形成，以及自我的统一问题。康德从先验角度设置的自由平等理性存在作为自我的本质属性，是一个排除了外在经验的理性自我，罗尔斯主张通过借鉴休谟式的正义环境对康德的道义论进行改造，寻求阿基米德平衡支点。康德唯理论强调道德主体的规范理性，休谟经验论将感性情感作为人们的道德基础，罗尔斯致力于将二者协调在实现自我的同一性上。

（二）自我同一性

对于自我同一性（identity of self）或者自我认同（self‑identity），涉

---

① ［美］迈克尔·桑德尔：《自由主义与正义的局限》，万俊人等译，译林出版社 2014 年版，第 33 页。

及的是自我的本性在多大程度上受到经验环境影响的问题，康德主张先验
的道德主体作为一个完整的存在，而休谟则提出经验感觉促进自我的形
成。休谟认为，与其说人格同一是理性选择的固定结果，不如说自我是感
觉的集合，而且处在不断的流动之中，自我本身"只是那些以不能想象的
速度互相接续着，并处于永远流动和运动之中的直觉的集合体，或一束知
觉"①。人格同一性涉及的问题是如何证明某人是自己，因为万事万物无时
无刻不处于变化之中，人体的细胞组织也在不断地新陈代谢、交换更替，
人的偏好情感也随着人事环境发生改变，如何证明人格的一致性？休谟通
过各个部分一起参与共同目的来定义事物的同一，"各个部分一起参与的
共同目的，在一起变化之下始终保持同一，并使想象由物体的一种情况顺
利地推移到另一种情况"②。然而问题在于，如果各部分突然发生变化与分
离，人格的同一是否相应发生改变？休谟认为同一性来自观念的联系，主
要有三种方式形成观念的联合，分别是类似、时空和因果。同时也有相应
的问题，不同的人物不能因为模样相似而具有同一性，仅仅依靠类似不能
成为同一性的充分条件；时空的联系来自个人记忆的联系，然而也有可能
有失忆的情况发生，我们并不能因此说这个人失去人格的同一性；对于因
果关系导致的同一，如果一个人改变了性格和观念，我们依然相信此人具
有完整人格。所以人格的同一性并非只是知觉联系，而是通过想象结合而
成的观念集合，"同一性并非真正属于这些差异的知觉而加以结合的一种
东西，而只是我们所归于知觉的一种性质，我们之所以如此，那是因为当
我们反省这些知觉时，它们的观念就在想象中结合起来的缘故"③。同一性
来自观念的想象，自我的形成是观念塑造的结果，可见休谟的自我同一性
很大程度建立在观念的集合上。

面对休谟式自我同一性的质疑，罗尔斯正义观的道德主体重新树立康
德式道义论道德主体的内涵，实现自我与目的的统一。道义论道德主体的
主要观点是自我先于目的，要实现自我同一性需要梳理道德主体中自我与
目的的关系。"自我如何与其目的区分开来，以及自我如何形成其目的的
联系。如果没有前者，我们就剩下一个彻底情境化的主体；如果没有后

---

① ［英］休谟：《人性论》，曾晓平译，商务印书馆 2015 年版，第 278—279 页。
② 同上书，第 283 页。
③ 同上书，第 286 页。

者，则只剩下一个纯粹幽灵般的主体。"① 罗尔斯论证道义论中的道德主体，这种自我独立于自我的利益和目的而存在。道义论自我重新界定"我是"与"我有"，"我是"强调自我的本质属性，是一个先于经验影响的存在，而"我有"涉及我所占有的东西，道义论自我认为"我有"并不构成我的本质属性，反之认为"我有"属于本质自我的观点是一种占有型自我的典型特征，占有的观念意味着把越多的"我有"作为自我的本质，也就有越多的自我被物质占有。占有型自我将所有财产作为自我同一性构成部分，意味着拥有某些财产才能构成自我，如果失掉这些财产我将不是我，实际上把自我降低为情境化的产物。② 占有型自我将自我本质归结为所有物，结果把自我贬低为物质属性，与自我作为生命主体尊严和价值背道而驰，自我虽然可能占有多种物质，但是并不构成自我的本质属性。

　　罗尔斯认为自我同一性关系着自我与目的统一、个人与社会的联合，以及正当与善的一致。认知论正义观的自我界限是灵活的，自我与目的的关系根据外在经验环境变化而变化，自我的统一并不固定。按照休谟的说法，自我的统一实际很难维持，支配性目的有破坏个人自由和尊严的危险。目的论正义观认为社会中存在支配性的目的，是个人合理生活计划的固定选择，成为联系个人与社会、正当与善的桥梁，存在一个支配性的目的促进自我的逐渐构成，自我、目的统一体现在自我对于目的的实现过程中。罗尔斯支持一种保障个人尊严和自由的道义论的正义观，道义论正义观的自我界限是先验，自我先于目的，自我本身内含目的的选择权利和自由，正义观念本身包含自我的统一。道义论的正当与善的关系与目的论正好相反，目的论有一个支配性目的作为善的规范优先于正义的基本程序，而道义论则意味着正当对善的优先性，对于道德主体来说，自我与目的的关系颠倒了，即自我先于目的。罗尔斯正义稳定性反映在道德主体层面就是要解决这个难题，寻找到连接正当与善的阿基米德支点。

　　为解决这个问题，罗尔斯区分自由平等理性人的两种道德能力：一个是选择自己良善生活的能力；一个是遵循社会基本正义规范形成正义感的

---

　　① ［美］迈克尔·桑德尔：《自由主义与正义的局限》，万俊人等译，译林出版社2014年版，第70页。

　　② ［美］艾里希·弗洛姆：《占有还是存在》，李穆等译，世纪图书出版公司2015年版，第65页。

能力。"前者表现为一项合理的生活计划，后者表现为一种按照某种正当原则行为的起调节作用的欲望。"① 两种道德能力在正义稳定性的实现中分别对应公民的不同能力理性与合理性能力。个人追求合理生活计划是个人获取善观念能力的体现，获取优先性的正当性行动权利的能力是正义感的能力，道德主体的自我统一性与正义和善的一致性紧密关联。罗尔斯的道德主体的两种能力与他的整个正义理论相匹配，正义主体首先获取行为的权利，行动具有自由正当性，从而产生行为结果的进一步价值判断，也是善观念的判断，正当性先于善，是道德主体"自我先于目的"的直接反映。在正义的政治观念即政治自由主义理论的进一步完善中，罗尔斯更进一步区分作为政治自由主义公民的两种行为能力，善观念的能力代表了公民选择适合自己良善个人生活的理性自主（rational autonomy）能力，而正义感能力体现了公民参与政治生活遵循公共政治生活正义标准的合乎理性自主（reasonable autonomy）的能力，二者统一于道德主体对于正义稳定性问题的实现。

　　罗尔斯认为作为公平的正义观内含自我的统一，正义优先内含自我先于目的，自我作为理性的存在物，有选择自己目的的能力。正义程序是社会结构的优先内容，个人根据主体理性在正当规则的作用下，在选择合理生活计划的过程中逐渐形成自我的统一，体现个人在社会基本善的基础上对自己合理高级善的追求。"人格的统一表现为他的计划的一致性，这种统一建立在以符合他的正当和正义感的方式遵循合理选择原则这种更高级的欲望的基础之上。自我目的是慢慢地形成的，同时能够以正义允许的种种方式表达并遵循一项生活计划，从而塑造自我统一。"② 自我的统一一方面是以基本善为基础的正义主体被先验规定，目的是自我意志自由地选择结果；另一方面自我的统一又在基本善的基础上通过审慎构思、合理选择生活计划的高级善的过程中形成。罗尔斯正义理论道德主体的自我统一相应包含了正当与善的统一，基本善与高级善的统一，从正义规则出发达成个人合理生活计划的统一。康德道义论自我是先验的，休谟认为自我同一性是流动变化的，而罗尔斯的自我同一性既是内含于正义规则的先验存在，又是自我在选择合理生活计划的过程中塑造的。罗尔斯引入休谟自我

---

① ［美］约翰·罗尔斯：《正义论》，何怀宏、何包钢、廖申白译，中国社会科学出版社2011年版，第564页。
② 同上。

同一观点对于康德道义论先验自我同一的修正，实现这个修正的桥梁是原初状态。因为原初状态下的生存状况，自由平等理性存在物相互之间有一层无知之幕，彼此之间对于利益和目的相互冷淡，通过这样的条件限制，人们通过反思平衡正义的两个原则，两个原则作为程序正义的基本内容，人们在遵循正义规则的过程中选择自己合理生活计划就实现了自我的统一。

　　总之，罗尔斯一方面坚持康德式的道义论道德主体的整体构思，另一方面将个体的自我同一性纳入一种对于目的的选择和变化之中，道德主体集合了休谟式自我同一性内涵的康德式道义论主体，既包含了自我对于目的的选择和塑造维持自我尊严，又具有迎合环境变化的演进特点，努力建构一种兼顾二者的反思平衡。

第二节　自尊与正义稳定性

　　自尊与正义理论有着密切的关系，公正的根本目标就是保障个人的尊严，可以说，公正的前提和落脚点都是人的尊严。"假如每个人的尊严得不到保证，那么个人与个人的公正只能是一句空话。"① 当代西方政治哲学甚至把自尊当作个人权利的起始点，《世界人权宣言》强调人"承认与生俱来的尊严"，让人民生活得更有尊严也是我们党的重要目标。② 自尊问题也是罗尔斯公平式正义理论的一个重要概念，作为原初状态最重要的基本善，自尊问题是罗尔斯平等自由优先原则的重要标准，同时自尊问题在论证正义稳定性方面也发挥着重要作用。在当代社会，我们探讨正义越来越离不开对自尊问题的界定。实际上，自尊问题的内部也有着复杂的内涵，而自尊内涵和种类的界定，需要从尊重问题开始。

一　尊重与自尊

　　自尊的基本含义就是自我尊重，尊重的种类决定了自尊的种类。有学者区分两种人被当作尊重对象的情况。一种尊重被称为"承认的尊重"

---

① 俞吾金：《论尊严、公正观念产生的历史条件》，《马克思主义与现实》2011 年第 2 期。
② 顾肃：《尊严与公正的政治哲学思考》，《马克思主义与现实》2011 年第 2 期。

（recognition respect），具体内容是将人当作人来看待，考虑的是人作为人所具有的能够深思熟虑的倾向，无关乎个人品质高低的道德评价，仅仅是承认生而为人就可以在现实中具有的相应特殊行为能力的潜在可能性，这样的基础尊重是每个人作为行为主体本身应该得到的尊重。另一种自尊只针对某些特殊人群，以积极评价为基础的尊重，考虑的是个人卓越的特殊品质、对功绩的尊重，不仅考虑人们行为的结果，更关注人们可能采取某种行动的高水平倾向，有些人被预测可以实现某种行为，就比那些被认为无法实现的人们获取更高的评价，个人受到的尊重程度因人而异，被称为"评价的尊重"（appraisal recognition）。①"承认的尊重"是人作为人受到的最低限度的尊重，是人作为人应该受到的平等对待；而"评价的尊重"则是以每个人的不同品质和能力的评价为基础的，体现的是对不同卓越程度的人们的差别对待。虽然学者可以在理论上明确区分两种不同的尊重，实际上，作用到一个人身上，两种尊重很难做出严格的区分。一个人的存在，展现在他人面前的是一个完整的个体，既是作为平等的人可以自由做出各种选择的行为者，又是体现各种能力和品质的道德主体。然而，两种尊重的实现路径却并不完全相同。自身优秀而卓越的人获得更高的社会评价是顺理成章的事情，而在社会中得到评价更高的人获得更多的社会尊重也是理所当然的事情。前者体现的是个人存在的平等地位，后者显示的是个人能力、品质的差异表现，二者兼而有之，才是个人人格受到社会尊重的完整体现。

两种尊重反映到个人对自己的态度上，对应产生两种不同的自尊，第一种自尊是"承认的自尊"，无关于评价，而只是认识到自己作为权利和责任主体可以做出某项行动的选择的潜能，这种自尊是每个人不管品质如何、能力如何，都具有的最低限度的平等的自尊。而"评价的自尊"则取决于个人对自我能力和品质认识基础上的各种评价，自我评价的结果决定着个人评价自尊的水平，这种自尊的程度取决于每个人对自己能力和品质的不同认知，自我评价水平高的人相应拥有较高的自尊，代表着自尊的差异表现。而与自我评价产生紧密关联的则是社会中对一个人能力和价值的评判标准，也即评价的自尊不可避免地与社会中人们对某个人的评价相结

---

① Stephen L. Darwall, "Two Kinds of Respect", *Ethics*, Vol. 88, No. 1, 1977, p. 38.

合。另有学者称为"平等意识的自尊"和"优越意识的自尊"。① 一般而言，差异性的评价自尊是被学者们普遍认可的，比较有争议的是对于平等的承认自尊的态度问题。诺齐克明确指出自尊和嫉妒分别代表了人们差异性和平等性两种心理维度，嫉妒代表了人的平等倾向，而自尊只能是差异性的体现，"当所有人或几乎所有人都拥有某种东西或某种品质的时候，这种东西或品质就无法成为自尊的基础。自尊以有差别的特性为基础，这是它成为自尊的原因所在"②。平等的承认与其说是自尊的动机，不如说是嫉妒的来源，"有多少品质能引起别人的嫉妒，一个人就有多大的机会实现不同的自尊"③。我们认为，自尊的确更多体现的是个人的差异性评价，但是差异性评价的自尊也不能离开人们相互之间评判标准的共同承认，以及对人之为人的基本能力品质和价值的尊重，自尊问题的最初源头是相互尊重，共同承认的平等意识的自尊是必要的。

也有学者从主客观角度解读自尊的两种含义，一般通行的观点是自尊的主观含义，主要取决于个人对自己的态度，体现个人对自我价值的认可，这主要是心理学家关注的问题。而客观的自尊则主要是哲学家思考的内容，涉及一个人应该如何适当地评价自己，根本之处在于社会结构提供对人的尊严和价值的认可。主观的自尊是个人美德，但是不符合客观基本善的定义；客观的自尊是社会中的基本善，但是不能算是个人美德。④ 客观层面基本善的自尊，既包含人之为人的平等承认自尊，也包含人对自己能力、品质评价的自尊，总之都是以社会中人们普遍赞同的客观条件为基础的自尊。客观的自尊问题需要判断一个人对自己的评价是否合适，前提是社会中其他人是否对个人的行为保持尊重，人与人之间的互相尊重是个人自尊的前提和基础，涉及一个社会制度安排对人们赖以生存的物质条件提供支持，保障个人的权利和尊严，这种问题意识直接导向社会的正义制度安排。主观的心理自尊主要取决于自己对自己的评价，即便都是作为有血有肉的个体存在，有时候取得大致相同的

---

① 周治华：《罗尔斯的自尊概念：一个政治哲学史的视角》，《马克思主义与现实》2010年第3期。
② ［美］罗伯特·诺齐克：《无政府、国家和乌托邦》，姚大志译，中国社会科学出版社2014年版，第293页。
③ 同上书，第294页。
④ Stephen J. Massey, "Is Self–Respect a Moral or a Psychological Concept?", *Ethics*, Vol. 93, No. 2, 1983, pp. 247–248.

效果，不同的人也可以对自己做出不同的评价、产生不同的自尊，总之，起决定作用的主要是个人的心理感知和承受能力。主观层面的自尊则因人而异，主要是一个心理活动的范畴，与外在的社会正义制度没有直接关系。

实际上，"承认的自尊"仅仅是理论上的生而为人的平等尊严，联系到现实生活中，最低限度的尊严需要基本的物质条件加以保障。"评价的自尊"虽然是一种主观态度带来的自尊，但是评价标准也依赖于个人所体现的社会价值，也相应有着客观的社会基础。无论是任何人都具有的最低限度的"承认的自尊"，还是依赖于人们具有不同能力和特质差别的"评价的自尊"，都不是简单的个人心理的自我安慰，而是需要基本的社会资源的保障，需要建立在外在社会尊重的基础上。平等的承认自尊代表的是人这种道德主体对于自我选择能力的认可，这种基本权利指向的尊重是普遍特征的人权的重要内涵。而评价方面的差别自尊，涉及社会中不同的规范评价标准以及个人所具有的行为特质和占有的社会资源的尊重，又根据不同社会历史文化传统产生不同的评价标准。普遍的承认带来的人权方面的自尊以及不同社会文化反映的评价自尊，一方面表明了自尊内部不同种类和程度的固有张力，另一方面也说明了自尊不仅仅是个人的心理活动，而且需要外在社会政治、道德习俗的支撑。也就是说，自尊的获取不可避免地与社会的政治制度、道德生活产生密切联系，要保障个人自尊的实现，就需要外在正义制度和道德习俗作为支撑。由此，自尊问题的实现进入社会正义的分析背景之中，政治哲学领域的自尊问题主要关乎社会制度文化环境对人们尊严和价值的保障，一种基本的社会善，也是实现自尊的客观基础。如果仅仅考虑主观的心理层面的自尊问题，我们也经常称为自尊心，这种主要是自己对自己过分关注而产生的心理反应，同样一件事情自尊心强的人可能感受到更多的伤害，过分的心理反应并不是一件好事，过分的自尊心也不是一个好的心理现象。或者说自尊也可以区分"好自尊"与"坏自尊"，比如自尊心过强就是一种坏的自尊，当然我们通常说的自尊一般都是"好自尊"。① 自尊心的强弱主要是个人心理层面的问题，是多方面原因造成的，相较而言和社会正义没有直接的关系，也就不是本书考虑的重点。

---

① Robert J. Yanal, "Self - Esteem", *Noûs*, Vol. 21, No. 3, 1987, p. 364.

总之，自尊的结构，从理论的来源看，可以分为"承认的自尊"和"评价的自尊"；从现实的达成角度而言，又可以分为主观的自尊和客观的自尊。不管是"承认的自尊"还是"评价的自尊"，自尊的实现都既需要外在的客观物质基础，又有主观的内在心理感受，前者是政治哲学关注的问题，后者是心理学探究的内容。现代社会，人们越来越关注社会环境特别是制度环境对于保证个人自尊的重要意义，也即正义制度对于个人自尊的促进和实现。保障个人的自尊是评价一个社会制度的重要标准，让人们生活得有尊严、有价值，是一个国家社会制度安排义不容辞的责任。探究社会的正义问题，自尊问题成为一个重要的参照点。罗尔斯公平式正义理论就对自尊问题有着特别的重视，自尊不仅仅是简单的个人评价，而是设计一套完整的社会制度体系对人的价值和尊严的承认，彼此之间相互承认的尊重标准是获得自我尊严的基础。人们之间的相互尊重是个人实现自尊的前提，也是当代社会制度安排的一个重要理论前提。

尊重问题的前提是人们观点的潜在可能的不一致，尊重是对个体价值和行为权利的承认，如果大家持大致相同的观点和意见，人们之间的态度不是尊重，而是彼此支持、认可和赞同，共同进退，尊重预设了个体和人与人观点的差异，对于不同意见我们虽然不赞成也应该保持应有的尊重和理解。但是尊重本身又不是没有限度的，其他观点也不是都能够得到相同的尊重。违法犯罪的行为举止就不值得我们尊重。对不同意见的尊重是正义的前提条件，然后尊重又不是无条件施加的社会规范，也需要在正义的范围之内实现，在合法、合乎正义的基本规范的前提下，尊重才有其应有的价值体现，如此看来，尊重与正义的关系有一种循环论证的偏向。就像金里卡所说，任何一方为了捍卫自己的正义理论诉求对社会契约状况的解释，都是一种循环论证。①

正义问题指向尊重，实际上是权利正义观的内涵要求，这种权利又不是无条件的。正义依赖于对于尊重内涵的具体界定，不同的尊重内涵反映着不同的正义观念。尊重和正义何者优先，就好比自由和平等一样，是一个很难界定的理论关系。我们可以肯定的是，不同的正义观念定义不同的尊重内涵，不同的尊重内涵引导出不同的正义观念。罗尔斯政治自由主义

---

① ［加拿大］威尔·金里卡：《当代政治哲学》，刘莘译，上海三联书店 2004 年版，第128 页。

界定的正义是一种政治观念，主要强调的是政治制度规范下对于个人平等的权利和自由的尊重，正义可以在理论上划定出一个固有的政治领域作为指导空间，然而现实中尊重也却可以发生在生活的方方面面。亲人之间、朋友之间、同事之间，一方面可以认为尊重问题适用于远离政治领域的正义问题领域，另一方面也可以理解为广义的正义问题不只限于政治领域。正义问题的复杂性与尊重问题的复杂性是相互呼应的。由此，罗尔斯对于正义和尊重的界定是本书关注的重点。

二 罗尔斯自尊概念的内涵

自尊是罗尔斯公平式正义理论中的重要问题，作为原初状态中最重要的基本善，自尊对于罗尔斯这个理论体系的论证也有着至关重要的意义。罗尔斯对于自尊内涵的论述很有独创性，自尊是最重要的基本善，所以作为公平的正义两原则在原初状态的选择，即在论证正义两原则的可取性方面，自尊是一个重要的参照点。同时，在考察公平式正义原则在现实社会中的运行问题时，自尊的实现也是正义获取稳定性的重要指标。

罗尔斯在论证作为公平的正义的过程中，区分了两种善理论：一个是善的强理论，一个是善的弱理论。罗尔斯认为在原初状态的假设环境中存在一种弱意义的善，这种弱意义的善是人们选择正义原则的前提和基础。罗尔斯指出，正义观念的论证需要某种善理论作为基石，但是不同于其他规定善最终目的、内容的强理论，而是提出了一种作为其正义理论论证前提假设的善的弱理论。善的强理论是个人在正义原则的规范作用下根据个人合理生活计划最终追求的结果，正义原则对其内容不加以规定，而善的弱理论是罗尔斯论证正义原则的基础和前提，是个人在原初状态必不可少的基本善。① 基本善是人不管实现何种目标和价值都不可或缺的基础价值，虽然人们在原初状态处于一种无知之幕相互冷淡的环境下，但人们还是抱有一种基本的善观念，主要有人们对自己作为自由、平等理性存在物的基本认知，在个人价值意义上形成的自尊和自信，以及促进各自形成合理选择的偏好。在原初状态的环境下，虽然个体对于自己的最终目标和价值缺乏了解，但是可以意识到基本善越多越有助于实现个人合理生活计划之最

---

① ［美］约翰·罗尔斯：《正义论》，何怀宏、何包钢、廖申白译，中国社会科学出版社2011 年版，第 396 页。

终目的，并将努力提高这些价值作为人生进一步合理发展的基础，因而他们都有保护和争取更多基本善的欲望，基本善是实现最终完整善的前提条件。"理性的人们，无论他们还向往别的什么，总之把某种事物视为实现他们的生活计划的必要条件而追求，如其他条件相同，他们愿意选择较多的而不是较少的自由和机会，较大的而不是较小的财富和收入份额。"① 基本善又分为自然的基本善和社会的基本善，自然基本善有健康、经历、理智、想象力等，社会基本善主要有权利、自由、财富、自尊等。②

　　罗尔斯认为自尊是原初状态的基本善之一，而且是最重要的基本善，自尊主要有两个方面的内涵，"首先，它包括一个人对他自己的价值的感觉，以及他的善概念，他的生活计划值得努力去实现这样一个确定的信念；第二，就自尊总是在个人能力之内而言，自尊包含着对自己实现自己意图的能力的自信"③。自尊概念的两个内涵分别体现为个人追求价值和善观念的信念以及实现价值的能力的自信，信念和能力对于自尊来说缺一不可，如果没有个人价值的确定信念，个人的自尊没有方向，如果没有实现个人价值追求的能力的自信，个人的自尊缺少实现的路径。詹姆斯·津克（James R. Zink）指出，罗尔斯自尊概念的两个内容，一方面体现了个人重视自己生活计划的动机；另一方面拥有追求个人利益的信心。④ 自尊使我们内心认同做某件事情的意义和价值，去追求自己值得去做的事情，如果没有自尊，也就无法认识到做某件事的意义，也就没有什么是值得追求的。"没有自尊，那就没有什么事情是值得去做的，或者即便有些事值得去做，我们也缺乏追求它们的意志。那样，所有的欲望和活动就会变得虚无缥缈，我们就会陷入冷漠和犬儒主义。"⑤ 自尊所包含的对于个人能力的自信，指导我们实现达成目标的信心和能力，缺乏自尊，也就是缺乏实现意义和目标的自信。

　　自尊可以促进自我价值和善的感觉，其中又有两个方面的基本条件，

_____

　　① ［美］约翰·罗尔斯：《正义论》，何怀宏、何包钢、廖申白译，中国社会科学出版社2011年版，第396页。

　　② 同上书，第62页。

　　③ 同上书，第442页。

　　④ James R. Zink, "Reconsidering the Role of Self – Respect in Rawls's a Theory of Justice", *The Journal of Politics*, Vol. 73, No. 2, 2011, p. 332.

　　⑤ ［美］约翰·罗尔斯：《正义论》，何怀宏、何包钢、廖申白译，中国社会科学出版社2011年版，第442页。

一个是个人的理性生活计划（rational plans of life），特别是符合亚里士多德主义原则的计划，另一个是与我们享有同样自尊的其他人及所在社团的赞扬和肯定。① 津克将这两个条件看作罗尔斯自尊概念的两个维度，即地位（status）和主体相涉（agent – relative），自尊依赖于他人的肯定和赞扬，与地位维度相对，个人合理的生活计划相当于主体相涉的维度。② 个人理性生活计划对个人自尊的意义在于，能够激发个人的自我满足感，使人体验到个人的目标是理性和有价值的。针对理性和有趣的生活计划，罗尔斯强调一种亚里士多德主义原则，主要含义是，在条件相同的情况下，人们总是以已有的能力为享受，并倾向于促进该能力的更复杂程度的发展，具体内容体现为三个方面：第一，享受和快乐体现为一种运用能力的快乐；第二，自然力量的运用是一种善；第三，更值得向往的活动和快乐总是与更复杂的区分和更大能力的运用相联系。③ 亚里士多德主义原则的个人合理生活计划属于主体相涉，即不管他人如何看待，只要个体感受到自己理性计划的意义，个人就产生一定自尊的基础，属于主观的心理层面的自尊。但是另一方面，自尊又依赖其他人对自己价值的评价，主要是积极意义的肯定和尊敬，自尊不能脱离其他人的目光，必然要受到客观的社会地位的影响。他人的肯定既可以是对个体作为道德主体权利的平等承认，又包含对人们具有不同能力和特质的差别评价，不同在于前者是制度背景关注的重点，而后者主要受制度以外的社会文化影响，总之都是外在的客观自尊。罗尔斯正义理论的重点在于从社会制度角度维护个人自尊，体现其对人们之间共有的客观承认自尊的强调。

可见，罗尔斯对于自尊内涵的界定与上文论述的自尊分类相对应，个人定义理性生活计划主要是主观心理层面因人而异的自尊，而与他人肯定和赞扬的直接相关与外在正义制度环境有着密切关系的是社会客观基础的自尊。前者主要是个人生活领域，后者归属公共领域。与社会制度紧密联系的是平等的承认自尊，也是罗尔斯公平式正义原则重点关注的自尊内

---

① ［美］约翰·罗尔斯：《正义论》，何怀宏、何包钢、廖申白译，中国社会科学出版社2011年版，第443页。

② James R. Zink, "Reconsidering the Role of Self – Respect in Rawls's a Theory of Justice", *The Journal of Politics*, Vol. 73, No. 2, 2011, pp. 331 – 344.

③ ［美］约翰·罗尔斯：《正义论》，何怀宏、何包钢、廖申白译，中国社会科学出版社2011年版，第428页。

涵，公平式正义可以促进自尊的实现，也是罗尔斯论证公平式正义比其他正义理论更具有正义稳定性的主要思路。罗尔斯的正义出发点是保障个人的自尊，正义动机体现在维护行为者的自尊和利益上，体现了道德价值的利己内涵，① 这也是布莱恩·巴里称其为作为互利的正义的主要内容，正义旨在互利性社会安排中履行相应职责，其中互惠性是社会正义的核心要素。② 罗尔斯坚持道德金律"己所不欲勿施于人"的相互性，把相互交往的人们都当作目的而非手段，自尊也是互惠性的自我支持。从道德主体自尊视角出发培养正义感不同于功利主义"同情的观察者"形象，"而是从当事者自身的地位来定义公平"③，这样的好处是更能在道德主体的心中形成与切身心理感受更加紧密的联系。

三 自尊问题与正义稳定性

通过以上的论证我们发现，罗尔斯正义两原则对于自尊的维护并不充分，津克指出，与其说自尊是罗尔斯正义两原则的论证结果，不如作为正义稳定性的规范指标更有说服力。④ 罗尔斯认为最重要的基本善，拥有相互尊重维度以及个人生活价值维度的自尊，对于罗尔斯正义理论稳定性的论证是必不可少的因素，罗尔斯正义的稳定性在个人层面主要有两个方面，一个是组织良好社会里面社会成员获得正义感的问题，一个是正义感与个人善观念一致的问题，自尊在正义原则到正义稳定性过程中架起了重要的桥梁作用。自尊是形成正义稳定性的必要个人动机，正义稳定性一方面需要正义观念本身的合理有效，另一方面依赖于正义观念激发人们内心的强烈认同即正义感，只有满足这两个条件的正义原则才能够形成正义的稳定性。

在形成正义观念与善观念一致的稳定过程中，个人自尊的动机占有十分重要地位。罗尔斯比较差别原则与功利主义原则更有助于个人自尊的形

---

① ［德］叔本华：《叔本华论道德与自由》，韦启昌译，上海世纪出版集团 2006 年版，第134 页。

② ［美］布莱恩·巴里：《正义诸理论》，孙晓春、曹海军译，吉林人民出版社 2011 年版，第 404 页。

③ ［美］约翰·罗尔斯：《正义论》，何怀宏、何包钢、廖申白译，中国社会科学出版社 2011 年版，第 188 页。

④ James R. Zink, "Reconsidering the Role of Self - Respect in Rawls's a Theory of Justice", *The Journal of Politics*, Vol. 73, No. 2, 2011, p. 331.

成，功利主义原则的目标是最大多数人的最大利益，个人的地位和价值被降为这个整体目标的附庸，会贬低个人自尊的价值感，而比较差别原则旨在尊重每个自由平等理性的个人的基础上形成互惠合作的社会联合。罗尔斯指出："最稳定的正义观念，可能就是一种对我们理性来说是明晰的、和我们的善一致的并且植根于一种自我肯定而不是克制的正义观念。"① 相比较而言，功利主义把人既作为目的又作为手段来对待，而且在道德教育中强调同情和仁爱的作用，而同情和仁爱都是较为高级的道德要求，一旦培养不成，正义观念就有被动摇的危险。功利主义原则内含的为大多数利益而牺牲个人利益的契约承诺的强度（the strains of commitment）会伤害个人自尊，会导致正义的不稳定。而强调自尊则不一样，自尊是从个体的价值感出发，依赖于社会成员之间的相互尊重，最后的落脚点也是个体自我价值的实现，有着稳固的心理基础，按照心理学法则，"人们倾向于热爱、珍惜和支持所有肯定他们自己的善的东西"②。

自尊对于自我价值的认可，对于彼此之间相互尊重基础上形成合力合作的秩序良好社会，充分体现自我效能感和自我肯定的价值取向，对于形成稳定正义观念具有不可替代的作用。自尊既要求外部环境基本制度平等的自由和权利为保障，又内在要求我们内心深处对彼此之间的尊重和肯定，充分认可个人价值；既要求增加社会集体善的总量，又旨在不断减少不稳定因素的增加，在这个过程中自尊架构起个人生活计划与社会集体目标紧密相连的桥梁。一方面实现个人合理计划的善观念，另一方面是良好秩序社会的正义规范，社会观念的外在要求内化为个人对于自尊的认可，以此来塑造稳定的正义观念。"个体意识到制度规则能够支持人们在相关环境中追求个人的生活计划并获得自尊，所以他们遵从正义规则的愿望成为调节性的。"③ 对于个人生活计划的追求通过人与人之间的相互尊重社会合作目标联系在一起，也就是通过自尊将正义观念与善观念紧密联系在一起。

自尊在个人正义感的形成过程中发挥着重要作用。罗尔斯提出的道德

① ［美］约翰·罗尔斯：《正义论》，何怀宏、何包钢、廖申白译，中国社会科学出版社2011年版，第501页。
② 同上书，第176页。
③ James R. Zink, "Reconsidering the Role of Self – Respect in Rawls's a Theory of Justice", *The Journal of Politics*, Vol. 73, No. 2, 2011, p. 341.

稳定或心理稳定是一个极具特色的概念，① "当一种正义观通过社会体系的实现得到了公开承认，并由此带来了相应的正义感时，这种正义感是稳定的"②。可以说罗尔斯正义观念稳定性的最终目标是形成稳定的正义感。正义感是人对于正义观念的心理感受和动机，而自尊是个人对于自我价值心理感受的集中体现，自尊对于正义感的形成，对于个人产生正义观念的稳定认同，将产生必要的作用力，这个过程的实现主要依赖于罗尔斯对道德心理法则和人类动机的探究。罗尔斯在正义感的形成过程中主要论述了三个道德心理法则：第一法则在家庭中通过感受父母之爱对父母道德权威的遵从；第二法则是在第一法则基础上形成的依恋关系履行义务之后发展同社团中其他人的友好关系；第三法则是在第一、第二法则的基础上形成的同情能力，进一步扩展成为对于抽象道德法则的认同，即个体经过家庭、社团、抽象道德原则三个过程，逐步形成对于整体社会良序运转的制度法规的接受并内化为相应的正义感。③ 三个道德心理法则揭示了个人道德观念的形成过程，正义是一种道德观念，正义感的形成同样遵循三个步骤的道德法则。三个道德法则分别对应道德来源的权威道德人物、基于社会合作的外在的道德规范以及对内心抽象道德法则的坚守，最终的内心道德法则针对正义规范而言就是形成个人的正义感。道德观念的形成过程也是个人道德能力的学习过程，在罗尔斯正当先于善、正义社会制度的首要价值的前提预设的背景下，正义感也成为外在正义观念内化为个人动机的结果。正义感是人们心甘情愿遵从正义观念的心理动机，在这个过程中自尊起到重要的推动作用。在家庭环境中，最初权威道德人物父母的关爱和依恋赋予个人自尊成长的土壤，父母对于孩子的尊重使孩子产生个人价值的萌芽，孩子对父母的道德权威产生认可。进入社会，彼此之间的互利合作的需求与相互之间的尊重结伴而生，社会给予个人以尊重，个人对社会规范产生信任，自尊与相互尊重结伴而生。在秩序良好的社会中，互利合作是人们追求共同善的必要途径，合作中人们相互认可使人们共同遵循正义制度和法则，进而内化成为个人的心理需求从而形成正义感。自尊具有个

---

① George Klosko, "Rawls's Argument from Political Stability", *Columbia Law Review*, Vol. 94, No. 6, 1994, p.1885.

② ［美］约翰·罗尔斯：《正义论》，何怀宏、何包钢、廖申白译，中国社会科学出版社2011年版，第75页。

③ 同上书，第492—493页。

人价值和相互尊重两个维度，正义感包含着个人对于其他人遵守正义规范的相互性期待，以及正义观念内化为个人内心认同两个方面。针对正义感的形成，如果没有社会成员对于正义观念的共同遵守，正义观念很难成为个人独自坚守的原则；如果没能发展成为个人的内心认同，也不会形成稳定有效的正义感。只有满足相互遵守正义观念的前提，并且内化为个人的心理动机，正义观念才能内化为个人的正义感。要想形成稳定的正义感，成员需要意识到只有共同遵守正义规范，才能获得彼此的互相尊重，才能实现有效正义原则对维护个人权利和自由的保障。自由平等原则是体现个人价值的制度背景，公平平等机会原则为个人价值发挥提供公平竞争环境，差别原则的惠利为弱势群体的自尊提供补偿，共同促进个人自尊将公平式正义观念内化为个人道德动机的实现。自尊是正义稳定性的必要条件，但是并不意味着没有自尊就没有正义观。① 正义观是外在的制度背景，没有自尊的人也可以认识到外在强制规范的约束，但是缺乏自尊价值感则意味着人们对政治观念的遵从只是被动执行正义观念，并没有产生内在的心理认同，人们并非心甘情愿对正义规范进行遵循，会带来正义的不稳定。

综上所述，自尊概念贯穿于罗尔斯正义理论基本原则之中，平等的自由原则为自尊的平等实现提供制度支持，公平平等机会为相同天赋和意志、品质的人们形成相当的自尊提供社会条件，差别原则偏向于社会中不利者使其自尊免于社会地位不平等的破坏。罗尔斯致力于树立一种进步完美的自尊标杆来论证正义原则的合理有效，但是不可否认罗尔斯建构的正义原则论证中的自尊概念过于完美，缺少对现实情况的经验考察。如果从罗尔斯对正义稳定性的角度理解自尊，则可以发现自尊概念不可或缺的独特地位。自尊是罗尔斯在原初状态假设中的最重要的基本善，在正义原则形成稳定的正义观念的过程中也占据着独一无二的地位。从正义稳定性的角度来看，自尊既有对于正义感的形成的促进作用，又有对于正义观念与个人善观念相一致的论证。自尊对于促进正义感形成所起到的作用体现在道德法则的发展过程中，自尊对于正义观念与善观念相一致的论证中，集合了个人目标与社会目标的联系。从自尊对正义原则论证合理性作用到自

---

① James R. Zink, "Reconsidering the Role of Self‐Respect in Rawls's a Theory of Justice", *The Journal of Politics*, Vol. 73, No. 2, 2011, p. 339.

尊成为正义稳定性必要条件的转移，也可以发现罗尔斯论证重点从正义原则向正义稳定性的转向。罗尔斯正义稳定性的心理层面的核心问题在于个体形成正义感，而形成正义感的首要要求是正义规范对个体价值的尊重以及个体从相应的正义规范中获取的自尊支持。正义规范促使人们形成道德情感的核心在于对个体作为道德主体的尊重，个体形成正义稳定性的根本要求在于个体通过正义规范获得足够多的自尊以促进正义感的形成。正义规范对个体的尊重以及个体从中获取的强烈自尊，是正义规范形成稳定性的两方面作用因素。

第三节　幸福与正义稳定性

一　幸福的内涵

幸福是每个人渴求的人生目标，对于幸福伦理问题的诠释，思想史领域的论述可谓汗牛充栋，最具代表性的学说来自亚里士多德，根据亚里士多德对于人生幸福目标的基本概括，幸福就是目的善的达成，是人生的终极价值追求。亚里士多德认为，人的所有活动都追求一个固定的善目标，而人的实践活动以及政治学追求的最高目标是幸福，幸福主要是一种在城邦中有德性的沉思生活。这种幸福生活对于一个人来说，不是简单的欲望满足之后的快乐，而是既追求知性的乐趣，又追求一种具有美德的生活，从而实现一种知识与道德的结合，在"知识即美德"的语境下追求智慧人生的目的。①

进一步而言，赵汀阳指出，作为伦理学的根本问题，幸福需要遵循一定的公理，即一个人的行为本身自成目的，前提是自由选择的人生目标，通过自发行动试图达成具有自足价值的结果。具体操作上需要尽可能发挥人们的主观创造性，单调重复的僵化行为或者过于简单、缺乏挑战的粗浅感官体验无法带来幸福感受。幸福应当在实现过程中能够满足人们能力的发挥，同时效果上具有创造的给予性，通过手段和结果表达对人自我价值的肯定，获取美好的心理感受，实现美好的人际关系与美好生活的必要条

---

① ［古希腊］亚里士多德：《尼各马可伦理学》，廖申白译注，商务印书馆 2003 年版，第 3—12 页。

件，这样的行为活动才会给人带来幸福。①

总之，幸福与人生目标的确立密切相关，作为人生目标善的幸福，需要人们确立有价值的人生。幸福的达成首先需要实现人生目标善的确定性，有明确对于生活意义的价值排序。同时，幸福依赖于个人能力、价值的体现，在实现目标的过程中，人的能力得到最大限度的发挥与施展，在实现目标过程中具有操作的创造性体验，追求目的的实现与达成经历，体现人们的幸福指数。最后，幸福结果的达成需要能够为人们提供给予性的满足感，体现对于自我价值的肯定与认可。

二　正义社会的幸福目标

正义关乎社会基本结构，主要涉及制度对于权利、义务的分配。幸福是人生活的终极目标，关乎个人生活体验感受，因此也是正义社会的目标，二者都是人类社会生活的根本价值追求。赵汀阳认为，只有幸福和公正是伦理学的根本问题，可以成为普遍问题的合法性论证，其他价值都只适用于特定的情境之中，需要以幸福和公正这样的伦理学根本问题作为标准进行考察。② 幸福是个人价值的生活内涵的最终意义，是个人生活的真正动力，虽然不同的人们对幸福可以有不同解释，但是都指向终极生活意义这个根本价值，而公正用于调节不同个体幸福，因此是伦理学两个根本问题。

幸福是个人价值的生活内涵的最终意义，是伦理学考察个体生活的根本意义所在，是超脱情境性存在的绝对命令，是每个人不可逃避的终极问题。而公正社会则关注资源匮乏背景下不同人的幸福关系，指导人类社会关系中不同人对于幸福生活的各种追求。个人幸福意味着个人有合理生活目标指示生活的意义，同时外在环境以及个人能力作为主客观条件可以支撑人生目标的实现，主观能力的达成虽然有个人天赋资质的差异，很大程度上也是个人接受社会教化的结果，而外部社会环境的支撑也是人们发挥个人才能的必要条件，这些都依赖正义制度环境支撑下个人的能力培养与才能发挥，依赖于公平正义社会的建设与完善，因此正义社会是促进人们幸福目标实现的社会。

---

① 赵汀阳：《论可能生活》，中国人民大学出版社 2004 年版，第 159—161 页。
② 赵汀阳：《论可能生活》，中国人民大学出版社 2004 年版，第 171 页。

　　幸福内涵意味着个人的自由活动以及能力特长的发挥，由此获得自我价值实现的满足感。进一步而言，每个人的幸福都要以他人的存在为前提，个人追求自由创造性的生活意义，没有他人存在见证的个体生活也将失去意义，良好的相互社会交往也是个人幸福目标的应有内容。人的存在意义不仅是有独特意义个体的生存，维持自我个性，保证自己与其他人具有特色鲜明的差异性，同时还需要维持与社会的联结，既要保证个体的独立存在价值，也需要维护社会联系的纽带，需要他人见证个人的独特印记，是个人获取满足幸福感的必要条件。[①] 公正就是保证每个人获得创造幸福生活所需的物质条件和社会条件的必要生活制度，不公正的利益争夺会损害个体创造幸福生活的机会和条件，阻碍个体对幸福生活的获取。[②] 一个正义的社会应当是促进人们实现幸福人生目标的社会，而不正义的社会无疑会阻碍人们对于幸福生活的追求。因此，作为人们伦理价值的根本追求，人生幸福目标的实现需要社会正义制度的保障，而满足个人获得幸福的社会也是促进公平正义实现的社会。

三　正义稳定的幸福意义

　　幸福是人生活的终极目标和意义，幸福指向人生目的，也是正义社会追求的目标，而正义感也是正义稳定性的目的，因而人生幸福也可以促进正义社会的稳定性。罗尔斯在《正义论》中以亚里士多德主义原则为指导，将幸福问题放在正义目的部分加以讨论，反映了个人幸福目标对于实现正义稳定的促进。

　　具体而言，幸福与人的合理生活计划善的完成密切相关，当一个人能够根据恰当情景制订合理的生活计划，并且成功实现计划时，他是快乐幸福的，虽然这个过程总在一定程度上带有好运气的成分，但归根结底是人们合理生活计划与人生目标的达成。合理生活计划的制订与实施遵循如下原则：有效手段原则、蕴涵原则、较大可能性原则，特别是蕴涵原则认为，一个人的幸福程度部分地取决于他的目标被实现的比例以及实现程度，人生合理计划的实现遵循亚里士多德主义原则，复杂程度越高，个人

---

　　① ［美］理查德·罗蒂：《偶然、反讽与团结》，徐文瑞译，商务印书馆 2005 年版，第 39—40 页。

　　② 赵汀阳：《论可能生活》，中国人民大学出版社 2004 年版，第 166—168 页。

能力被实现的越多，得到的享受越多，也就越促进人们的幸福。从中，我们看到了亚里士多德幸福观的集中体现，这种幸福不是简单的动物属性的满足，不是以欲望、利益为代表的外在物质需求的满足，虽然人的生存生活必然离不开这些条件，但更重要的是遵循追求目的生活的达成，实现审慎的思辨以及合理生活善目标的一致性。①

正义感的获取同样需要人们的心理认同，拥有人们认同的正义社会才能获得稳定意义。幸福是一种强烈的个人感受，幸福的实现需要人们的心理认同，从自尊自爱到正直正派的人生观，是正义感的生长土壤，浑浑噩噩、麻木无情的人们往往也很难形成稳定的正义感。因此，正义稳定问题需要以保障个人幸福意义为前提，能够促进实现个人幸福生活的正义规范相应而言更具有稳定意义。

罗尔斯认为正当先于善意味着自我先于目的，作为公平的正义观念不需要优先规定社会具体目的，自我同一性体现在遵守正义程序的基础上人们对自己合理生活计划的追求。人们都要有所追求，目的论认为人们都追求一种具体目标的幸福和快乐，而道义论否认具体支配性目的的存在，认为追求本身就是一种幸福，人们的价值优先体现为追求过程中本身的选择能力。"圣者们和英雄以及在意图中承认正当和正义的约束的人们，当他们的计划成功地实现时，他们事实上是幸福的。虽然他们不追求幸福，但他们在实现正义的要求和他人的幸福时，或在获得他们所仰慕的美德时，却是幸福的。"② 道义论认为先验的道德主体本身包含了主要价值取向，道德主体有着独立的能力和尊严，只要按照某种程序行事，做出合理选择本身的行为就能够带来幸福，不依赖最终导致的具体结果，不管什么结果只要体现了个人的尊严以及选择能力的自由，就能够实现自我本身的统一和对目的的优先。通过对道德主体选择能力的重视，实现了对个体尊严自由及正当权利的保障，同时尊重个人的合理选择，也是对人们追求幸福和福利的认可，虽然并没有规定支配性目的的具体内容，仍然保障了人们对于高级善的追求，实现了正当与善的统一。

总而言之，罗尔斯道德主体的特征是自由平等的理性人，道德平等是

---

① ［美］约翰·罗尔斯：《正义论》，何怀宏、何包钢、廖申白译，中国社会科学出版社2011年版，第410—415页。

② 同上书，第554页。

道德主体的本质特征，具体体现为"人本身就是目的"的尊严价值，正义出发点首要的是道德主体的自尊，实现正义也即实现人的尊严和价值问题，正义稳定性得到的目标指向自尊与幸福目标的获取，自尊体现个人基本价值追求的出发点，幸福体现在对于人生完整价值的实现中，以此保障个人实现自由选择的良善生活。正义稳定性目标的实现对应行为主体分别处理个人善和公共正义的两种道德能力，个人善的选择来自道德规范的心理学建设，由于道德规范缺乏外在的强制手段，落脚点主要是一种内在的自律。要获取正义稳定性还需要公共正义目标的确立，表现为制度正义的政治目标建构，也就是我们下一章要探讨的内容。

第四章

正义稳定性的政治建构

在罗尔斯法权正义观中，正义作为政治制度的首要美德，合法期望先于道德应得，正义的主题是社会基本结构，正义的实现首先依赖于政治制度对于公平正义标准的规范和实现。正义稳定性的心理基础并非无源之水，而是需要外在强制性的政治制度建构，正义观念在政治层面的表现是国家政权权威力量的集中体现，是正义具有强制约束力的他律，界定政治制度的强制性范畴也是正义政治稳定性的应有之意。

第一节　罗尔斯政治建构的具体内容

一　政治价值优先性

罗尔斯正义稳定性在政治层面主要涉及制度的规划和建构，在罗尔斯法权正义观看来，正义是社会制度的首要价值，对个体权利的尊重先于目的论善的追求，社会的基本结构是正义的首要主题，因此法权制度正义的界定成为实现社会正义的优先考虑，制度保障、法制规范是实现正义的必经之路。一个制度的建构需要考察正当性（legitimacy）问题，需要获取人们的民主同意，特别是在多元价值论背景下达成何种共识以及如何达成共识，关乎制度建构的根本问题，具体内容分歧在于重叠共识与宪法共识，以及公共理性在达成宪政民主的正义共识的过程中所起到的作用。只有获取正当性的制度才能稳固地保障分配正义的实现。不管获取怎样的正当性和共识，实现社会正义依赖的外在制度建构都离不开强制力量的运用，关键在于如何对不可避免的强制力量进行规范和限制。在罗尔斯区分的合乎情理的多元论以及一般多元论的事实之间，分别对应自由平等理性公民获得正义感与感知整全性善的能力，合乎情理的多元论可以得到允许，而具有压制性的整全性善则不被允许。罗尔斯正义稳定性的政治层面体现了罗尔斯政治哲学的现实转向，从一套正义伦理的提出到正义理论指导实践建构具体正义制度关注点的转移，政治层面的稳定性更具体地考虑公平式正义的可行性问题，对于正义的实现有着更现实的指导意义。

二 政治建构主义

政治建构主义是罗尔斯政治哲学的基本概括，意味着其正义的政治观念的理论渊源直接来自罗尔斯政治性内容的建构，包括政治价值与建构主义两个方面，政治价值是正义稳定性的基础内容，而建构主义来自康德式道德哲学传统，意味着并不是所有的内容都是建构的，建构的内容主要局限在政治价值层面上，"在一些较实际的意义上讲，只有具体规定着政治正当和政治正义内容的那些实质性原则才是被建构的"①。罗尔斯的政治建构脱胎于西方传统道德价值建构思路，特别是康德道德建构主义对于罗尔斯的理论创立提供了直接的思想素材，政治建构不同于道德建构之处在于价值内容本身的限定性内涵。建构的不是整全性的价值规范，而是限于政治价值和规范的非整全性哲学内容。通过政治层面的价值整全代替全面的道德层面的价值整合，罗尔斯通过政治建构主义获得正义在政治层面的稳定性，由此创立政治自由主义的根本思路。

三 政治自由主义

罗尔斯建构的正义的政治观念本质上就是一种政治自由主义。政治自由主义不同于全面的自由主义学说，而是政治价值层面的自由主义。西方思想史上，自由主义的代表人物不可胜数，从自由主义之父洛克开始便形成通过个人权利节制政府权力的基本理论思考，到康德绝对化自由主义道德自律的深刻诠释，到密尔试图调和功利主义与自由主义的综合性思路，再到伯林区分积极自由与消极自由的尝试性理论深化，都彰显了西方自由主义思潮久盛不衰的巨大魅力。

罗尔斯的政治自由主义是当代西方自由主义发展的综合性成果，体现了自由主义思想家对于个人权利的高度重视，以及坚持政治与道德相互分

① ［美］约翰·罗尔斯：《政治自由主义》，万俊人等译，译林出版社2013年版，第96页。

离的基本思路，更表明了罗尔斯对于解决当代多元社会中众多不可调和价值矛盾冲突的努力。虽然传统自由主义也重视政治价值和权利的斗争，特别在坚持个人权利对于政府权力而言具有优先性方面有着深刻的思想传统，然而其在维护个人权利对于政府权力而言具有全面压倒性方面的终极目标性质，也遭到了不少学者的质疑。不同于最终目的指向社会中全面发展的个人权利的传统自由主义的整全性思路，罗尔斯将政治自由主义局限在政治价值领域，与道德价值相互区分，不提倡以具体的道德规范作为政治生活的最终价值，而是认为在满足了一定规范、程序的政治社会生活的具体安排之后，不管形成什么样的道德价值都是合乎政治自由主义的具体内容。罗尔斯将政治价值从终极道德价值中切割出来，是其政治自由主义的创新之处，政治自由主义体现其对于公平正义规范程序与规则共识的强调，以此实现其正义稳定性的政治转向。

第二节　正义观念的政治稳定性与政治正当性

正当性（legitimacy）问题是当代西方政治哲学的重要内容。正当性问题与正义问题密切相关，正当性主要关于"谁说了算"，而正义则是"谁得到了什么"。① 正当性主要关心的是政治权力的来源问题，国家、政府存在的必要性问题，涉及人们接受政治权力的原因和道德基础，解决的是人们为什么选择这个政治制度而不是其他制度，为什么选择这个人掌握政治权力的运行而不是其他人，主要解决政治权力被民众接受的可能性问题。正义问题主要是权力的运行过程中是否带来了公平，权力的来源先于权力的运行，因而在逻辑上正当性优先于正义。而且，正义更多涉及社会中资源的分配方式以及结果，而正当性更深入涉及政治权力本身的基础问题，所以正当性是比正义更为根本性的问题。研究正义问题也会涉及正当性问题的探讨，特别是现代后期，西方民主浪潮的进一步发展，在威权政治模式与民主化的共存中，政权的正当性基础问题更成为人们关注的焦点。对正义稳定性的探究离不开对政权正当性问题的研究。

---

① ［英］乔纳森·沃尔夫：《政治哲学导论》，王涛、赵荣华、陈任博译，吉林出版集团有限责任公司 2009 年版，第 1 页。

一　正当性与证成性、合法性概念辨析

正当性（legitimacy）与证成性（justification）、合法性（legality）两个概念具有一定程度的相似性，在政治哲学领域容易产生混淆，因而，在探讨正当性内容之前需要区分相关概念。

（一）正当性与证成性

证成性与正当性是相对来说更容易混淆的概念，学者一般情况下在使用上也没有严格的区分，其中就包括罗尔斯。为了更好地研究正义观念的稳定性，我们有必要对二者做一下简单的梳理。

拉兹在《自由的基础》中虽然没有明确区分证成性与正当性概念的不同，但是在论述过程中明确指出了二者的差异，即证成性涉及权威的规范论证，属于一般性的理论问题，而正当性则主要是实际权威的运行状况，归属现实政权的评价问题。拉兹认为用政治权威的证成性来说明政治权威的正当性是不够的，权威的正当性应该指的是实际权威的正当，因为权威的正当性很大程度上依赖于现有权威实际解决面临的各种问题以及把人们从囚徒困境中解脱出来的能力。[①] 正当性问题涉及政治权威施行过程中个人对政治共同体的同意和认同问题，这是证成性不能解释的。对于证成性与正当性加以明确区分的是西蒙斯（Simmons），他在其论文《证成性与正当性》（"Justification and Legitimacy"）中指出，两个词的混淆主要源自西方思想观念的演进。西蒙斯比较两种正当性传统的来源，即洛克开创的以实际同意为基础的正当性与康德确立的以假设同意为基础的道德证成作为正当性来源的两条路径，并表示对于洛克传统的支持，康德传统对正当性的探讨实际上混淆了正当性，西蒙斯认为对二者进行区分有其必要性，而且支持洛克的实际同意作为正当性基础。[②] 国内集中探讨证成性与正当性区分的是周濂的《现代政治的正当性基础》。周濂结合施密茨、阿伦特与西蒙斯等人的观点总结出证成性与正当性的不同内涵，概念上而言，证成性是"前瞻性"视角的"目的论进路"，而正当性是"回溯性"视角的"发生的进路"；观念内容上，国家证成性所追问的是"为什么需要国家"，

---

① Joseph Raz, *The Morality of Freedom*, Oxford: Oxford University Press, 1986, p. 56.

② A. John Simmons, "Justification and Legitimacy", *Ethics*, Vol. 109, No. 7, 1999, pp. 739 – 771.

而国家正当性追问的是"国家如何产生的"。① 周濂据此提出现代正当性基础正在经历从洛克传统向康德传统的转移，而且是一个未完成的过程。②

我们认为，证成性与正当性确实需要区别看待，虽然二者都需要政治方面的道德因素，都要考虑政治权力的道德成分，但是二者也有不同之处。政治权威的证成性主要指的是一套理论本身的完整性与说服力，这种论证结果的达成并不要求现实人们的接受和认可，证成性讲究的是理论本身的完善与统一，主要从规范意义角度探讨政治权力的形成与论证。而正当性则往往涉及现实政权的权力来源与运行问题，既有规范性的成分，又有现实因素考虑，是一个理论与实践紧密联系的概念，有着更为复杂的内容。而且正当性以洛克的同意传统为基础，具体表现为现实政治权力治理国家的民众基础，要求获得广大民众的支持与拥护。证成性与正当性相互区分而且相互联系，虽然证成性在逻辑上优先于正当性，但是证成性的完成不能保证正当性的获得，正当性的实际获得也不意味着证成性的达成，一个属于一般的理论论证问题，一个归属规范与事实的关系问题。证成性主要关注对国家权力正当性的证明，是一种规范意义上的道德辩护，而正当性既要求国家的政治权力具有规范意义上的说服力，又要求考虑复杂的现实问题以求获得民众的同意。由于罗尔斯坚持康德式假设契约的传统，探究的是其建构主义正义理论范畴之内的政治自由主义的正当性问题，并未涉及现实政权的正当性问题，因此罗尔斯正义理论政治观念的证成就是获得政治自由主义的正当性，所以有学者认为罗尔斯正义理论的证成性与正当性表述了同样的意思。③ 但是广义上看，罗尔斯正义政治观念证成性还可以分为两部分：一个是无知之幕下正义原则的选择问题；另一个是打开无知之幕之后正义原则在现实环境运行的稳定性问题。正义原则在原初状态的选择是理论证成的一部分，正义原则打开无知之幕之后在政治社会环境之中的运行是理论证成的另一部分。从这个层面看，罗尔斯政治自由主义的正当性算是罗尔斯正义理论证成的一部分。本书的主要内容是正义稳定性问题，即打开无知之幕之后正义原则在现实中的运行问题，既可以看作罗尔斯正义理论公共证成的组成部分，同时也与正当

---

① 周濂：《现代政治的正当性基础》，生活·读书·新知三联书店 2008 年版，第 32 页。
② 周濂：《从正当性到证成性：一个未完成的范式转换》，《华东师范大学学报》（哲学社会科学版）2007 年第 6 期。
③ 周保松：《自由人的平等政治》，生活·读书·新知三联书店 2010 年版，第 173 页。

性有密切联系。

（二）正当性与合法性

正当性与合法性区分的必要性在中西有着不同的意义，在中国更多的是概念上的混淆，而在西方则是一种观念的演变。中文中"正当性"与"合法性"的混淆在于，一些学者约定俗成地将"legitimacy"和"legality"都翻译为合法性，或者将前者译为合法性将后者称作合法律性。而西方学术界对"legitimacy"和"legality"有着明确的定义，"legitimacy"对应法律之外的道德基础，而"legality"则意味着合乎法律本身的规范。特别是德语语境，法的含义更为丰富，比如康德《法的形而上学原理》和黑格尔的《法哲学原理》，前者探讨不同自由主体的并存法则（权利），副标题为"权利的科学"，后者将国家看作法的高级阶段"伦理"理念的现实体现，主要内容论述权利的演进，涉及其与国家关系的复杂哲学内涵，很难用简单的合乎法律加以概括。而随着西方哲学应然与实然的区分，价值中立研究的兴起，政治统治向依法治理的过渡，正当性逐渐让位于合法性探究，这是一种观念的历史演变。从中可以看到德语法学家们对于正当性与合法性的辨析引领学术界对二者的区分。

一般而言，我们熟知的是马克斯·韦伯三种统治权威的分类，即传统型、超凡魅力型与合法型，这三种权威模式又可以被译作三种"正当性支配方式"。韦伯的正当性分类是以经验描述性的方式考察统治类型的划分。韦伯认为，动机很大程度上决定着支配的类型，比如动机的可能来源，物质利益、情感、理想、习俗等因素，除此之外，更深层的是培养对正当的信仰。① 根据正当性信念的不同，韦伯区分三种正当支配的纯粹类型，理性基础之上的合法型权威，传统信仰为基础的传统型权威，以及个人典范特征崇拜的超凡魅力型权威。可见，韦伯的正当性指的是有道德基础的政治权力与秩序的接受程度，而其中的合法型政治权威只是正当性权威的一种形式，也就是说合法性是正当性来源的一个方面。

公法学家施米特对于正当性与合法性也有着明确的区分，合法型政府是政府获取正当性的一个来源，主要表现为只要合乎法律的程序规定即可获取正当性。面对合法型政府逐渐成为正当性的主要来源而忽视正当性背

---

① ［德］马克斯·韦伯：《经济与社会》，阎克文译，上海人民出版社 2010 年版，第 319—322 页。

后深层道德基础的情况，施米特表示担忧，并指出正当性与合法性的矛盾关系，"规范主义的方式虚构一个完整的合法性体系，就与一个现实存在的合法意志的正当性发生了显著的、无法消除的对立"①。合法性强调的是法律本身价值中立的程序安排，而正当性则既有规范性的价值考量，又代表着现实政权来源的民众基础，合法程序虽然可以满足正当性的规范程序的一方面，但是不能满足正当性所要求的道德价值。如果过分关注法律本身的规范程序，将会忽视法律背后的道德意志，价值中立的合法性最终可能导致正当性问题的争议。20 世纪的代表性事件就是魏玛共和国的希特勒以合乎法律程序的手段赢得了议会中的绝对多数，最终却给欧洲各国带来史无前例的深重灾难，可见仅仅实现合法性不能确保正当性的获得。施米特对于这个问题有着近乎先知般的预见力，早在 1932 年就指出了问题所在，预见了合法性对于正当性的可能性危害。

鉴于正当性与合法性有着如此不同甚至对立的内涵，两个词汇的使用越来越得到学者的区分，比如刘杨主张对二者做出明确区分，指出正当性考虑的是道德上的可接受性，而合法性考虑的是法律本身的程序内容，"正当性要求追问的彻底性，因而具有否定性、批判性的品格，在自然法背景下，正当性往往将其来源和根据指向某种超验的存在……而合法性观念追求的则是现实的确定性、稳定性、可操作性，唯一的和最后的依据就是实在法规范"②。当然也有很多学者认为合法性的说法长期以来已经约定俗成，没必要再加以改变。本书认可将两个概念加以明确区分的观点。

正当性与合法性的区分，实际上也是政治权力的规范性道德基础与描述性法律内涵的区分，法律是具有强制性的具体规则，而道德是约定俗成的社会风气，正当性与否是二者合理性问题的进一步探究。我们一般说道德是法律的基础，道德与法律相互联系，但二者又不是一一对应的关系，而是有着复杂的关系。正当性具有规范性意义，对于政治权威和法律制度的存在理由提出质疑，而合乎法律的阐述则更多的是一种描述性内涵。我们讨论西方主流观点强调的政权的正当性问题，主要是探究政治权力被人们自愿认可、接纳的理由和说服力，体现的是一种心理价值层面的接受和认同，而不仅仅是在描述层面是否做到了符合强制性法律的具体要求。合

---

① ［德］卡尔·施米特：《合法性与正当性》，刘小枫编，冯克利、李秋零、朱雁冰译，上海人民出版社 2015 年版，第 98 页。

② 刘杨：《正当性与合法性概念辨析》，《法制与社会发展》2008 年第 3 期。

乎法律主要关乎明文规定的法律规范的执行问题，而正当性问题则涉及背后复杂的道德基础和社会条件，也因此正当性问题比其合法性问题有着更为复杂的内容，我们要探究的正义稳定性是与正当性有着密切联系的概念。

二　罗尔斯论政治自由主义的正当性问题

（一）正当性问题

西方政治思想史上探究实际政权的正当性来源的传统概括起来主要有两个：一个是洛克的主观同意，一个是韦伯的正当性信念。[①] 二者共同之处在于强调政权的民众主观意愿，对个体主观意愿的强调发展到当代带来的是正当性危机问题。哈贝马斯系统论述了当代西方社会的正当化危机（ *Legitimation Crisis*，也译作《合法化危机》），指出晚期资本主义不可避免的经济危机，如何一步步逐渐扩展到行政官僚的组织合理性危机，最终形成政治领域的正当化危机的过程。哈贝马斯总结正当化危机归根结底是系统整合的控制与社会整合的认同之间的矛盾，也就是人们对政权的认同和接受的动机问题，"决定合法化危机的必然是一种动机危机，即国家、教育系统和就业系统所需要的动机与社会文化系统所能提供的动机之间的所存在的差异"[②]。正当性危机归结为人们的动机问题，与人们越来越关注正当性的主观态度方面的倾向性相一致。早在启蒙时期，洛克就提出政府正当性在于公民的同意，韦伯则更强调正当性信念的力量，都是对正当性主观动机的强调。正当性危机的原因主要在于人们对于政权获取民众主观动机的强调多过政治权力本身运行的合理有效性的结果。

既然正当性很大部分可归结为动机问题，正当性问题出现危机也就是正当动机在获得过程中遇到了难题。关于动机的获得，也就是个体如何社会化的过程，即个体如何接受政治秩序的正当性信念与政治秩序本身联系起来的问题，这个过程涉及个体如何从认知过程中产生价值倾向，如何联系应然与实然的问题，也是正当性与客观事实即真理的关系问题。正当性与真理的关系无非有两种情况：一个是正当性与真理有密切联系，一个是

---

① A. John Simmons, "Justification and Legitimacy", *Ethics*, 1999, Vol. 109, p. 748.

② ［德］尤尔根·哈贝马斯:《合法化危机》，刘北成、曹卫东译，上海人民出版社 2009 年版，第 80 页。

正当性独立于真理。如果正当性的危机主要归结为民众对政权动机的支持问题，那么，这种动机的获得是否依赖于真理就直接决定了正当性问题的解决思路。

我们上面已经论述了正当性来源不仅仅是一种合法性的规范程序，必然需要实质的道德价值作为基础考量，这里又会产生不同的情况。在正当性与真理无关的理论背景下，正当性信念只能简单地归结为心理问题，也就是说，政治权力的正当性依赖于政治秩序给民众带来的心理效果而非与真理的接近，只要可以满足民众同意动机目标的政治秩序都具有正当性，具体表现可能是民众心中从下到上对于政权的直觉偏好，也可能是政权从上到下对民众心理活动的随意操纵。在正当性依赖于真理的情况下，正当性则不仅要考虑公民的同意与信念，还要考察正当性基础本身的客观合理有效性，即必须满足政治的客观合理有效性才算获取了政治正当性。我们知道，近现代思想启蒙以来，特别是自由主义思想的日益发展，个体的主体地位逐渐显现，人们对政治生活的理解越来越从个体主观能动的创造性角度去理解和阐释，造成的结果就是客观标准的日益淡化，以及对传统束缚的日益脱离，进而就是人们越来越强调正当性基础的主观方面。西方的主观意愿的强调，个人主观性发展到极致的边界就是正当性危机的产生。比如西蒙斯持有的哲学无政府主义立场认为同意是一切政治权力正当性的唯一来源，发挥到极致其实也是一个正当性的危机问题，"他持有一个过度膨胀的个人自主性观念以及意愿主义立场，这是现代正当性危机的源头之一"①。

在理解正当性基础之上，我们进一步考察政治正当性与社会稳定的关系问题。周濂指出，"政治正当性的核心问题，一言以蔽之，就是政治秩序的稳定性和社会凝聚力的问题"②。按照哈贝马斯的分析思路，政治秩序的稳定性是对应系统整合问题，而社会凝聚力则是社会认同问题，只有二者获得有效的统一才可以实现政治权力的正当性。正当性涉及政治秩序的稳固与民众的支持，民众的支持体现政权的民主程度，这是政治正当性的重要来源，甚至在洛克同意传统看来算是主要的正当性来源。罗尔斯作为

---

① 刘擎：《政治正当性与哲学无政府主义：以西蒙斯为中心的讨论》，《华东师范大学学报》（哲学社会科学版）2007 年第 5 期。

② 周濂：《正当性与合法性之辨——评戴岑豪斯〈合法性与正当性〉》，《读书》2014 年第 5 期。

当代继承西方政治哲学传统的代表人物，正当性的来源也主要集中于民众的同意。

（二）罗尔斯政治自由主义的正当性原则

上面提到，正当性问题主要关心的是政治权力的来源和运行问题，国家政权存在的必要性问题，涉及人们接受政治权力的原因和道德基础，解决的是人们为什么选择这个政治制度而不是其他制度，为什么选择这个人行使政治权力而不是其他人，主要解决政治权力被民众接受的可能性问题等。特别是正当性向合法性转变的过程中，政治现代化发展引发正当性动机问题出现危机，从世界范围而言民主化浪潮此起彼伏，传统政治秩序惨遭破坏，新型社会政治秩序重新建构，政治正当性问题越来越得到人们的重视。

罗尔斯后期政治哲学的转向，关注焦点是正义的稳定性问题，正义要想获得稳定性，需要建立在自由主义的政治正当性基础之上，正当性问题也是罗尔斯的关注重点，其解决思路是政治建构主义的道德公共证成。罗尔斯提出了许多有着特定内涵的基本理念来阐述他的完整理论，包括正义观念的理念、原初状态的理念、政治的个人理念、秩序良好的社会理念等，其中最为根本的是关于正义的政治观念的理念。罗尔斯指出该理念的三个特征，第一个特征是关于政治观念的主题，是一种为政治制度、社会制度和经济制度创造出来的特殊的道德观念，罗尔斯特别强调这种政治观念适用于特殊的当代西方宪政民主作为主题的"社会基本结构"，而且，"基本结构是一个封闭的社会结构，也就是说，我们将把它看作自我包容、与其他社会没有任何关系的社会。它的成员只能由生而入其中，由死而出其外"①。可见，这种政治观念作为特殊的理论适用于特殊社会基本结构，是一系列社会经济政治制度安排的价值观念，关乎社会中人们如何选择政权与维持合作模式等复杂内容的理念。第二个特征在于，这种正义的政治观念并非一种关于哲学、宗教、道德的整全性学说（comprehensive doctrine），而是一种独立于个人善的非整全性学说（non-comprehensive doctrine）。全体公民都有自己的关于个人理性生活计划的整全性的道德诉求，但是具体到公共的社会生活领域，又有另一种与自己生活理性善观念相独立的政治观念，作为与他人进行和睦相处的基础，这种政治观念就是关乎

① ［美］约翰·罗尔斯：《政治自由主义》，万俊人译，译林出版社 2013 年版，第 10 页。

政治价值如何一视同仁对待社会中多种整全性善观念相区分的非整全性学说。第三个特征在于该正义的政治观念隐含在民主社会的公共政治文化之中，"此种公共文化由一立宪政体的各种政治制度及其解释的公共传统（包括那些司法解释传统），以及作为共同知识的历史文本和文献所组成"①。实际上这种理念就是一个民族共同的文化传统与集体记忆，是蕴含在国民血脉中的潜在意识。正义的政治观念是罗尔斯正义理论公共证成的重要组成部分，为正义的运行提供公民之间相互支持合作的条件，"公共证明（public justification）的一个主要目标是在自由和平等的公民之间相互尊重的基础上，保持有效的社会合作条件"②。

关于罗尔斯政治正当性的内容，西利亚·朗瓦特（Silje A. Langvatn）总结出三种政治正当性的规范内容，三种都是罗尔斯关于民主的以及法律调节的政权正当性的规范论述：第一种是与公平正义相连的正当性，仅仅是满足两个正义原则的正当性，主要出现在《正义论》中；第二种是罗尔斯在《政治自由主义》中广泛采纳的自由主义的正当性（liberal principle of legitimacy）；第三种是罗尔斯晚期论文中的政治正当性，即基于相互性标准的政治正当性。③ 罗尔斯的政治哲学是一个庞大复杂的综合体，早期到晚期的思想发生了明显转变，所以其政治正当性的论述也产生了多种规范内容。法比耶纳·彼得（Fabienne Peter）认为罗尔斯的正当性主要混有两种观点：一个是纯粹程序主义的正当性，一个是理性程序主义的正当性。彼得以程序主义的宪政民主规范作为罗尔斯正当性的主要解释，将其与纯粹程序主义的公共理性结合在一起，反对哈贝马斯等人的理性程序主义的正当性，以此捍卫罗尔斯纯粹程序主义的正当性。④ 但是罗尔斯在回应哈贝马斯的论文中讲到，正义与正当性都具有实质主义的内容，只是程度不同而已。⑤ 所以考察正当性来源离不开实质性道德基础的讨论，关键是这种道德实质的本质属性是什么。我们认为罗尔斯的正当性具有实质性

① ［美］约翰·罗尔斯：《政治自由主义》，万俊人译，译林出版社 2013 年版，第 12 页。
② ［美］约翰·罗尔斯：《作为公平的正义》，姚大志译，中国社会科学出版社 2014 年版，第 39 页。
③ Silje A. Langvatn, "Legitimate, but Unjust; Just, but Illegitimate: Rawls on Political Legitimacy", *Philosophy and Social Criticism*, Vol. 42, No. 2, 2016, pp. 132 – 153.
④ Fabienne Peter, "Rawls' Idea of Public Reason and Democratic Legitimacy", *International Political Theory*, Vol. 3, No. 1, 2007, pp. 129 – 143.
⑤ ［美］约翰·罗尔斯：《政治自由主义》，万俊人译，译林出版社 2013 年版，第 390 页。

的道德内涵，关键是考察这种实质性道德内涵的来源和特点，是整全性的个人理性生活计划的全部内容还是公民政治美德的部分观点。朗瓦特对于罗尔斯正当性的分类更能说明问题，前期的正当性问题是整全的道德学说，而后期罗尔斯自由主义的政治正当性归根结底是一种坚持相互性道德金律标准的公共理性。就朗瓦特指出的罗尔斯三种正当性观念而言，第一种与公平正义相连的正当性主要是罗尔斯论证在何种情况下人们有可能会服从不正义的法律制度，这种规范的政治正当性概念与正义的关系是不清楚的。① 所以主要考察第二种和第三种正当性概念。相互性标准为基础的政治正当性，是一种协商民主（deliberative democracy）的程序民主，体现的是一种多元社会文化下价值中立的努力，与罗尔斯自由主义的正当性并没有本质区别。罗尔斯的正当性问题主要是自由主义的政治正当性，即"只有当我们行使政治权利的实践符合宪法——我们可以理性地期许自由而平等的国民按照他们的共同人类理性可以接受的那些原则和理想来认可该宪法的根本内容——时，我们行使权力的实践才是充分合适的"②。这种共同的人类理性在罗尔斯看来就是公共理性，换句话说，政治自由主义的正当性就是公民在接受公共理性的指导下对于宪法的遵守。可以说，一切规范理论的目标都是寻求某种共识，③ 而罗尔斯对于政治自由主义正当性的探究主要依赖于达成宪法共识。

（三）自由主义正当性的推理方式——公共理性

罗尔斯将政治观念分为两部分：一个是正义原则，一个是各种探究指南。针对自由主义的政治观念，则是基本结构的正义原则以及公共理性价值。④ 基本结构的正义原则对应基本正义问题，而作为探究指南的公共理性则是自由主义政治正当性的主要来源。

公共理性也是罗尔斯正义理论中的一个重要理念。罗尔斯认为，"公共理性是一个民主国家的基本特征。它是公民的理性，是那些共享平等公民身份的人的理性。他们的理性目标是公共善，此乃政治正义观念对社会

---

① Silje A. Langvatn, "Legitimate, but Unjust; Just, but Illegitimate: Rawls on Political Legitimacy", *Philosophy and Social Criticism*, Vol. 42, No. 2, 2016, p. 138.

② ［美］约翰·罗尔斯：《政治自由主义》，万俊人译，译林出版社 2013 年版，第 126 页。

③ Larry Krasnoff, "Consensus, Stability, and Normativity in Rawls's Political Liberalism", *The Journal of Philosophy*, Vol. 95, No. 6, 1998, p. 271.

④ ［美］约翰·罗尔斯：《政治自由主义》，万俊人译，译林出版社 2013 年版，第 207 页。

基本制度结构的要求所在，也是这些制度所服务的目标和目的所在"①。公共理性是一个组织良好的宪政民主社会的观念，主要内容和形式是解释民主社会的政治关系。② 罗尔斯定义的宪政民主社会的基本特征是合乎情理的多元主义（reasonable pluralism），因此公共理性是西方宪政民主背景中在合乎情理的多元主义冲突情况下的公民推理方式。公共理性作为人们运用自身理性参与政治领域的推理能力与证据规则，并不是价值中立的程序原则，而是与西方政治思想文化相适应的具有特殊实质内涵的一种理性的运用。谭安奎考察公共理性在西方政治思想史上的来源，区分霍布斯的"公共理性"与康德的"理性的公共运用"，并指出罗尔斯的公共理性分别吸收了二者的思想渊源同时更直接来自对康德理性的公共运用的实质性改进。③ 启蒙时代的人们诉诸普遍理性带来广泛的一致性，最后发现理性带来的不是一致性，而是多元理性的价值冲突，"尤其是不确定原理表明，理性并不导致共识和确定的真理，而是把人们引向充满分歧和不确定的世界"④。现代理性代表了人类个体意识的觉醒，然而理性发展到当代，其自身内部的缺陷越来越不可避免地显现出来，工具与内容、普遍与特殊等矛盾，现代理性的困境也带来了现代社会秩序正当性所面临的挑战，当代政治哲学家们思索理性问题对于政治秩序的建构，在这样的背景下，人们将理性分为理性的私人领域与公共领域。公共理性以个人理性为基础，同时与个人理性相互区分，是个人理性应用的高级阶段。公共理性在三个方面是公共的：作为公民自身的理性，公共善的目标和根本性的正义，以及由社会政治正义观念表达的理想和原则所给定的本性和内容。⑤ 公共理性有着复杂的内涵，诸多学者对于公共理性做出了多种多样的解读，本书主要关注的是公共理性包含了什么以及排除了什么两个方面，以此探究政治自由主义正当性与正义的稳定性之间的联系。罗尔斯公共理性内涵排除了真理的影响，建构一种协商民主模式，作为政治自由主义正当性的来源。

---

① ［美］约翰·罗尔斯：《政治自由主义》，万俊人译，译林出版社 2013 年版，第196—197 页。

② John Rawls, "The Idea of Public Reason Revised", *The University of Chicago Law Review*, Vol. 64, No. 3, 1997, p. 765.

③ 谭安奎：《公共理性与民主理想》，生活·读书·新知三联书店 2016 年版，第1—2 页。

④ 同上书，第4 页。

⑤ ［美］约翰·罗尔斯：《政治自由主义》，万俊人译，译林出版社 2013 年版，第197 页。

　　首先探讨公共理性与协商民主的关系。上面论述正当性问题的时候指出，西方政治哲学传统的正当性来源主要有洛克的同意与韦伯的信念，罗尔斯的正当性采纳的也是西方的同意传统。作为正当性来源的公共理性主要是作为公民间相互性的推理方法，也是体现公民之间同意宪政民主模式的思维方式。在《重释公共理性理念》的论文中，罗尔斯进一步探讨公共理性的丰富内涵，不仅重复公共理性在三个方面的公共性，而且还指出协商民主也有三个基本要素：公共理性，宪政民主制度框架与慎议的立法机构，以及公民普遍遵循公共理性实现政治行为理想所具有的知识和意愿。[①]公共理性支持的协商民主首先体现的是对于公民本身素质的要求，有着自由平等追求意愿并且能够贯彻公共理性能力的行为主体，在宪政民主制度的框架下，通过相互之间彼此尊重、彼此认可的协商民主形式，从而实现一种理想的政治目标和公共善。也就是说，公共理性实现的是一种通过相互性协商民主模式达成公民同意的政治行为，以此获取政治正当性目标的思维过程。正当性的基础是民众的同意，而罗尔斯的公共理性就是通过梳理一种独特的公民思维方式将这种正当性来源限制在西方宪政民主框架之内。公共理性本身适用于宪政民主，协商民主的基本要素是公共理性，二者互为前提和结果，正当性的实现可以算是一种封闭的循环。同时，其中的思维过程排除真理的作用。

　　接下来探讨罗尔斯公共理性与完整真理相分离，为了防止真理专制属性对于政治民主的干扰，罗尔斯的公共理性概念排除完整事实真理的影响，在公共理性的作用下，整全性学说（comprehensive doctrine）的真理与正当被一种政治上合乎情理的公民观念所代替。真理与政治在政治哲学领域一直都充满争议，完整真理具有绝对不可置疑的压迫性，而自由主义的政治领域讲究民主和自由。公共理性则作为一种体现公民间相互性原则的思维方式，对于政治价值有着明确的识别，仅限于探讨政治价值的思考和推理，并不考虑完整真理的地位。公共理性是一种公共领域思维的推理方式，可以从各种价值中择取政治价值，政治价值又分为宪法基本与基本正义，"在最为深刻的层面上，公共理性的理念具体规定了那些想要决定宪政民主政府同其公民的关系，以及公民之间的相互关系之基本道德价值和

　　① John Rawls，"The Idea of Public Reason Revised"，*The University of Chicago Law Review*，Vol. 64，No. 3，1997，p. 772.

政治价值"①。公共理性是罗尔斯正当性基础的特色概念，其对政治正当性的主观理性因素的强调以及对客观真理的排除，反映了罗尔斯以公共理性取代真理的思路，科恩称为认知节制（epistemic abstinence）。② 罗尔斯认为，政治不是追求完整真理价值的领域，政治价值的确定依赖于公共理性的推理方式。罗尔斯以公共理性取代真理作为政治领域同意的来源，不表示罗尔斯否定自然科学领域真理的存在而持有反基础论观点，而是认为政治价值应该对真理的认知保持节制，不轻易判断政治价值的真确性，而是应该由政治价值的合理（reasonable）、正当（right）、有效（validity）取代真确（true）。然而排除了真理的作用，从原子式个体出发的公共理性要获得可靠的基础，要么与人们的民族情感、文化信念紧密相连，要么依赖于个体的高度自律。前者容易造成煽动性的政治欺骗，后者又是过于理想的政治期许。总之，罗尔斯后期关注的政治正当性问题的公共理性立场是一种排除真理干扰的、达成宪法共识的协商民主模式。

三 罗尔斯公共理性为基础的正当性对于正义政治稳定性的实现

罗尔斯指出，正当性是比正义含义偏弱的一个概念，政治正当性问题主要涉及的是政治权力的来源和运行的基础问题，因此探究政治权力运行过程中的权利和义务的分配是否公平正义的问题，特别是正义本身运行的过程中的稳定性问题，就需要政治的正当性为前提条件。对于自由主义正当性的基础，罗尔斯认为是公共理性，一种秩序良好社会中公民基于相互性标准对于公共生活的推理方式。正当性的来源是正义运行获得稳定性的前提，主要表现就是公共理性对于公民遵守宪政民主制度基本规范的指导。罗尔斯的正当性问题主要是政治自由主义的正当性，也是正义的政治观念的正当性，正当性的实现主要依赖于公民公共理性的探究指南。罗尔斯的公共理性为协商民主提供思路，谭安奎将其与民主理想联系起来，确立政治权力的正当性，视为正义稳定性的基础。由于罗尔斯自由主义的正当性对于正义稳定性的基础意义，只有首先实现了政治自由主义的正当性，即公民在公共理性的基础上实现对于宪法的遵守，达成宪法共识，才

① ［美］约翰·罗尔斯：《政治自由主义》，万俊人译，译林出版社2013年版，第409页。
② Joshua Cohen, "Truth and Public Reason", *Philosophy & Public Affairs*, Vol. 37, No. 1, 2009, pp. 2–42.

能进一步考察社会中的更多正义共识，探究社会基本结构正义原则运行的稳定性问题。

　　西蒙斯是对正当性有着深入研究的代表，他所区分的洛克、康德的同意传统与韦伯的信念传统也代表了当代政治哲学关注正当性问题的两种基本思路。如果按照西蒙斯将正当性基础建立在同意之上，最终将导致哲学无政府主义，那么现实政治权威都不可能是正当性的，同样也不可能是稳定的正当性的政治权威。所以我们虽然借鉴西蒙斯对于证成性与正当性的概念划分，但是并不完全接受其对正当性的内容划定。罗尔斯所持的政治正当性的来源是一种以公共理性为推理方式的排除真理干扰的协商民主，加上罗尔斯坚持的社会契约论假设，可以看出其理论中将同意作为正当性来源的思想传统。罗尔斯认为，公共理性作为协商民主的理性态度，在公共理性的推理方式作用下，公民坚持相互性的信任和支持，可以自然而然区分出公共生活的政治价值与个人善的非政治价值，区分出合乎情理的（reasonable）非整全学说与理性的（rational）整全学说，可以识别并认可宪法基本问题与基本正义问题的区分，可以自然而然接受西方宪政民主背景下的公共政治文化，可见公共理性是罗尔斯从西方宪政民主文化的背景下总结出的一种理想的民主状态。[①] 罗尔斯把公共理性作为实现理想的政治目标的思维方式，以此作为正义在现实社会运行中的政治价值与非政治价值的界定，而把压制、专断归结为真理在政治领域的可能性表现，代表了一种典型的自由主义观点。但是罗尔斯并没有指出公共理性所蕴含的对于政治与道德价值的区分、对于整全学说与非整全学说的识别以及对于宪法基本问题与基本正义的划定所蕴含的基本标准是什么。仅仅依靠公民坚持相互性标准的公共理性的思维判断，而排除政治价值所依赖的客观事实真理的本质，又如何可以准确地区分宪法基本问题与基本正义问题，还是说，不管政治价值所依赖的事实是否客观真实，只要是合乎情理的被民众广泛接受，就可以作为正义运行的基本条件，那么，煽动性的政治行动与明目张胆的阴谋谎言也可以作为政治生活的结果，但是这样是合理有效的吗？这些都是罗尔斯理论未能阐明的问题。

　　罗尔斯在公共理性中排除真理的认知节制的观点，虽然保障了协商民主的自由讨论，但是也在很大程度上削弱了正义运行的稳定基础。一些学

---

① 谭安奎：《公共理性与民主理想》，生活·读书·新知三联书店 2016 年版，第 61 页。

者认为其体现了实用主义反实质主义的哲学观点，约书亚·科恩（Joshua Cohen）表示，忽视真理在政治领域的价值，用公共理性代替真理在政治领域的地位，将使政治变成无常的论争，增加许多不必要的争论。科恩认为政治领域不能脱离真理，但是又要防止真理的压制作用，因此提出用一种"真理的政治观念"（the political conception of truth）来替代罗尔斯排除真理在外的公共理性理念。[①] 重要的是我们在接受某种正当性之前首先要确定正当性本身的内涵是什么，这是考察正当性是否可以脱离真理价值的首要问题。罗尔斯强调正当性的基础在于人们的认可与接受，却认为正义正当本身的合理有效性不需要真理的作用，真理的真确性在政治领域不是重点关注内容，是为了防止有人打着真理的旗号对人们进行压制统治。罗尔斯经历过 20 世纪各种政治事件的变革，对于极权主义统治带来的灾难深表忧虑，正义理论的探究也不乏对极权主义强权统治的关注与思考。然而这样一来，罗尔斯正当性客观基础遭到严重打击，为个人主观随意性打开了方便之门，对真理问题的逃避也不能从根本上解决正当性的危机。我们认为罗尔斯将公共理性的同意作为正当性基础的重要来源，对政治稳定有较大的威胁，相比较而言，科恩提出的真理的政治观念的改进方案更为可取。

罗尔斯支持以相互性标准为基础的协商民主达成的宪法共识作为正当性的决定性指标，代表了自由主义民主传统的延续，然而缺乏客观事实真理为基础的道德规范，某种程度上缺乏实质性意义，而缺乏合理有效性的同意也有可能造成对被煽动暴政的认可。民主是一种价值也是一种目的，但是归根结底民主政治的目的是实现一种公民积极参与政治生活的善治，实现政治生活的有序健康发展。民主既有形式的选举成分作为实现善治目标的手段，自由、平等、公正、和谐才更应该是社会的最终目标，又是依赖于特定实质价值的统治形式，这些都离不开事实真理和道德真理作为基础。民主提供程序的合法性，但是并不代表最终的结果就具有政治正当性，最典型的例子是希特勒的上台完全是合乎魏玛共和国法律要求的民众同意的后果，但是结果却并不正当，仅仅将同意作为正当性的基础是远远不够的。罗尔斯政治正当性的来源缺乏客观事实依据，那么正义运行的稳

---

① Joshua Cohen, "Truth and Public Reason", *Philosophy & Public Affairs*, Vol. 37, No. 1, 2009, pp. 2 – 42.

定性也是缺乏基本的事实依据，也就是有着相当程度的不稳定因素。正当性问题本身就是探究政治统治的道德基础，如果将道德真理排除在正当性问题之外，可以说某种程度上瓦解了政治正当性问题本身。①

事实上，我们认为政治权威正当性的基础仅仅依靠主观方面的同意是不够的，还应该考察政治权力的客观合理有效性。一个是客观方面实现政权的合理有效性，现实政权对于具体社会问题的解决以及公共利益的保障；另一个主观方面则是获得民众的广泛支持和同意。主观方面的正当性又可以有两种情况，一个是遵循洛克传统，政权的正当性来自民众的同意（consent），又分为自愿同意和强迫同意，毫无疑问，自愿同意才是正当性的基础，强迫同意可以一时获取权力的施行，但是无法保障权力的持续和稳定。另一个是韦伯提出的信念和态度维度。西蒙斯的自愿主义明确代表了洛克传统的同意脉络，而内在的信念和态度则更多涉及个人与群体的认同关系。罗尔斯在坚持西方政治思想正当性传统基础上改进的公共理性作为一种协商民主形式的正当性来源，仅仅涉及主观方面的正当性来源，排除完整事实真理的影响，也就是忽视政权的客观合理有效性。罗尔斯将客观有效性与正当合理性区别开来，可以看出罗尔斯认可休谟提出并完善的事实与价值相分立的观点。客观有效性归于事实层面的问题，而正当合理性归为主观评价问题，二者并不能直接从逻辑上相互推理。然而，排除了事实真理的影响，这种同意的根据和来源是什么呢？仅仅依靠公民之间的相互理解和尊重就可以充分获取政治权力的正当性、实现一种正义观念的稳定运行吗？还是以公共理性为基础达成公民共识确保正义观念的稳定运行？罗尔斯强调他的理论是西方宪政民主政治文化的产物，或许，排除完整事实真理的正当性最终取决于西方社会的特定政治文化以及人生而入其中、死而出其外的共同体背景，那么公共理性则是体现个人与群体认同关系的共同归属感，这样一来，公共理性为基础的正义稳定性可能依赖一种共同体的情感因素。本章主要关注公共理性对正义稳定性的意义，共同体情感因素的作用在第六章展开。

罗尔斯坚持认为只要满足了公共理性的相互性标准就可以达成协商民主规范，最终的政治就可以获取正当性，并没有将政治善治结果的合理有

① Joshua Cohen, "Truth and Public Reason", *Philosophy & Public Affairs*, Vol. 37, No. 1, 2009, pp. 2 –42.

效性纳入政治正当性内容，并不能保障正义最终获得正当的有效结果。这是罗尔斯确定的协商民主程序与潜在多种可能的实际治理结果的对立，也是真理与政治价值分立的结果。或许二者很难在规范性的理论上实现整合，就像哈贝马斯指出的，罗尔斯政治建构主义的局限，是所有主张普遍有效性政治哲学的局限，也是所有理论在规范与事实之间不可避免的两难境地。如果坚持哲学对正义的规范讨论，缺乏经验的实践证明，那么这种讨论始终是空洞的；如果经验研究总是以一种客观化的外在眼光，而忽视对于内部理论的概述，那么这样的观察是盲目的。①

第三节　正义的稳定性与强制性

正义作为法律制度的首要美德和价值，当然具有强制约束力。政治制度层面的正义内容不可避免具有强制性，关键在于界定强制性的范围。罗尔斯承认多元社会的基本事实之一就是具有压制性，法律制度体系虽然代表了人们在政治层面获得的理性共识，但是对于那些违背正义的行为也需要施加强制性制裁。正义在道德层面的规范体现的是正义观念内化为人们的自我约束，正义在政治层面的规范主要是一种外在的他律存在，自我约束的道德稳定性在前两章进行了探讨，还需要探讨外在强制性对于正义观念稳定性的意义。

一　正义规范的强制性

正义与强制的关系有着复杂的内涵，正义包含的强制成分多大程度上影响正义的稳定性，是本部分思考的问题。正义稳定性与强制的关系非常微妙，一方面正义规范的贯彻实施不可避免要有一定的强制性，否则无法完成对于非正义行为的制止和惩罚；另一方面过分的强制带来的压迫感又会带来正义本身的不稳定性，过分的强制威胁个人的安全，如果强制用错了地方，产生的暴力行为本身也是一种不正义的表现。因此，探究强制与正义的稳定性问题具有十分重要的意义。

---

① ［德］哈贝马斯：《在事实与规范之间》，童世骏译，生活·读书·新知三联书店2014年版，第80页。

　　正义是否与强制因素产生联系，一般而言人们持肯定态度。最早明确论述强权与正义关系的代表是《理想国》中的虚构人物色拉叙马霍斯，他认为"在任何国家里，所谓正义就是当时政府的利益。政府当然有权，所以唯一合理的结论应该是：不管在什么地方，正义就是强者的利益"①。这种观点认为，正义是强权者利益的集中表现，正义是强者为了维护自己统治而发明的一种说辞，归根结底是为维护当权者利益服务的。在色拉叙马霍斯看来，正义是一种利益，而且是强权者的利益，这个观点的关键在于正义代表的是强者剥削弱者利益的一种手段。② 正义是强者的利益，关键是如何定义强者，色拉叙马霍斯认为，强者直接指代的就是拥有强制权力的人，即正义代表的是统治者的利益。但是统治者就一定是强者吗？众所周知这是不一定的，历史上还是有很多统治者被民众的反抗赶下政治舞台的情形，可见强者不一定是当权的统治者。强权正义观的内容，重要的是哪一方强制权力更强大，不管是掌权者还是非掌权者。强权正义观不在于正义本身具有什么内容，而在于承认强权代表的正义话语权，是一种"强权即公理"的集中体现，具有典型的暴政色彩的来源。我们认为，正义不可避免需要一定程度的强制权力，"正义与强制并非水火不容，究其实而论，把正义视为一种仁慈的强制，并非完全错误"③。关键是探讨正义与强力的关系，问题不在于正义是否具有权势和力量，问题在于是否有权势、有力量就表示一定是正义，我们认为答案当然是否定的，强力只能是正义规范的一种必要特征，并不代表着充分条件。

　　关于正义与强制的关系，首先需要区分是正义规范本身包含强制力量，还是正义规范在实现过程中需要一定的强制力量作为辅助手段。可以确定的是，正义和强制是两种截然不同的存在，正义的实现过程中需要一定的强制力量作为手段。中世纪思想家帕斯卡尔有过论述，"没有力量的正义是软弱无能的；失去正义的力量就是暴政。没有力量的正义会遭人反对，因为总有坏人；没有正义的力量会受到谴责。因此，必须把正义和力量结合起来；为此，我们应当使正义的东西变得强大，或者使强大的东西

　　① [古希腊]柏拉图：《理想国》，郭斌和、张竹明译，商务印书馆2015年版，第19页。
　　② Bernard Williams, *Ethics and the Limits of Philosophy*, Abingdon：Taylor & Francis, 2006. P. 30.
　　③ [美]列奥·施特劳斯：《自然权利与历史》，彭刚译，生活·读书·新知三联书店2011年版，第134页。

合乎正义"①。可见，正义与力量是相互分离又紧密相连的两种事物，没有力量的正义软弱无力不值得托付，没有必要追求；没有正义的力量是暴政，即使暂时获得成功也会遭到人们的谴责和推翻。因此，拥有强大力量的正义，才能吸引人们的青睐，拥有实现的可能性和稳定性，正义需要与强力相结合。

（一）正义的外在强制

正义需要强力作为后盾，强制的力量有助于促进正义的实现，这种强制可以算是正义的外部强制，属于实现正义的外部辅助手段，我们政治生活中熟知的有国家制度下的警察、法庭、监狱等维护正义的暴力执法机构。那么，这种外在强制的力量的来源是什么，具有何种程度的合法性，如何定义这种强力呢？对于正义直接的强制因素，霍布斯的探讨很有代表性，他认为人们通过订立契约产生的共同权力是正义的前提，社会契约是正义的来源，正义首要的要求是遵守承诺和履行契约。霍布斯对正义的论述集中体现在其对自然法的论述上，且具体体现在第三条自然法上，霍布斯指出，"所订契约必须执行"包含着正义的源泉，本质上是一种契约的执行。正义的共同权力所具有的效力来源于人们对于共同遵守契约的承诺，这种承诺根植于人们对自然状态的恐惧，签订社会契约是获取社会安全和平保障的前提条件，因此也是正义的前提。社会契约的制定先于正义问题的提出，与社会契约状态相对应的是"每一个人反对每一个人的战争"的自然状态，也是没有所谓正义与非正义之分的状态。人们签订契约形成共同权力，是国家的这个人造上帝的诞生，进而区分出主权代表者以及普通民众，由契约带来的二者之间的权利、义务的法律关系是正义的具体内容，因此掌握共同权力的国家是定义正义的前提和基础，主权代表者作为国家共同权力的行使者，其职责就是维护法律和正义。霍布斯认为法律代表了正义的界定，"法律就是关于正义与不正义问题的法规，被认为不义的事没有一种不是和某些法律相冲突的"②。

在霍布斯看来，国家的法律是正义的直接来源，没有社会契约基础的法律也就无所谓正义与否，但是我们知道法律本身也可以分为良法与恶法，正义与法律的关系还需要界定法律本身是良法还是恶法。霍布斯观点

---

① ［法］布莱兹·帕斯卡尔：《思想录》，钱培鑫译，译林出版社2012年版，第105页。
② ［英］霍布斯：《利维坦》，黎思复、黎廷弼译，商务印书馆2015年版，第206页。

的独特之处在于，不管是良法还是恶法都不可能是不正义的，因为执行契约本身就是正义。"国家的法律正像游戏规则一样，参加的人全都同意的事情对于他们每一个人说来都不是不公正的。良法就是为人民的利益所需而又清晰明确的法律。"① 在霍布斯看来，共同权力的存在就是为了实现一种秩序，不管是什么秩序，都只能来自共同权力，代表共同权力的国家是正义的先决条件，只要是共同权力制定的法律都是正义的，在这个层面上，霍布斯可以算是正义秩序论观点的持有者。霍布斯的正义问题可以归结为三点："第一，在自然状态下无所谓公正不公正；第二，在社会契约的条件下，公正就是履行契约，不公正就是不履行契约；第三，离开以权力为基础的功利和便利，就不存在任何公正的标准，因为，要么公正为权力所强加，要么就无所谓公正不公正。"② 然而，履行契约的秩序只能算是正义的一种形式表现，霍布斯认为所有契约下的秩序和程序都算是正义，忽视了正义的实质内容，并没有从根本内容上对正义与非正义进行区分。我们一般认为秩序与正义有着本质的不同，并非所有的秩序都是正义的，因此，正义除了程序本身的形式表现之外，还应该具有实质的道德价值内容。"秩序所侧重的是形成秩序所必须的各种社会制度和规范的形式结构而非社会生活的实质，正义关注的是各种规范和制度性体制、机制的内容以及它们对人类的影响以及它们在增进人类幸福与文明建设方面的价值。"③ 秩序本身是中性的，可能是坏秩序，也可能是好的秩序，而正义价值更多时候蕴含一种正当秩序的建构与良善道德价值的确定。因此，正义本身不仅是一种秩序，而且是一种蕴含良善内容的秩序。霍布斯认为共同权力先于正义，明确了维护正义的强力基础，但是认为不管什么样的法律都代表正义的观点，实质上忽视了正义本身内含的道德价值本身，很有可能沦为为专制政府辩护的理由。霍布斯的正义观将和平安全秩序本身作为政治生活的目的，追求的是一种为了稳定的稳定，并非实质正义基础之上的稳定性。霍布斯的观点认为法律代表正义，其实指的是法律背后蕴含的契约强力代表了正义的执行力，仅仅依靠法律本身的执行力来定义正义，可以算是一种法律形式的强权正义观。

---

① ［英］霍布斯：《利维坦》，黎思复、黎廷弼译，商务印书馆 2015 年版，第 271 页。
② 程立昱：《霍布斯论社会契约与公平正义》，《党政干部学刊》2010 年第 8 期。
③ 朱勇：《道德的正义内涵及其形成途径——兼论多重视角下的自律和他律》，《云南社会科学》2013 年第 5 期。

签订契约、形成共同权力可以作为强制权力的一种来源，主要原因在于所订契约必须遵守自然法规定内容，契约与协议形成合法使用公共权力的政府，同意带来的合法政府会带来强制力量。除此之外，帕斯卡尔认为多数人具有更大的力量，"为什么要听从大多数？是因为他们有更多的理由吗？不，因为他们有更大的力量"①。多数人意见的简单汇总不一定代表正确，多数人的观点不一定意味着真理，多数人的力量并不代表就是正义，但是多数人却代表更大的份额，拥有更大的潜力，更有可能促进共同目标的实现，因此正义的外在手段需要考察多数人的意见和利益。正义的内涵需要考察是代表多数人的意见还是少数人的意见，代表多数人意见的正义观意味着可以获得多数人力量的支持。而多数人的意见对于少数人而言具有一定程度的强制性，多数对于少数的约束可以算是一种潜在的强制力量。托克维尔在《论美国的民主》中看到美国的平等趋势，对于多数有可能带来的暴政提出警示。少数服从多数是一种决策形成的基本程序，多数人的同意在政治领域的民主程序中也算是一种强制力量，因为决策观点发生分歧的时候，往往会采用少数服从多数的决策手段达成共识。然而，多数人的绝对程序带来的结果不一定都是正确的。法国历史上德雷福斯事件就是典型的官官相护，多数人通过合法程序投票表决最终的结果就是达成共识去冤枉一个无辜的犹太士兵。希特勒上台也符合魏玛共和国合法的自由民主程序。可见多数的决策并非代表着绝对公正，主要是具有方便执行以及更有权势的优点。不管是什么内容的正义，只要在实现的过程中获得了多数人的认可，都会将产生强大的力量，在多数人力量的作用下，可以产生正义的必要强制性，这种观点认为正义的本质在于多数人的认可，实质在于将正义与多数人的意见紧密联系，由于多数人有着比少数人更强大的力量，认为掌握在多数人手里的话语就代表正义，可以算是一种间接的强权正义论。直接的强权正义论的观点是不管当权者代表多数人的意见还是少数人的意见，只要掌握最高的权力就代表正义的秩序。相比较而言，二者的共同之处都是认可强权本身与正义的紧密关系，强调正义实现的外在强制属性。

我们认为，强权正义观可以算是正义的一种非常直观的表象，正义必然是有权势的，正义必然是有力量的，正义必然是一种强力的体现，如果

---

① ［法］布莱兹·帕斯卡尔：《思想录》，钱培鑫译，译林出版社 2012 年版，第 106 页。

正义是一种柔弱无力的东西，正义凭什么能够获取人们的青睐和寄托呢？不管是什么内容的正义，只要在实现的过程中获得了多数人的认可都会产生强大的力量，在多数人力量作用下，可以产生正义的强制。这种观点认为正义的本质在于多数人的认可，实质在于将正义与多数人紧密联系，认为正义只能掌握在多数人手里，可以算是一种间接的强权正义论。直接的强权正义论的观点是不管当权者代表多数人的利益还是少数人的利益，都是正义的。

至此，我们介绍了两种强制力量，一种是共同权力，一种是多数人的力量，共同权力不表示是多数人的，也有可能是少数人的政府所承担的共同权力，多数人的力量不表示是政府的共同权力，也可能是反对政府的民众集合，总之也是一种强大的力量来源。共同权力与多数人的力量都可以算是正义的外在强制因素，把强大的权力作为实现正义的基本来源。实际上，暂时掌握实际权力的政府不一定代表正义，多数人代表的意见汇总也不一定意味正义，仅仅依据实际权力与多数人意见掌握较大力量而被认为正义，可以算作正义的外在强制约束形式。除此之外，还需要深入了解正义内在的可能的强制约束问题，即正义的道德实质内容。

（二）正义的内在强制

正义的实现需要外在强制力量的辅佐，也即正义具有外在的强制属性，进一步追问，正义除了外在辅助实现的强制力量之外，本身是否还具有内在的强制成分呢？也就是说，正义作为一种社会政治规范，是否内含特定的绝对道德价值，是否具有绝对命令的内在属性。我们认为，共同权力和多数人的力量是正义的外部强制，是正义实现过程中需要的两种外在强力，但是共同权力和多数人的力量仅仅提供正义实现的外在形式和手段，正义在承认共同权力之外还需要权力本身维护的具体目标价值。换句话说，正义具有独立于强制权力与人数多少之外的具有真理性质的道德实质内容。多数人力量的强制一定代表正义吗？掌握共同权力的话语就一定代表正义吗？我们认为答案是否定的。

正义内在的强制成分可以类比真理的强制性，"正义是社会制度的首要价值，正像真理是思想体系的首要价值一样"①。真理不一定掌握在多数

_____

① ［美］约翰·罗尔斯：《正义论》，何怀宏、何包钢、廖申白译，中国社会科学出版社2011年版，第3页。

人手里，同样，与真理相类似的正义价值也有可能掌握在少数人手里，但是正义的实现需要固定的程序与力量支持，因此需要多数人决策的强制或者人们组织起来的共同权力，当然共同权力与多数人决策既可以单独运行，也可以结合在一起发挥作用。这其中的区别在于多数人的意见不一定代表正义本身，而正义的实现需要获取多数人的支持，获取多数人支持的同时也需要照顾少数人的尊严和利益。不是共同权力就代表正义，还需要考察共同权力的运行是实现一种什么样的价值目标，正义必然包含着正确的真理成分，包含着共同权力与多数原则程序之外的道德实质内容。

外部力量的强制，不管是共同权力还是多数人意见聚集，都包含不管其他人同意与否都必须接受与服从的成分，强调意愿上的专断与强迫，正义的外在强制代表实现正义需要的外在权威，而正义的内在强制则具有真理特质的专断性。[①] 针对正义在多大程度上具有内在的强制性这个问题，我们首先承认代表正义的法律规范具有外在强制性，进而追问法律代表的正义本身强制性的来源是什么。社会契约论可以从理论上解答法律制度的合法程序来源，但是不能解释在现实政治生活的运行中，制度法律的道德实质基础。真理在科学领域具有绝对的唯一性，正义的内在强制是一种真理性质的道德实质内容，同样具有绝对属性，不因权力大小与人数多少而异。如果正义包含着真理成分的道德实质内容，那么根据真理是绝对的、唯一的强制力量，正义是一种社会价值的真理，必然对于错误言论和歪门邪道具有强制的压迫力量，所以具有内在的强制力量。上文已经论述，正义有着独立于权力大小与人数多少的内在恒定性，这种成分不因权力转变、不因人数增减而改变其具有的真理性质的道德实质内容。进一步而言，需要回到这种真理性质的道德实质内容到底是什么。

我们认为正义具备不由外在强制的共同权力与多数人利益决定的真理性质的内在属性，具体而言包括以下内容，正义要求人们恰如其分的应得，正义要求惩恶扬善，正义要求尊重个体平等的人格地位、公平对待所有人，尊重个体自由选择个人想要的生活方式，对具有相当才能的人提供公平竞争的社会制度环境，制定政策适当照顾落后地区人们以及弱势群体等，这些都不应该随权力强弱与人数增减的变化而变化。这种正义本质上

---

① ［美］汉娜·阿伦特：《真理与政治》，《在过去与未来之间》，王寅丽、张立立译，译林出版社 2014 年版，第 224 页。

内涵的道德实质，具有无条件的绝对强制性，由正义本身的特性（disposition）决定，不因外部共同权力及法律制度的改变而改变，不因正义对象是多数还是少数而受影响，而是普遍存在的一切正义观念的核心内容，是正义属性的内在强制性。由此，正义的强制一方面来自人多力量大，人多好办事，基于多数人集合在一起的力量，正义的实现需要外在强制性；另一方面，正义则需要内在的道德属性作为根本前提，应得与平等的绝对命令，一个是外在的强制性，一个是内在的强制性，总之正义规范不可避免包含着强制成分。

　　强权是正义的必要的前提条件意味着正义本身不能没有强权，但是并不表示强权是正义的充分条件，正义除了强权还应该具备更为实质的道德属性，这是柏拉图在《理想国》中反复强调的观点，"正义就是因为其自身，而不是因为它能带来某种利益而成为正义，正义之名必须符合正义之实，没有实质内容的正义就根本不是正义"①。但是在霍布斯看来，具备强制的法律本身就是一种正义，"法律就是关于正义与不正义问题的法规，被认为不义的事没有一种不是和某些法律相冲突的"②。其对于正义道德属性的弱化，以及对政治权力本身对于正义定义的强调，都表达了其将政治与道德相互分离、正义作为政治价值脱离于具体的道德实质内容的基本思路。但是我们上文的论述，主要观点在于强调正义虽然意味着一定的政治秩序和合法程序，但是并不能完全排除道德价值的实质内容。我们接受柏拉图正义观内在的道德实质性，同时对柏拉图持有的个人与城邦各种等级价值各归其位的正义安排保持质疑；我们接受霍布斯持有的正义理论属于与个人德性相区分的社会秩序安排，同时认为这种社会秩序也包含着特定的道德良善目标。社会德性是公共领域人们必须遵守的秩序和规则，表现为人们在遵纪守法维持公共品德的基础之上，个人可以自由选择生活方式，同时还应当肩负社会公德，保障社会成员基本福利，尽可能引导社会集体走向更加美好的未来。公共美德要求个人在选择生活方式的过程中尽可能对社会公共交往空间提供更多实质的友善、仁慈、慷慨等道德价值，只有遵守这些基本的社会道德规范才是正义的真正达成，这里既体现了霍布斯强调现代正义规范作为社会秩序德性的贡献，又表明柏拉图对于正义

---

① 王利：《国家与正义：利维坦释义》，上海人民出版社 2008 年版，第 188 页。

② ［英］霍布斯：《利维坦》，黎思复、黎廷弼译，商务印书馆 2015 年版，第 206 页。

实质道德内涵的强调。

总之，正义的强制成分包括外在的强制与内在的强制，外在的正义强制规范意味着不管人们具有什么样的动机，是否真心认同，都应该无条件遵守正义规范，违背正义的行为相应也会受到正义规范的惩处，付出相应的代价。而正义的内在强制来自独立于外在法律规范的道德内核，虽然不具有外在强制执行力，但是由于需要获得人们的内心认同，正义规范可以通过作用于人们行为的内心动机使人们产生认同，通过自我约束的手段发挥作用。由此，正义必然包含外在强制手段与内在道德强制两个方面，正义规范的稳定运行需要强制性作为后盾，进一步而言需要探究外在强制性与内在强制性对于正义稳定性发挥的不同作用。

二　正义稳定性的强制性基础

通过上面的论述，我们看到正义具有内外的强制性，而且内外强制性对于正义的稳定运行本身具有不同影响。正义的外在强制性具有制度法律等具体执行手段，属于直接的外部强制力量，意味着违背正义就要承担相应的惩罚后果。正义的内在强制性是正义本身的道德命令，意指正义规范本身蕴含的实质道德内容，具有不因外在奖惩而变化的绝对属性，即便没有与之对应存在的外在强制手段作为支持，或是风俗习惯、社会舆论等外在规范的辅助约束，行为主体也可以根据正义规范本身蕴含的普遍道德意志自觉遵守，主要表现为人们对于正义规范本身的接受和认可。实际上，现实生活中正义规范的实现过程既需要法律制度的强制、社会风俗的外在约束，也需要人们对于道德规范的内化接受。而正义的稳定运行意味着正义可以持久得到人们的接受和认同，并能够一以贯之地遵守，只有获得人们的心理认同，才可以实现正义的稳定性。因此，正义的稳定运行既需要外在法律制度的建构与维护，也需要内化于心的绝对道德规范的认同支撑，归根结底正义的稳定性指向人们对于价值规范的心理认同，关键是外在强制性与内在强制性哪个更能获得人们的心理认同，也即外在强制性与内在强制性哪个更能获得正义的稳定性问题。

正义的内在强制与外在强制对于正义的稳定性有不同效果。首先探讨外在强制性对于正义稳定性的作用。一方面，正义的稳定性不可能没有外在强制手段作为后盾，以此惩罚那些违背正义法律制度的人们。另一方面，过多的外在强制手段对于人们的自由是一种压制，超过一定限度的强制会成为人们反抗的对象，威胁着正义的稳定性，滥用的暴力手段甚至本身就是非正义的，更不要说危害正义的稳定性了。

在霍布斯看来，法律的强制性就代表正义，但是法律本身也分为良法与恶法，霍布斯的观点在于不管是良法还是恶法都不可能是不正义的。"国家的法律正像游戏规则一样，参加的人全都同意的事情对于他们每一个人说来都不是不公正的。良法就是为人民的利益所需而又清晰明确的法律。"[1] 所有的法律都代表正义，与其说霍布斯关注的是正义问题，不如说是一种广义的秩序问题，人们制定契约产生共同权力的目标是保障人们的安全，维护社会和平安定的秩序，也就是获取社会的稳定问题。稳定性问题与秩序问题在政治哲学可以归结为一个问题，而且是政治哲学的核心问题。[2] 我们可以看出正义需要强制的政治权力作为后盾，没有强制的权力作为后盾的正义是不稳定的，没有强制就无法对坏人进行惩罚，保障正义规范本身的延续性，多数学者也认可正义本身不能脱离共同的权力作为后盾，只是对于强制与正义的关系程度有着不同界定。

这里可以看出两种不同的正义稳定性问题的定义，霍布斯的稳定性问题主要是一种和平秩序，但是如果和平本身就是目的，那么为了和平的和平最后导致的结果可能是委曲求全和权宜之计，归根结底是不稳定的，或者说是这种为了稳定的稳定缺乏正当的理由和基础，是一种缺少实质性道德内容的稳定，并不是值得追求的理想政治价值。同样对稳定性问题的探讨，罗尔斯致力于实现一种正义社会的稳定性问题，是一种"基于正当理由的稳定"（stability for the right reason），"按照罗尔斯的定义，在某个正义观（a conception of justice）规范下的良序社会中，当理性公民能够普遍地培养出强烈的正义感（a sense of justice）去服从正义原则的要求，并给予正义优先性时，则这个正义观是稳定的"[3]。可见罗尔斯寻求的是正义社会的稳定，而非霍布斯追求的法律制度社会的安全和稳定。[4] 如霍布斯般仅仅依靠外在法律强制的稳定，只能算是为了稳定而稳定，而遵从正义本

① ［英］霍布斯：《利维坦》，黎思复、黎廷弼译，商务印书馆2015年版，第271页。

② Brian Barry，"John Rawls and the Search of Stability"，*Ethics*，Vol. 105，No. 4，1995，p. 880.

③ 周保松：《稳定性与正当性》，《自由人的平等政治》，生活·读书·新知三联书店2010年版，第151页。

④ Brian Barry，"John Rawls and the Search of Stability"，*Ethics*，Vol. 105，No. 4，1995，pp. 874–915.

身维护个体尊严与价值的道德规范确立法律与制度的外在约束，则是更为深层的正义稳定性。我们认为，道德内核作为正义基础比起简单的和平秩序更能获得人们的心理认同，因而是更具有正当理由的稳定性。针对正义的稳定性问题，仅仅依靠霍布斯定义的共同权力的外在强制性无法获得其他的强制性对正义稳定性的影响。实际上，正义的稳定性既需要正义秩序的外在稳定，以强制性作为后盾，又需要以内在实质道德为基础，获得人们心理情感的内在稳定。正义规范所具有的内在的绝对强制性内化为个人的自律与自觉，也即道德规范的绝对规范与个人自愿接受的自律标准相互统一，正义规范作为无条件的绝对命令内化为个人的自愿认同，表现为正义内在的强制性与个人自愿的选择相一致。这时候，人们严格按照正义德性规范的强制来自我约束，这是完全的自律形式，也是正义规范成功内化为个人的心理认同的结果，属于一种理想状态，但是在现实状态下很难实现，人们多处于一种介于外在强制性与内在强制性之间的中间状态，现实社会的正义稳定性也就需要在二者之间寻求互动平衡。

正义既有外在的强制成分，又有内在的强制因素，而且后者是前者的前提条件。强制成分是正义稳定性的必要条件。内在的强制性取决于正义内含的道德实质内涵，外在的强制性取决于强制执法手段的运用效果。正义要获得稳定性，既需要内在的道德实质内容作为支撑，又需要外在执法手段依法执行，维护正义规范的贯彻。外在的强制就是强行改变个人的意愿，把人们的意愿视作无物，或者把个人的意愿当作实现个人私欲的工具，实际上也是把他人当作手段而非目的来看待。真正的正义的稳定性必然是尊重个人自尊自主自由的正义观念，虽然也是让人们接受可普遍化的正义规范，但是强制手段的过分应用只能带来不稳定因素，只有尊重个人的意愿，潜移默化之中动之以情、晓之以理，才能在多元的社会文化中获得人们认同。外在强制性与内在强制性对于正义的稳定性产生不同作用，过分的外在强制威胁人的主观能动和自由，必然会威胁正义的稳定性，而内在的强制性实际上属于一种动机上对正义德性的认可，属于自律的强制，因而内在的强制成分越高，越有利于正义的稳定性。

正义秉性的道德实质内容在本质上具有无条件性的，是一种绝对命令，但是个人是否遵守却要根据个人的意愿，个人的动机往往是有条件

性的。① 正义在道德内容上的无条件性并不表示个人必须遵守，只有内心
形成认同，在主观上接受正义的道德规范。同时也取决于外部制度法律表
现出来的惩罚奖赏机制，内在的道德绝对命令需要外在的强制手段得以实
现。正义的道德属性与法律强制并不是一一对应的，道德上提倡的并不一
定是法律上强制要求的。道德归根结底还是需要资源和认同，根本上是自
律的，而法律是强制的。正义秉性的道德绝对命令越内化为个人的自律要
求，这样的正义规范越能获取稳定性。正义的道德内涵的是一种绝对命
令，具有绝对的强制，但是道德毕竟缺少外在的基础手段加以维护，所以
道德的约束力归根结底依靠自愿和自律，只有人们获得道德绝对命令的完
全自律化才能使得正义秉性的内在强制与个人的道德自律相互重合，正义
要求的即是人们愿意接受的，也就是实现了正义的稳定效果。

　　针对正义的道德内涵的强制成分，也有学者提出不同意见。特别是发
展到当代社会，道德实质内容的强制成为自由主义哲学家担忧的对象，他
们担心整全学说包含的道德实质内容蕴含的强制成分会威胁到个人自由。
于是寻求将理论的道德强制的因素排除在政治领域之外，对此罗尔斯提出
了一种正义的政治观念，建构一种政治自由主义来实现这一目标。对于正
义与强制的问题，罗尔斯一方面认为多元社会背景下不可避免有强制，指
出多元社会背景下的压迫性事实（fact of oppression）；② 另一方面也对强制
可能带来的危害产生警惕，认为强制本身也是正义稳定性的威胁之一。③
表面上看罗尔斯理论中存在矛盾之处，实际上，罗尔斯论述了两种内在强
制性。罗尔斯关于强制的论述从属于他的社会多元论理念，在当代多元社
会的背景下，罗尔斯区分出两种多元论，一个是合乎理性的多元论事实
（fact of reasonable pluralism），另一个是一般多元论事实（fact of plural-
ism），由此也对应着两种强制性。罗尔斯对于合乎理性多元论背景下的强
制的必要性表示认可，罗尔斯反对的是一般多元论背景下的强制。实际
上，罗尔斯也承认公共权力不可避免是一种强制权力。④ 强制权力与压迫

---

　　① 慈继伟：《正义的两面》，生活·读书·新知三联书店2001年版，第1—2页。

　　② ［美］约翰·罗尔斯：《政治自由主义》，万俊人译，译林出版社2013年版，第37—
38页。

　　③ Alan Apperley, "Liberalism, Autonomy and Stability", *The Journal of Political Science*, Vol.
30, No. 2, 1990, p. 309.

　　④ ［美］约翰·罗尔斯：《政治自由主义》，万俊人译，译林出版社2013年版，第63页。

并不是相互对应的，压迫性事实只存在于整全学说作为国家认同的指导思想，而合乎理性的多元论背景虽然有强制的成分存在，不能算是压迫性事实。罗尔斯认为，"即使在最有正当性的民主国家也会有不同意某项政策的人和那些准备忽视或者违反它们的人，这个时候国家就会采取正当的强制手段使这些人服从"①。这种强制是一种正义环境的必要条件，与整全性学说背景下的强制权力作为压迫性事实不可同日而语。

实际上罗尔斯认为强制是不稳定的，特别是霍布斯式强权正义观只能是一种权宜之计，在现实统治中很难获得长治久安，要实现正义观念的稳定，获得人们心理上的认同，也即是正义观念的道德内化，只有正义观念内化为人们的正义感，外在环境中的人们明确区分合乎理性的多元论与一般多元论，并且获得一种政治价值的重叠共识，才能真正获取正义的稳定性。仅凭法律的强制，正义规范无法获取罗尔斯期待的稳定性，相反，法律的强制要求让人们更多产生逆反的心理，特别是如果法律的强制结合着错误的暴力活动，法律也可能为正义稳定性开倒车。正义的稳定性需要人们的自愿接受，实现一种内在的道德化，这需要实行一种宽松的法律环境，使人们自愿去接纳正义的规范。这种正义的稳定性要求人们道德化的心理认同，需要一个长期的社会化过程才可能实现，需要人们长期耳濡目染的文化熏陶，以及自然而然的情感依赖。社会化属于正义规范的实践部分，人们的可接受程度以及对正义规范的培养传播问题。

道德不同于法律，法律是他律的强制性（coercion），道德是自律的（autonomy），自律与他律共同构成了正义规范的限制。法律是强制规范标准，有着严格明文规定的具体内容，规定着人们在政治社会生活中的具体权利和义务，包括必须要做到的事情，比如适龄儿童的受教育权，以及禁止的行为，比如不得以非法手段牟取暴利等。法律是为人处世的底线要求，道德是更高的要求。道德则没有明文规定的具体内容，"一般认为，道德是调整人们行为及相互关系的一种准则和规范，以善恶评价为标准，代表着社会的正面价值取向，发挥判断行为正当与否的作用，主要依靠传

---

① Alan Apperley，"Liberalism，Autonomy and Stability"，*The Journal of Political Science*，Vol. 30，No. 2，1990，p. 309.

统习惯、内心信念和社会舆论三者的作用来保证实施"①。法律必然是公共的、外在的、强制的规范，而道德又分为社会的道德和个人的道德，社会的道德是社会风俗习惯对人的约束，也有社会舆论的作用，属于一种外在的他律形式，然而由于外在的道德规范并没有强制性，道德的最终落脚点在于自律，道德规范的最终取向只能是个人对自己的约束，源自个人的信念。社会的存在，不可能指向自己是否愿意而忽视外在的社会风俗与舆论的影响，违背道德的行为，虽然不会得到法律的惩罚，但会产生社会舆论的谴责。在一个国家或政府的治理过程中，法律与道德的规范标准分别对应法治与德治的两种形式。依法治国指的是公共领域陌生人之间的法律规范，但是，人与人的相处环境又不仅仅限于陌生人之间的政治空间，道德风俗、伦理习惯也是重要的参考标准，做出违背道德和伦理的行为，也会遭到一定程度的社会惩处，虽然不是法律的强制制裁，有时候可能遭到更严重的社会敌视与孤立，比如丑闻缠身的艺人被人们群起而攻之，事业的发展停滞，这时候当事人如果想恢复事业，就需要依据社会道德的规范承认错误、改善言行，做到表里如一，获取人们的谅解和宽恕。所以道德规范虽然具有外在风俗习惯与社会与理论的监督，归根结底需要人们的内在认同，而法律的作用过程与此不同，强制性不关注人们是否心理认同，主要需要人们外在行为的服从，内心的想法在法律方面并不具有决定作用。因此，正义要获取稳定，必然不能仅仅依靠法律的制裁，应该更多去考虑如何获取人们在道德上的心理支持与认同，即自律比他律更能获取正义的稳定性。

三 强制性与自律性

正义的外在强制是无条件的必须遵守，如果没有获得内心的认同，外在越强制，人们的内在越反感，直到外在的强制冲破心理防御的界限，强制的成分压迫人们的反感，原本可以实现正义规范稳定性的强制也可能成为违反正义的原因。

通过上面的探讨，我们可以总结出真正的正义稳定性的获得应该是在保障个人自尊、自律的基础上的内心认同，道德自律比外在强制更利于正

① 朱勇：《道德的正义内涵及其形成途径——兼论多重视角下的自律和他律》，《云南社会科学》2013 年第 5 期。

义的稳定。强制只能用来惩罚非正义的破坏社会安全稳定的违法犯罪行为，但是要让人们真正接受某种正义的规范并获得认同，需要建立在保障个人自尊、自律的基础之上。强制力的使用不是无条件的，滥用强制力的社会是典型的暴力社会，缺乏强制也会使正义软弱无力流于形式。虽然罗尔斯承认政治权力是一种强制权力，但是强制的使用需要限制在有限的范围之内。当强制侵犯了个人的自律，当强制危害了个人的自尊，这时候强制就不再促进正义的稳定性了，而是成为社会不稳定的来源。过分的强制权力的实行是一种压迫，而哪里有压迫哪里就可能产生威胁社会稳定秩序的反抗。强制的暴力滋生反抗的暴力，最终的结果只能是社会的不安定，进而造成正义的缺失。能够充分保障并且促进个人自尊和自律的正义规范才是更加稳定的正义，或者说尽管有多种的正义观念的多元冲突，真正稳定的正义是能够保障个人自尊和自律的稳定，除此之外的正义是难以获取长治久安以及广泛认同的。所以研究正义的稳定性，需要对于人们的自尊和自律加以研究。

然而，自律本身又是一个充满复杂内涵的概念，自律对于正义的稳定性也有条件性，不是所有的自律行为都是正义的，更不要说促进正义的稳定性方面。违反正义规范的人可能也是自律的，但是自律不代表个人的行为不受外在法律的强制和约束。另外一些人的约束能力也是较差的，单凭这些人自己对于自己的约束也无法保证最终的行为一定是符合正义规范的，因而个人的自律之外依然离不开法律强制的约束。针对自律的程度，罗尔斯区分了理性的自律（rational autonomy）和充分的自律（full autonomy）。[①] 理性的自律是人为的而非政治的，充分的自律是政治的而非伦理的，前者对应个人善的能力，后者对应人的正义感。自律的划分对应着罗尔斯明确区分的政治价值与非政治价值的分类，合乎理性的多元论以及一般多元论之分。合乎理性的多元论是政治领域排除整全性学说的各种冲突的环境，人们能够按照这个要求通过审慎反思形成充分的自律，"公民的充分自律是通过原初状态的结构性方面来塑造的，也就是说，是通过各派之间如何相处和它们的慎思所受到的信息限制塑造的"[②]。因此，可以看出罗尔斯将正义稳定性的论述剥离了一般性多元论事实的背景，特殊限

---

① ［美］约翰·罗尔斯：《政治自由主义》，万俊人译，译林出版社 2013 年版，第 66—71 页。

② 同上书，第 71 页。

定的合理多元论是对正义政治环境的理论限制。

　　罗尔斯不仅认为强制会威胁正义的稳定性，而且认为理性的自律也会威胁正义的稳定性，正义的稳定性局限在政治层面，理性的自律如果放到政治领域去探讨也会造成整全性学说的压迫性事实，从而产生社会的不稳定。罗尔斯想要的稳定是一种政治层面与道德层面的严格区分，充分自律与理性自律的明确对立，政治领域有重叠共识为基础，道德领域则属于政治之外的环境，人们可以通过自由的交往相互影响。可见自律也有可能威胁正义的稳定性。罗尔斯认为充分的自律是一种非整全性学说，因而可以免于强制。实际上，道德自律本身也是一种部分整全性的学说，也包含着一定的强制成分，关键在于理性自律的强制成分被罗尔斯政治自由主义反对。

　　同样是对自律问题的分析，约翰逊（Johnston）区分出三种自律：行为者自律（autonomy as agency）、道德自律（moral autonomy）、个人自律（personal autonomy），艾帕里认为约翰逊区分的行为者自律与道德自律对应罗尔斯的充分自律，个人自律对应理性的自律。[①] 针对个人自己人生价值的评估，应该归于个人的自由选择和自我约束，但是行动者的自律和道德自律涉及人与人相处的关系模式，因而也需要受到社会的制约和影响。而且，充分自律不仅仅是纯粹政治层面的自律，其中的行为者自律和道德自律，是具有部分整全性学说的成分，而且这两种自律与自由主义的政治价值具有相容性，并不会带来社会的压迫性事实，威胁正义的稳定性。[②] 政府制度对于人们的自律行为不是中立的，也会从中选择支持的自律形式，只要不在原则上威胁个人的自律，道德自律和行为者自律的引导是必要的。清楚的是，行为者自律是一种充分自律，必然是政治领域所允许的，个人自律涉及的个人对自己的评价不属于政治领域，关键在于政治领域是否对道德自律进行约束。二者分歧的焦点在于，是不是可以明确将道德的善排除在正义的政治观念之外。熟人之间是否有正义关系？陌生人之间是否有道德关系？正义规范是否包含着道德成分？我们认为答案是肯定的。如果真是这样，那么艾帕里认为的罗尔斯的充分自律是一种部分整合性学说，也有着强制成分的观点是成立的。

---

　　① Alan Apperley, "Liberalism, Autonomy and Stability", *The Journal of Political Science*, Vol. 30, No. 2, 1990, p. 292.

　　② Ibid. , p. 311.

　　罗尔斯特别关注对于个人自律的干涉可能带来的家长专制制度，会破坏人的自由造成的社会不稳定，然而，我们应该看到政治领域本是一个充满争议的领域，罗尔斯把可能的争议排除在政治领域之外，划分成一个相对纯洁的政治空间，结果造成了政治生活的非政治化，有一种为了稳定削弱政治本质的倾向。因此，要探究正义的稳定性不能排除多元化背景争论，而是应当在多元社会的背景下寻求建立社会共识的可能性内涵，从而探究实现正义稳定性的政治基础。

第五章

正义共识的确立

　　正义稳定性的政治层面是正义运行过程中对于外在制度的要求，既需要制度本身具有正当性，即保障政治权力的来源和运行获得一定程度的合法有效性，还需要人们在法律制度建构上达成相应的稳定共识，获取广泛社会共识基础之上的稳定性基础，在多大程度上实现宪法层面的共识，还是拥有较多实质内容的道德共识是这个问题的争议焦点。政治正当性问题主要涉及政治权力的来源和民众接受的问题，在罗尔斯正义理论中是一个比正义弱的概念，属于宪法制度层面的共识问题。而正义政治观念的稳定性以政治正当性为基础，要获取正义观念在社会中的稳定运行，需要进一步探究政治共识的确立。上一章中我们关注罗尔斯在公共理性的基础上达成宪法层面的共识，在此基础之上，罗尔斯还提出实现更深入社会共识的重叠共识理念，本章关注罗尔斯在多元社会背景下对此的相关讨论。

第一节　政治共识与正义的稳定性

　　正义观念要获得稳定性，需要人们形成对于正义理念的内在心理认同，同时不可缺少外在政治制度建构，外在制度的强制是正义规范的强制性，而人们自我约束的道德感也是一种内在自我约束的自律追求，从道德主体的自律出发实现政治建构的广泛接纳，特别是在多元社会背景下，各种各样的整全学说难以化约的相互竞争环境中，要实现广泛心理认同的道德稳定，需要人们获取对于外部制度规范的广泛而深度的社会共识，这也是贯通外部政治制度强制与内在自我认同的桥梁。

政治制度具有外在强制性，而内在强制性的自我约束本质上就是自律，自我约束实际上也就是自愿的行为选择。罗尔斯认为自律获取正义的稳定性指的是，过多的外在强制的正义缺少稳定性，而只有人们自我强制才能实现对正义规范的自愿接受，也就是道德主体对于正义规范形成自我认同。罗尔斯旨在提供一种人们通过内心对于正义规范的认同来获取正义规范的稳定。不管是从法律，还是道德教化的角度，最终形成的是自律的也是自愿的正义规范。认同需要以理服人，而不是外在的暴力强制，暴力强制对于稳定只能起到负面作用。这也体现出罗尔斯追求的是正义社会的稳定性，支持个人自尊、自律、自愿认同基础上的正义的稳定性，而不是强权正义的稳定性，也不是任意一种所谓的正义观念的稳定。只有人们从心理上真正认可一套正义标准，才会获得稳定性，只有这种正义理论可以从规范上保障个人自尊价值的实现，人们才会从心理上对正义规范产生认同，当然这种稳定的实现难度也是大大提高了。罗尔斯对这种稳定性的探讨限定在西方近现代宗教改革与启蒙运动之后发展到现如今的宪政民主政治文化背景中。一般而言，实践问题都是特殊性的，因文化背景的不同而不同。"作为一个实践的政治问题，没有任何普遍性的道德观念可以为一个现代民主国家的正义观提供一个可获得公共认可的基础。"① 所以，首要的问题是区分政治问题与道德问题，政治层面的正义问题需要强制，而道德层面的认同才是个体心理上获得正义稳定性的归宿。这里可以看出霍布斯与罗尔斯的本质区分，霍布斯仅仅关注法权方面的政治建构能否保障和平与秩序的问题，罗尔斯既关心政治秩序的制度建设问题，即宪政民主社会是否可以促进社会良序发展，同时也关心个体对于正义规范的认可程度问题，即正义德性被人们认同和接受的问题，亦即正义的内在稳定性问题。同时，在政治正当与道德心理认同之间，还有着广阔的社会空间，需要在社会层面达成广泛的共识，从而实现政治建构对道德认同心理稳定的促进。

正义的稳定性不能仅仅依赖于强制力量作为后盾，强制力量的使用仅限于违反法律制度层面的正义规范，道德层面违反正义的行为应该依赖于情理上的认同，获得正义规范的稳定。针对多元社会背景下正义观念的多

---

① ［美］约翰·罗尔斯：《作为公平的正义：政治性的而非形而上学的（1985）》，《罗尔斯论文全集》，陈肖生等译，吉林出版集团有限责任公司2013年版，第440页。

样化冲突，只有最终实现以理服人、以情感人获取人们的广泛认同与共识，才能做到正义规范的真正稳定。理性上的说服需要晓之以理，尊重个人的自由平等人格尊严，为人们提供切实的利益保障，在理性人假设的背景下理性总会多多少少涉及效益的算计，理性的行为也会考虑更多的得失取舍关系，理性计算需要给人们提供切实有利的回报，从而得到人们心理上对正义规范的认可。情感上的认同说服需要动之以情，情感的认同是一个长期的情感培养过程，需要特定的文化感染和历史积淀，我们在第二、第三章重点论述了道德心理层面的稳定对于实现正义稳定性的归宿意义。进一步而言，政治正义稳定性的实现，需要在心理基础与制度正当之上达成政治共识获得支撑，也就是说，正义的稳定性需要树立符合文化传统的正义规范的社会共识，获取人们的稳固支持，从而获取正义稳定性的基石。

第二节　多元社会背景下共识的可能性

一　多元社会背景

当代西方社会是一个个人理性普遍出现危机的时代，主要内容既有本体论层面个人与社会的分离，同时现实社会中的各种价值与观念的多样性也越来越成为一种常态。在多元化的社会环境中，既有如亨廷顿所言世界文明的多样冲突，又有现实生活中各种各样生活方式的多样趋势。针对现实社会的差异性，一些学者认为分歧太大以至于很难使社会达成广泛的道德共识，因此主张以一视同仁对待一切观念的权宜之计作为社会秩序的目标和基础。[①] 另有一些学者认为，正因为在这样的多元冲突背景下人们很难自发达成稳定的共识，因此应寻求在合乎情理的多元事实背景下尽可能达成某种程度的政治共识，改善多元价值带来的社会分裂，比如罗尔斯提出的重叠共识。西方现代社会自宗教改革和文艺复兴以来，正义价值观念进入多元化讨论，持有不同正义观念的人们共同生活在一个世界中，在面对多元与差异的环境中，寻求正义共识与稳定发展，首先需要选取对于正

---

① ［英］约翰·格雷：《自由主义的两张面孔》，顾爱斌、李瑞华译，江苏人民出版社 2002年版，第5—6页。

义观念的共同认识，以及共同维护正义观念运行建构的政治制度形式，以此保证相对正义社会的平稳发展，从而更进一步提高社会的公正水平，这些内容都建立在社会基本共识的基础上。正义稳定性依赖于共识的确立，多元差异的社会既是正义稳定性的研究背景，也是正义本身缺少稳定性的客观形势，体现了人们不断追求正义稳定性的必要性。总之，正是多元社会的客观环境使得正义本身成为必要，这是第一章正义诞生客观环境的基本内容。

面对社会文化的多元化发展，思想家们引入相应理论进行阐释。伯林提出并详细论述的"价值多元论"（value pluralism）在西方政治思潮领域具有深远影响，克劳德将其与自由主义联系在一起，在承认自由主义最低限度普遍价值的基础上进一步发展总结出价值多元论的四个主要主张，"存在着某些普遍的价值，（普遍的和地方性的）价值都是多元的，价值也许是彼此不可公度的以及它们会相互冲突"①。价值多元论认为多样性是人类社会长期存在的现象，各种各样相互对立冲突的价值理念充斥在社会生活之中，不管善行或者罪恶所有的价值之间都是不能比较的（incommensurable）、客观存在的、有着平等的终极意义，即使人们的理性都处于大致同一的水平线上，可以进行同等水平的思考和推理，仍然不可避免产生不同的判定结果。②造成这种结果的原因不是人们理性的差异，而在于社会生活不同领域的不同行为规则具有不同的价值评价系统，有着客观的不以人的意志为转移的根本基础，虽然人们可以尽可能做到理性严肃地认真推理，因为客观标准的不同也很难达成一致的结果。另一种多元化理论思考模式来自罗尔斯的"合乎情理的多元主义"（reasonable pluralism），是一种关乎人们理性判断本身的多元性概括，与价值多元论的共同之处是都强调社会生活中存在阻止人们在政治和道德层面达成普遍共识的多样性因素。不同于价值多元论认为社会领域的不同活动由于具有不能直接比较的客观评价标准带来社会多样性结果，合乎情理的多元主义关注人们理性认识能力本身的多样性，从人性的主观判断思维本身出发解释社会多元化发展的原因，认为多元异质社会的主要来源在于人们理性思维的差异性，即便是

---

① ［英］乔治·克劳德：《自由主义与价值多元论》，应奇等译，江苏人民出版社 2008 年版，第 45 页。

② Sterling Lynch, "The Fact of Diversity and Reasonable Pluralism", *Journey of Moral Philosophy*, No. 6, 2009, pp. 70 - 71.

面对同一个社会生活现象，每个人也会根据自己不同的理性思维方式与人生经历做出不同的解读与发挥。这种理性的多元论从人的思维活动层面界定了人类自身对社会外在环境产生多种多样解读的可能性，以及取得一致认同的难度。同时，不同于价值多元论认为的人们必须寻求包容所有良善生活的理想价值目标才能获得政治与道德价值的正当性基础，合乎情理的多元论支持从人的理性思维判断角度入手，致力于通过创建合乎人们理性与需要的政治和道德思维结构，提高人们自由自主的认识水平和行为能力，从而实现社会认同与共识基础。从这个角度看，就获得社会团结这一个目标而言，合乎情理的多元论比起价值多元论更加强调人们主观思维判断的自由裁量空间。总之，价值多元论和合乎情理的多元论分别侧重于分析不同活动价值评价标准的客观性和不同行为主体的思维主观性角度，揭示了当今人类社会生活场景中充满多样复杂的原因和表现，指出实现社会共识与社会认同面临的严峻挑战和努力方向。

罗尔斯政治自由主义的论述主要是针对合乎情理的多元论事实，将其与一般性多元论事实（fact of pluralism）相互区分。一般性多元论事实在罗尔斯看来是不合情理的，虽然表面上二者都是社会充满各种各样利益的分歧，但是不同在于一般性多元论事实并没有统一的自由制度加以规范，而仅仅涉及各个民族和各个阶级之间的不同利益，是一种相互之间充满分歧的一般性理念，充满了不同观点之间的相互压迫和挑战。而合乎情理的多元论事实不仅仅是自我利益和阶级利益的结果，而是"自由制度框架内自由实践理性作用的结果"①。合乎情理的多元论事实是自由制度和自由理性作用的结果，即便实践理性对于不同观点的强制也不属于人类社会的不幸。一般性多元论事实有可能带有无理性的暴力压制，相反合乎情理的多元论事实是罗尔斯正义理论中的重要理念，这种背景下的法律制度强制则是正义理论的题中之意。一方面罗尔斯反对单一的整全性学说在多元论的背景下实行的强制统治，认为这样的强制会破坏政治社会的稳定性；但是另一方面罗尔斯认为即便是民主正当的政府也不可能完全绝缘于强制的手段实现民众的服从。

---

① ［美］约翰·罗尔斯：《政治自由主义》，万俊人译，译林出版社2013年版，第33页。

二 共识的内涵与社会正义

（一）共识的内涵与种类

共识（consensus），按照中文的字面意思就是共同的认识，认识既不是一种客观的实际现象，也不是一种单纯的主观意志行为，而是人们从主观的自我意识作用于外界客观事实的过程，是人们了解外部世界、与外界环境产生互动的基础。从拉丁字母的拼写看，consensus 的共识与 consent 的同意是一对同源词根的词汇，共识的基础是人们对一种意见的一致性表达，可以说同意和共识有很大相似之处，不同在于同意比起共识更强调行为体态度的主动认可，而共识更像是一种已经达成的行为结果和状态。"在政治学领域，多用同意概念，尤其是在社会契约论中比较多见，用以论证政治权威建立的必要性以及政治服从的义务从何而来的问题。在社会学领域中，则多用共识概念，尤其是在将社会理解为一个道德或有机共同体基础上，共识是指社会中流行的意见或普遍的观念与信仰。"① 在西方政治哲学的社会契约论传统中，个人同意是达成共识结果的基础，罗尔斯正义理论以社会契约论为基础，继承发展洛克将个人同意作为政治正当性来源的自由主义传统，不同于西蒙斯将洛克同意传统的发展成为极端的哲学无政府主义，罗尔斯的共识理论依赖公民的公共理性对达成共识的作用，同时强调社会民主文化背景的作用，体现罗尔斯正义理论中对于共同价值的强调。

一般而言，人的心理活动分为认知、情感和意志三部分，人对外部世界的认识和感知是一切其他社会活动的基础，共识是人们认识的聚合，是个人从简单认识到复杂认识的发展，因此不仅仅涉及认知活动，更重要的是与人们的情感、意志有复杂的联系。虽然心理学在理论上可以将人们心理活动的认知行为脱离情感和意志，但是在人的实际心理表现中，三者无疑又是紧密联系在一起的。认知行为不可避免受到情感和意志的影响。即便是纯粹的理性行为，也不一定表示每个人就可以得到同样的结论，加之意志和情感更是因人而异，这也决定了共识问题的复杂性。要达成对于某种观念的共识，首要的是需要基本的客观事实作为依据。基本的事实需要

---

① 段元秀：《西方政治思想中的共识理论研究——从"个体同意"的共识到"对话与交往"的共识》，博士学位论文，天津师范大学，2015 年，第 28 页。

调查清楚，才能进一步探讨人们对这种客观事实的一致认识。一般而言，支持人们可以达成共识的理论，首先承认人们有能力对客观事实加以认识的共同属性，也就是持有一种对于外在世界的可知论观点；其次，共识理论认为彼此独立的人与人之间的认知结果具有彼此接近的可能性，支持人们对于一定的客观事实可以产生共同的承认，对一些基本的价值呈现共同的认可。总之，人们的认识活动主要是人们的理性思维方式作用的结果，同时又有情感和意志的参与，同样，当人们的认识结果产生聚合与一致性的时候，更需要共同的情感和意志施加影响。

《布莱克维尔政治学百科全书》对共识的解释是："在一定的时代生活在一定的地理环境中的人们共有的一系列信念、价值观念和规范准则。在政治意义上，它指的是与政治体系有关的信念。"[①] 这种解释强调共识内涵的主观价值和信念的一致性，由此进一步指出共识的限定条件，即自由意志是人们获取政治制度共识的正当性基础。[②] 共识往往与意见的不统一甚至矛盾相互并存，在政治领域这种现象更为明显。共识是人们共有的价值、规范和信念，针对政治领域，则涉及人们对于政治制度规范秩序的共同意见。广义看来，在政治领域，共识可以关于整个政治体系的形成与建立问题，如何维持一个基本的政治共同体的确立，都是达成关于制度法律层面的共识过程；狭义的共识可能涉及的是在具体的文化社会及制度背景下，人们如何形成对一项政策和问题的处理方案的共同接受。本书的共识探讨当然不限于具体方针政策的共识，政策层面的共识只能算是一种局部暂时的共识，而广义的深层次共识涉及政治正义体系建构的重大理论问题，植根于政治社会生活的共同体与公民文化背景之中，有着更为复杂而深刻的内涵。

共识与共同体的深厚度密切相关。有关共识的种类，从共识可以达成的厚度而言，由浅入深可以分为利益共识与道德共识。利益共识主要是一种临时谈判协商带来的有关利益合作达成的合作协议，彼此的接近与合作就是为了追求互利共赢的目标，一旦利益协议履行各自实现想要的利益之后就会分道扬镳，下次交往如果产生利益的纷争，即便曾经是盟友的关系也可以立马翻脸成为敌对方，利益共识是典型的国家与国家之间的交往模

---

① ［英］戴维·米勒、韦农·波格丹诺：《布莱克维尔政治学百科全书》，邓正来编译，中国政法大学出版社 1992 年版，第 155 页。

② 同上书，第 156 页。

式。进一步而言，则有着价值规范的共识，从出发点和来源分析，大致可以分为两个层面，一是理性认识的共识，人们通过理性分析，讲事实摆道理自愿达成的共识，在多元差异的社会中，通过比较不同的观念，得出理论思想的可欲性与可行性的优劣，从中选择最有可能得到人们认可的共同价值。二是有共同体信念情感的共识，人们因为生在某个具体的环境之中，长在其中而获得的社会文化、传统习俗、社会舆论以及情感信仰的自然依赖，可能有时候缺乏某种道理可讲，但却可以形成人们情感上的信念。当然，实际的共识都是介于二者之间的连续过程。共识的基础是客观事实，利益共识比起价值共识更需要客观事实作为基础，价值共识很大程度上建立在主观认知的结果之上。我们一般谈论的共识都是利益与价值的混合物。共识在本章的探讨依赖于正义的政治观念中公共理性作用的结果，主要内容是探讨罗尔斯公共理性层面达成的共识内容与影响，下一章则重点关注共同团体思想和情感对于正义稳定性的重要意义。总而言之，广义的共识包含了公共的意见、信念的聚合，既需要公民在政治实践过程中的公共理性作用，又需要公民对于政治共同体信念的情感归属。在本章的讨论中，主要侧重于规范意义上公共理性对于共识的达成。罗尔斯公共理性与真理相分离的问题在这里依然存在，共识是否可以脱离完整真理，脱离完整真理的共识是否可以促进正义观念的稳定运行，依然是本部分需要探讨的问题。

笔者认为，事实本身有着基本的客观依据，客观事实具有真理性质，而共识偏向主观理解，但是也建立在客观事实基础之上，具有真理性质的事实本身是共识产生的客观基础，如果人们连基本事实都大相径庭，也很难在主观上达成一致性。在现代性思潮的冲击下，人们的理性观念受到了巨大冲击，价值观念的事实依据被弱化，人们从不同的角度出发会产生不同的结论，很难通过客观事实为基础的标准来评价理论本身的价值。这时候人们诉求价值的聚合，共识的达成依赖于人们的情感和信念。但是不可否认，公民之间通过协商和谈判而达成共识直接依靠的是人们的实践理性和公共理性，虽然理性与情感相互纠缠难以完全分割，但是政治领域共识所体现的制度层面的一致性与人们道德信念层面的聚合有着不同含义。

（二）共识与正义

通过上面的论述我们知道，共识是政治社会稳定发展的必要条件，也是正义稳定运行的基础，这里需要进一步回答正义观念的稳定运行需要获取政治制度层面的何种共识，如何达成这种共识。共识在政治领域，特别是正义观念的探讨中，根本上涉及的是一种正义观念的普遍性认知，人们是否能够达成对于一个正义规范的共同接受和认可，用哈贝马斯的话来说是一种可普遍化能力。那么，对于共识的讨论涉及三个方面，第一个是要研究共识的基础和来源，需要探究共识的人性基础，人们的理性可以实现政治社会的何种程度的共识，公共理性与共识外在环境风俗习惯对于人们的内心可以起到多大的作用，以及强制建构的共同权力对于共识的作用等。第二个是关乎我们达成共识的范围，是何种人数的共识还是何种程度的共识，这是共识的内容问题，共识的广度、深度、强度与正义的稳定性有着密切关联，也是我们思考共识问题的重要方面。第三个则是共识的达成方式和达成过程，多大程度是人们自由意志的汇合，有多大程度需要一种外在力量的介入，武力的强制推行是有利于共识还是对共识造成威胁，欺骗与煽动如何影响共识的达成，达成的共识局面是否稳固等都是我们需要反思的问题。

从规范视角看，共识可以视为人们从自己立场观点出发经过一番协商讨论带来的一种意见汇合。从西方启蒙运动起，思想家对于理性政治达成一种普遍共识，那就是近代自由主义政治思想的起源和发展。政治自主与私人自主的分立，权利政治观逐渐形成，随着理性的进一步发展，出现更加多元化的社会方向。康德提出理性的公用，每个人都从自身的视角出发，虽然按照绝对命令要求的每个人认为应该成为普遍法则的标准去行动，每个人应该去做他认为的所有人都应该去做的行为，但是因为这种情况下个人只是考虑个人立场为根本出发点，每个人都可能是会认为自己的行为准确无误，这种严格的道德自律带来的结果可能是每个人各行其是。缺乏外在统一标准将人们的不同行为联系起来，最终带来的可能不是社会生活的共识，而是社会的混乱。所以，仅仅依靠个体理性，无法达成人们对普遍的正义规范的共识，罗尔斯认为政治社会的共识需要公民培养一种对于公共生活的公共理性。罗尔斯正义理论的两个过程，第一部分是罗尔斯正义原则的选择关乎原初状态和无知之幕背景下的假设环境；第二部分是正义原则的运行，主要是在一个秩序良好的社会环境中的具体操作。这两个部分都涉及共识的达成问题，前一个共识主要是社会契约论环境中的自由平等理性人的同意，后一个共识则是正义原则在现实环境中的运行问题，涉及政治制度层面的公共理性。共识问题既涉及正义原则的选择问题又涉及运行问题，重点在于正义原则的稳定运行。公共理性是当代西方政治哲学家对于基本认同达成政治社会共识的必经之路，具体到不同语境又有不同含义。罗尔斯将公共理性看作西方宪政民主合法性基础，核心思想是公民之间的相互理性承认，而哈贝马斯通过主体间性来表达主体对理性的公共运用，二者都可以看作协商民主达成政治共识基本思路。

探讨正义共识的实现路径，首先需要讨论共识主体的人性问题。第二、第三章论述了自由主义观念中道德主体的基本属性，即自由平等的理性人，进入公共的政治生活领域，自由平等的理性人转变为自由平等的理性公民。罗尔斯依然坚持个体主义的思考视角，延续西方社会契约论的结果，同时发展出来公共理性作为当代西方民主社会公民参与政治生活的推理方式。公民的公共理性主要表现为共同体主义的观点。进一步而言，对于共识内容形成过程的探讨，可以分为先天的共识和后天的共识，先天的共识，指的是本来就已经存在的，这是潜移默化的自然而然达成的共识，也是根植于人们内心的情感认同，可以避免外在强制成分加以明确规定的共识，当然是一种非常理想化的状态。而后天的共识则意味着人们通过各种外在的协商手段，如辩论、交往产生的某种相互妥协之后的共识，但是这种共识的稳定性是值得怀疑的。排除了价值认同和情感的依赖，只能算是有着共同利益的权宜之计或临时约定的共识。一般而言，霍布斯的政治稳定性只能看作一种权宜之计，而罗尔斯的重叠共识的稳定性在此基础之上增加更多实质性内涵，同时也带来了重叠共识内容的可行性问题。关于正义共识的必要性上面已经论述，正义共识可能达成的程度，则成为学者们的主要争议。拜尔坚持的宪法共识与罗尔斯提出的重叠共识为主要的观点对峙。

第三节　重叠共识与社会正义

一　重叠共识的主要内容

在罗尔斯政治自由主义转向探讨正义稳定性的论述过程中，重叠共识是其中一个重要的基本理念。解决民主社会合乎情理的多元论背景下实现秩序良好社会之公平正义的统一和稳定，建构一种重叠共识是达到这个目的最为直接和有效的路径。重叠共识的形成，首要原则为罗尔斯对政治自由主义观念的确立，正义的政治观念及政治自由主义获取正当性的基础在于自由平等的理性公民在合乎情理的多元背景下，国家可以利用强制权力修正和惩罚与我们观点不一致的人，也就是不合乎情理多元标准的观点。罗尔斯认为政治价值具有引导其他一切价值的重要意义，公民的政治参与权也是最重要的基本权利。

罗尔斯对于重叠共识的界定主要包含两个方面。首先是罗尔斯提出重叠共识的适用环境，主要是合乎情理的多元论事实背景下，多样性思维作为人类社会的常态背景而存在，正义的政治统治不可能依靠一种整合的学说进行统治，不管是宗教学说还是意识形态学说，任何一种包含一切的统治思想都不能得到所有人的一致同意，必然有些人的需求会被掩盖和压制，罗尔斯反对这种情况，因而提出的正义的政治观念主要适用的是合乎情理的多元社会，人与人之间存在分歧但是谁也不强迫其他人完全接受自己的观点。上面提到，合乎情理的多元社会不同于一般的多元社会，一般的多元社会人们之间的分歧巨大且冲突激烈，而且缺乏自由的制度实现不同学说的和平相处。合乎情理的多元论事实背景下，人们生活在统一自由的政治社会环境中，可以尊重彼此不同的生活目标。

其次是重叠共识所依赖的政治观念，重叠共识需要民主社会明确区分政治价值与非政治价值，政治价值对于非政治价值具有无可争辩的优先地位，这种政治价值的具体内容是建国之初考虑的问题，明确的政治价值的界限依靠宪法根本大法予以确立，罗尔斯认为重叠共识是通过广泛的民众协商建立一种政治价值的共识。虽然每个人可能都有不同的整全性学说指导自己生活的方方面面，政治、道德、文化、个人理想等，这些整合性的观点并非来自外在政治价值，而是在宪政民主制度的背景下由个人根据自己的偏好和自由意愿选择确定的，重叠共识依托的政治价值不能对任何个人领域的选择有实质性的干涉，重叠共识仅仅关乎正义的政治价值，前者涉及宪法根本问题和基本正义问题，关乎政治领域的公共价值，而后者作为指导个人良善生活的基本行为原则，接受政治价值的保驾护航，但是重叠共识不能进入个人生活领域，对个人的理性善不做实质性的干涉。

同时罗尔斯又从四个反对重叠共识的观点入手，捍卫重叠共识的适用环境以及具体内容，具体内容为罗尔斯将重叠共识与临时协定区分开来，明确指出重叠共识不是冷漠的或者反思的，且不是部分整全学说，以及确立重叠共识对于宪法共识的优越性。① 实际上罗尔斯这四个反驳成立与否直接决定了罗尔斯重叠共识理念的成立与性质。

首先是重叠共识与临时协定的对比。罗尔斯明确指出，重叠共识不同于霍布斯毫无伦理要求、仅仅依靠强制权力制定的权宜之计。重叠共识不是权宜之计，权宜之计仅仅关乎人们对形而下的利益的互相妥协，仅仅关乎人们眼前的利益得失，重叠共识则是深深植根于秩序良好的民主社会中的形而上的信念。权宜之计仅仅关于一件事情利益取向的临时协定，并不考虑政治共同体的长远目标，而重叠共识蕴含政治共同体的共同希望和目标以及长远的规划。② 姚大志将罗尔斯稳定性过程中人们欲求的分类，指出正义感的获得欲求的是"形而下的利益"，而重叠共识人们则旨在获得"形而上的信念"，罗尔斯寻求真心拥护的稳定性超过霍布斯对稳定性的寻求。③ 从理性的运用本身考虑，权宜之计只能算是一种手段工具理性的简单应用，而重叠共识则是自由平等的理性公民对于实践理性运用的结果。虽然二者的相似之处都是非目的论的，但是也存在明显区别。"在罗尔斯看来，实践理性是程序问题，而非实体问题，是我们就即将被执行的事物如何形成共识的问题，而不是我们将赞成的是什么的问题。"④ 罗尔斯认为重叠共识与权宜之计根本不同，一是共识的目标即正义的政治观念本身可以算作一个道德观点；二是重叠共识在道德基础下定义的社会观点和公民观念也包含了政治美德的要求，体现在公共生活中的公共德性的提倡。⑤ 总之，重叠共识包含着权宜之计所缺乏的道德基础。罗尔斯定义下的重叠共识所涵盖的政治价值也不可能是完全中立的程序价值。

我们认为，对于权宜之计论述较为充分的代表是霍布斯和格雷。霍布斯的"利维坦"主要依赖的是一种共同的强权确立起来的共同体，为了和平与稳定的权宜目标，制定的契约缺少实践理性的运用。格雷也指出当代社会的多元价值，自由主义在价值观念上都很难产生重叠共识，自由主义

---

① ［美］约翰·罗尔斯：《政治自由主义》，万俊人译，译林出版社 2013 年版，第 134—147 页。

② 同上书，第 135 页。

③ 姚大志：《重叠共识观念能证明什么？——评罗尔斯的政治自由主义》，《天津社会科学》2009 年第 6 期。

④ ［美］理查德·罗蒂：《文化政治哲学》，张国清译，北京大学出版社 2011 年版，第 58 页。

⑤ ［美］约翰·罗尔斯：《政治自由主义》，万俊人译，译林出版社 2013 年版，第 136 页。

永远处在冲突之中，唯一能做的只是保持自由主义的宽容精神，主张追求一种不存在某种超价值（super – value）的协调各种相互冲突的价值观念的权宜之计。① 而罗尔斯强调的实践理性的运用需要满足人们对于共同体的道德要求，关键是这种实践理性是否具有道德实质的内涵。由此引出罗尔斯针对重叠共识的第二个反对意见的论述。如果重叠共识是一种道德实质内涵的共识理论，那么重叠共识就不能说是非整全性的学说，而是含有具有道德妥协的部分整全性学说。重叠共识是否具有道德实质性内容是学者们关注的焦点。重叠共识涉及的道德成分的多少直接关系着正义的稳定性问题。一点都不包含道德性质的共识仅仅是一种利益层面的简单协议，重叠共识显然并不是这种，而是罗尔斯在复杂的理论建构中确立的良序社会观点、公民观点以及宪政民主的合乎情理的多元社会背景之下严格推理的产物。只有这样的公民与社会存在的公共政治文化环境中才能产生如此的重叠共识，除此之外，重叠共识的适用性表现还需要进一步的探讨研究。我们可以看到罗尔斯重叠共识是关乎正义政治观念稳定性的核心概念，虽然罗尔斯对于重叠共识的具体内容并没有过度的限制，但是重叠共识所包含的道德限制却是明显的。在这样的道德程序的约束下，不管针对什么内容达成何种具体的共识结果都是正义的，也即实现正义稳定性的表现。罗尔斯公平式正义的一个独特之处，是重叠共识比起权宜之计更能实现正义的稳定性，而权宜之计只能依赖偶然的力量对比和利益得失，而重叠共识因为有着实质的道德基础，所以更有利于正义稳定性的实现。但是罗尔斯又说重叠共识不是某些类型的社会统一和社会稳定所必需的，而是承认在后面两个条件满足的情况下，重叠共识可以成为最合乎情理社会统一的基础。② 这样一来，重叠共识就成为稳定社会的产物而非原因，对于促进正义稳定性的意义打了折扣，当然也为更多正义可能性提供了探讨空间，体现其理论的包容性，但是并不是我们关注重叠共识作为正义稳定性基础的重点内容。

其次是重叠共识是一种整全性学说还是部分整全的学说。重叠共识是一种整全性学说还是部分整全性学说，主要通过其蕴含的政治价值来体现。政治价值是否可以完全中立于道德价值，抑或是说政治价值是否是纯

---

① ［英］约翰·格雷：《自由主义的两张面孔》，顾爱斌、李瑞华译，江苏人民出版社 2002 年版，第 26 页。

② ［美］约翰·罗尔斯：《政治自由主义》，万俊人译，译林出版社 2013 年版，第 138 页。

粹的程序价值，针对这个问题，罗尔斯旨在建立一种纯粹的程序价值中立的政治价值的重叠共识，其实是不现实的。政治价值的正当性基础当然是道德价值，重要的是对于政治价值与非政治价值的界定标准。至少在合乎情理的多元论背景下，政治价值的重叠共识是一种尽量免于过分摄入整合学说的理念。正义的政治观念即政治自由主义，重点在于区分政治领域与非政治领域的划分。在一个价值多元的社会，首要的任务是确定冲突的种类，哪些是可以由政治价值确定的，哪些属于非政治价值的范畴。只有确定了政治价值与非政治价值的区分，树立公共生活中对于政治价值的统一认识，才能够保证个人的非政治价值不受干涉，以及政治价值的共识，只有这样才能实现正义社会的政治稳定。

政治与道德的关系是政治哲学的重大根本问题，从古希腊、古罗马对于政治自由和公民美德的追求，途经现代自由主义道德中立的论述，再到现当代共和主义重新捍卫公民美德的论述，政治与道德的关系一直贯穿始终。罗尔斯虽然反对政治价值对于个人道德生活的干涉，但是从不掩盖对于政治生活公共美德的追求。作为民主宪政背景下的良序社会的公民，有责任和义务捍卫政治共同体的存在。罗尔斯不厌其烦地倡导公民在政治生活领域公共合作与宽容的美德，主张一种正义的政治观念统一整个社会。罗尔斯一方面设想了公民理念所内含的自由平等和理性要求，另一方面规范了政治生活的合作美德，提倡政治生活领域尽可能对个人生活选择维持基本的宽容。罗尔斯对于政治美德的论述一直是其理论的重要内容。问题在于这种政治合作的公民美德属于一种共和主义的主流观点，而罗尔斯提出的以个人实践理性出发的政治自由主义是否与之相融就成了有争议的焦点。从个人视角出发，形成政治合作的公共美德，罗尔斯通过理性的公共运行而形成的公共理性将二者联系在一起。公共理性是自由平等理性公民在民主宪政的背景下产生的一种特定的推理方式，根本核心在于成员之间的相互性关照和承诺。罗尔斯相信，虽然自由主义从个人主义视角出发考虑公共政治问题，也可以本着主体之间相互交流、相互影响、相互合作的要求思考社会问题，并通过一种理性的商谈达成彼此都可以接受的重叠共识。公共理性的推理方式不涉及具体内容，主要是一种公民实践理性对于公共生活的思维方式。如果公共理性成为与道德价值无涉的理念，重叠共识也将成为与道德价值无涉的理念，也就是实现了重叠共识的非整全性学说的论证。然而，公共理性是否是价值中立的推理方式呢？显然不是，公共理性并不平等地对待所有人的各种需求和利益，而是严格区分合乎情理的欲望和利益需求，只有合乎情理的要求才能够进入公共领域，成为公共理性探究的主题。实际上，公共理性是一种慎议的民主形式，慎议的意思意味着对商谈本身进行伦理和道德的约束，同样公共理性本身也包含着道德伦理的规范限制。"罗尔斯的公共理性理念及其所代表的协商民主理论也并非无条件地要求对私人偏好进行公共转换。"① 所以，公共理性并非道德价值中立的理念，重叠共识也并不是道德价值中立的共识，重叠共识可以算是一种部分整合的理念。

再次，重叠共识与冷漠的或者怀疑主义的关系，主要内容是重叠共识是否与真理相关。罗尔斯的重叠共识建立在公共理性的基础上，也就是说对于公共政治问题的决策基础在于获取人们的同意，认为政治自由主义尽可能既不承认也不否认任何特殊整全宗教观点、哲学观念观点等，以及与这些观点相联系的真理理论和价值理论。② 罗尔斯明确指出政治自由主义是政治的而非形而上学的，界定了政治与政治哲学的关系，指出正义的政治学说不需要正确，只要针对特定环境获得观众的同意即可。③ 由此，罗尔斯对真理的态度造成学者对其重叠共识是否以真理为基础产生了争议。

第一种观点认为罗尔斯未做到认知的实质基础论，持这种观点的主要是拉兹（Raz），他认为罗尔斯的政治自由主义已经脱离了真理属性，沦为与罗蒂实用主义相对主义的非可知论范畴。另一种观点是以拉莫尔（Lamore）为代表认为的，罗尔斯做到了实质基础论，政治自由主义是一种包含深刻的道德观念，而不仅仅是一种程序手段的共识，罗尔斯回避具体真理问题不表示罗尔斯不承认真理的价值，罗尔斯公共理性本就是以真理为依托的道德限制的推理方式。④ 帕特里克·尼尔（Patrick Neal）认为两种观点都是部分正确。他认为罗尔斯的政治自由主义的政治转向，虽然体现了向实用性的转移，但是不能算是否认实质基础论的实用主义和相对

① 谭安奎：《公共理性与民主理想》，生活·读书·新知三联书店 2016 年版，第 85 页。
② ［美］约翰·罗尔斯：《政治自由主义》，万俊人译，译林出版社 2013 年版，第 139 页。
③ Patrick Neal, "Does He Mean What He Say? （Mis）Understanding Rawls's Practical Turn", *Polity*, Vol. 27, No. 1, 1994, p. 86.
④ Ibid. , p. 88.

主义，当然这与传统的实质基础论也有不同，尼尔提出以结构基础论来界定罗尔斯的认知形式。尼尔认为罗尔斯不是否认真理地位而是认为政治自由的探讨可以远离，与真理并无直接关系，并指出罗尔斯提出的公共理性对真理保持一定程度的距离，是一种进步的表现，避免政治哲学借着真理的旗号形成压制型的政治权力干涉人们的私人生活领域。尼尔既反对拉兹认为的罗尔斯未做到实质基础论，又反对拉莫尔持有的实质基础论，而是认为罗尔斯的政治自由主义作为结构基础论是一种认知节制（epistemic abstinence），并且这种实用性转向对于解决多元理性冲突的政治正义观念的稳定问题有重要作用。上文已经提到，罗尔斯的政治自由主义首要的任务是划分政治议程的界限，首先区分哪些问题属于政治价值探讨的问题，哪些属于政治价值以外的问题，罗尔斯认为真理问题显然不是政治领域追求的价值内容，因而正义的政治观念在公共理性的作用下获取的重叠共识对于真理保持一定的距离。政治价值的优先意味着基本的政治自由不可争辩，这种绝对性使得政治自由优先性可以算是真理性质的政治价值。既然人们论证罗尔斯正义观念的重叠共识具有真理性质，认为罗尔斯对于真理问题持有冷漠的或者怀疑主义的观点则很难成立。实际上，罗尔斯虽然对于政治自由主义的真理性质持十分坚定的态度，但是也承认政治与真理二者之间难以弥合的对立关系，真理的绝对单一性与政治的民主妥协的性质不可相容，罗尔斯既想坚持政治领域的划分，又想维护真理价值的地位是很难实现的。认知节制或许是一种比较中庸的态度，但是并不能解决政治与真理在理论上的对立关系。

另外，我们反复强调，虽然正义的稳定性主要是运行过程中的问题，但是也蕴含在正义原则选择之初的论证过程中，稳定性高的正义观念也是正义规范的参照目标之一。因此，重叠共识的基础也可以在原初状态追寻。而原初状态的无知之幕是一个彼此之间冷漠的状态，而且打开无知之幕进入社会需要理性公民的反思平衡，从这个角度看，重叠共识具有一定的冷漠性和反思性是有道理的。

最后，重叠共识的可行性问题，重叠共识是否能够像宪法共识那样获得广泛的认同，进而更有利于正义规范的稳定性。

罗伯托·亚历杭德罗（Roberto Alejandro）从罗尔斯政治自由主义的政治性探究出发，指出罗尔斯严格区分公共领域与私人领域的观点，将冲突限制在私人领域，而公共领领域的目标主要是社会团结和政治稳定。① 亚历杭德罗认为罗尔斯政治稳定性作为政治自由主义的目标会产生不良后果，一方面，在资源匮乏的条件下，政治稳定性目标会破坏成员之间的互利（mutual advantage），可能带来为了获取高税收而损害年长退休者的利益的结果；另一方面，对政治稳定的社会秩序的强调，将会排除偶然性问题弱化人们的积极作为，从而产生保持沉默的消极公民。正义稳定当然不是一般的稳定，而是正义社会的稳定，首先是正义原则的确认，然后才是正义原则在社会运行中的稳定状态。实际上，罗尔斯对比重叠共识与宪法共识时指出"宪法共识既不深刻，也不广泛，它范围狭窄，不包括基本结构，而只包括民主政府的政治程序"②。然而，重叠共识被多数学者认为不同于临时协定，但是也大都认为重叠共识是一种部分整全的学说，而且是反思平衡下的协商民主的产物，学者们也质疑重叠共识与宪法共识的优劣比较与实现可能性，认为宪法共识取代重叠共识更有利于正义社会的政治稳定。

总而言之，罗尔斯的重叠共识不同于权宜之计，是一种具有真理性质的部分整全性学说，但是仅仅涉及理论上正义观念运行中的稳定性问题，在现实中很难达成。重叠共识虽然比宪法共识在深度广度和强度上有更高要求，因而比宪法共识更难达成，但是一旦达成也就意味着人们对正义观念有了更深的道德实质认同，当然也就是更有利于正义社会的稳定性。国内多数学者虽然对罗尔斯的重叠共识对稳定性的论证成功与否有着不同观点，但是一般都认为罗尔斯的重叠共识缺乏可行性。丛占修提出罗尔斯完成了理论上的重叠共识的论证，但是仅限于封闭的理论空间，进入现实中讨论可行性问题时难以站得住脚。③ 李刚也认为重叠共识依赖宪法国家达成共识，保障平等权利，但是现实中的国家宪政无法保证多元平等权利，因而很难实现重叠共识。④ 顾肃具体考察了重叠共识对中国实际的可行性，指出依赖宪法民主的制度建

---

①　Roberto Alejandro, "What is Political about Rawls's Political Liberalism", *The Journal of Politics*, Vol. 58, No. 1, 1996, pp. 1 – 24.

②　[美] 约翰·罗尔斯：《政治自由主义》，万俊人译，译林出版社 2013 年版，第 147 页。

③　丛占修：《罗尔斯的稳定性论证探析》，《天津社会科学》2011 年第 2 期。

④　李刚：《秩序良好社会的稳定基石——浅谈罗尔斯的重叠共识》，《学术论坛》2012 年第 4 期。

设，需要漫长的努力。① 姚大志认为罗尔斯稳定性问题的论证是不成功的，论证混淆了稳定性与合法性（legitimacy）的区别，罗尔斯最终只能实现第一正义原则的重叠共识，即宪法基本问题，但是无法解决第二原则的重叠共识，即基本正义问题，罗尔斯实际解决的只是合法性问题，而非稳定性问题。② 周保松则从罗尔斯正义稳定性论证与正当性的关系出发，指出稳定性内含于正义证成的必要条件，与稳定性只关于可行性问题产生矛盾，如果做出道德稳定性与社会稳定性的区分，则可以完善罗尔斯对稳定性的证成。③ 综上，以重叠共识为基础的政治社会稳定性是罗尔斯正义稳定性理论中被批判最多的地方，主要观点分为两派：一派认为重叠共识太薄弱，对于社会中人们的生活深入不够，无法保证社会的稳定；另一派认为重叠共识太厚重，在现实生活中难以实现，强制推行更有可能造成社会的不稳定。学者们将霍布斯的权宜之计与拜尔的宪法共识加以比较，以此来探究正义共识对于正义稳定性的实现。

二 权宜之计和宪法共识

上文已经指出罗尔斯重叠共识的实现困难重重，不仅中国学者认为重叠共识在中国转型社会中很难实现，西方也有许多学者质疑罗尔斯重叠共识的内涵要求太过强烈，即使在美国民主宪政已经稳固发展了两百多年的多元社会中也很难达成。他们认为，美国实现基本宪法共识就可以实现民主社会的稳定，宪法共识已经保障美国民主巩固了两百多年，重叠共识实属没有必要，主张用宪法共识代替重叠共识，持这样观点的主要有库特·拜尔（Kurt Baier）、乔治·克洛斯科、布莱恩·巴里等。

拜尔对于宪法共识的观点是针对罗尔斯公开发表的论文《重叠共识理念》提出来的，后来罗尔斯在《政治自由主义》一书中重叠共识一章对宪法共识的解读就是回应拜尔的观点。拜尔提出宪法共识来取代罗尔斯重叠共识，他认为，宪法共识可以保证自由民主社会的团结和稳定，并不需要依赖社会基本结构的特殊正义分配原则。重叠共识不能证明可以产生比宪

---

① 顾肃：《多元民主社会中的重叠共识与公共理性》，史军译，《马克思主义与现实》2008年第1期。

② 姚大志：《公共理性与政治合法性——评罗尔斯的政治自由主义》，《江苏行政学院学报》2010年第2期。

③ 周保松：《稳定性与正当性》，《开放时代》2008年第6期。

法共识更为稳定的社会团结。正义原则的充分共识在于公平，政治哲学家没有必要提供社会正义的政治观念。政治哲学与道德哲学没有根本区别，都是根据我们社会中的文化来思考问题，都需要为社会的稳定提供充分的共识基础，都在现实中没有实际的政治权力作为规范的后盾。① 宪法共识作为一般性的同意，是制定和解释法律的基本程序，对于促进自由民主社会的稳定性有着充足的作用。克洛斯科支持拜尔的观点，并在文章中多次引用拜尔的观点，并将其与大卫·伊斯顿（David Easton）提出的一种"分散的政治支持"（diffuse political support）相结合，共同作为自由民主社会实现稳定的共识基础。② 一方面，克洛斯科引用了美国政治现实统计的大量相关数据显示，美国民众对于堕胎、同性恋等问题还存在大量分歧，美国现在社会所能达到的共识主要是宪法共识，以此来评判罗尔斯主张重叠共识取代宪法共识的观点是不现实的。另一方面，克洛斯科也指出，越是抽象的原则越容易获得人们的共识，比如人们对自由和平等都持赞同态度，几乎很少有人反对自由和平等的价值，但是考虑到具体问题的时候，是多数穷人的自由和平等更重要还是少数富人的自由平等更重要，就会产生较大的分歧。

拜尔从罗尔斯正义的政治观念中总结出正义获得非乌托邦性质的共识需要满足四个条件：第一必须是超越哲学立场的争论；第二必须是政治性的；第三必须是自由的；第四必须引导和控制两种极端的自由主义。③ 宪法共识仅仅涉及宪法根本问题的共识，而缺乏社会中基本正义观念的共识。拜尔与罗尔斯的分歧在于需不需要达成社会中政治观念的共识。要达成充分的共识需满足三个条件：第一个是共识的水平，达成共识的特殊性；第二个是共识的程度，取决于支持人数的范围；第三个是共识的强度，取决于同意的人们的强度（intensity）。对此，拜尔指出共识的特殊性越强，广度越小，强度越小，越容易达成。④ 按照拜尔这个观点，宪法层面的共识范围大，具有广泛的一般性，接受的人群广度也越大，约束力更

① Kurt Baier, "Justice and the Aims of Political Philosophy", *Ethics*, Vol. 99, No. 4, 1989, pp. 771 – 790.

② George Klosko, "Political Constructivism in Rawls's Political Liberalism", *The American Political science Review*, Vol. 91, No. 3, 1997, pp. 635 – 646.

③ Kurt Baier, "Justice and the Aims of Political Philosophy", *Ethics*, Vol. 99, No. 4, 1989, p. 772.

④ Ibid., pp. 776 – 777.

强，宪法共识更难实现。实际上，宪法共识作为对一般性问题的抽象解答，对人们的行为约束也相对较浅，更容易获得多数人的同意，所以宪法共识的实现比起重叠共识更为容易，但是越容易达成的共识，也是越容易遭到破坏的。重叠共识是各个整全性学说的重合部分，也算是一般性的内容，但是重叠共识要求的约束力度更大，而且实现起来更有难度，需要各个学说从彼此的视角出发，达成各方可以接受的价值共识。但是也有学者认为整全性学说的重合部分就是宪法共识，而不是重叠共识，比如克洛斯科的同意结果，现实数据显示的不是各个学说的重合部分，而是彼此之间难以通融的部分。所以重叠共识在理论上作为重合部分，与现实可能达成的实际结果存在一定程度的距离。

拜尔认为罗尔斯最初对于正义共识的界定是一种较低水平的共识，"在某些制度中，当对基本权利和义务的分配没有在个人之间做出任何任意的区分时，当规范使各种社会生活利益的冲突要求之间有一恰当的平衡时，这些制度就是正义的"①。而罗尔斯的公平式正义规定的正义两原则是更深入的高层次的共识要求，当然实现的难度也就会更大。拜尔指出，如果实现最初的抽象原则的共识，则我们已经达成，如果要认可罗尔斯正义理论深入探讨的两个正义原则，则现实中还没有达成充分的共识（adequate consensus）。拜尔认为关于正义的观念充满冲突，比如至善论、功利主义、自由主义彼此之间根本不相容，在社会中人们不可能达成关于正义内容的共识，只能获得程序共识，也就是利益裁决的过程只能依靠宪法共识来解决问题。② 但是罗尔斯认为，在合乎情理的多元整全性学说并存的社会中，各个学说之间虽然彼此充满分歧和冲突，也会产生或多或少的重叠交叉部分，重叠共识就是整全性学说的最小重叠部分达成的共识。实践理性虽然不直接规定真理的内容，但是众多学说的重合部分必然包含一定的真理成分，这个最小的重合部分就是重叠共识，也就是具有真理性质的政治共识。虽然不能说达成重叠共识是获取正义稳定性的充分条件，却是重要的指标。

我们可以看到，拜尔所支持的基本权利和义务作为宪法中明确而不任意的分配，用一种统一的规范对社会中的利益冲突进行恰当的平衡，只关

---

① ［美］约翰·罗尔斯：《政治自由主义》，万俊人译，译林出版社2013年版，第5页。

② Kurt Baier, "Justice and the Aims of Political Philosophy", *Ethics*, Vol. 99, No. 4, 1989, p. 772.

心利益得失的简单平衡与社会联合，不要求道德价值的深层结合与共同认识，这种标准下的统一只能算是一种权宜之计。而罗尔斯恰恰是反对仅仅依靠权宜之计形成稳定的社会联合。重叠共识虽然实现难度上更大，但是一旦实现，毫无疑问稳定性上要超过权宜之计。这里的争论焦点在于政治共同体需不需要深入社会价值形成紧密的联合，还是仅仅关乎利益得失的临时协定。我们认为，一个政治共同体的建立和发展，固然不同于临时签订的协议和利益联盟，而是有着共同的情感和认同。国家的形成也不是简单的利益算计和法律建构的产物，而是历史文化发展的产物，所以仅仅依靠宪法共识的权宜之计并不能形成稳定的政治共同体。而缺乏基本正义规范的道德认知和价值取向，也更不能达成社会的长治久安和稳定持续发展。

三　正义稳定性的共识基础

上文分别论述了罗尔斯重叠共识理念与正义稳定性的关系，以及学者提出的宪法共识对重叠共识的替代方案，可以看出重叠共识内涵的道德实质要求比宪法共识更深厚，因而实现难度更大，但是人们一旦形成认可倾向则不容易遭到外界破坏，也就是说稳定性要高于宪法共识。这也证实了拜尔的观点，即实现难度越大的共识越能够获得稳定认同，相应的，容易达成的共识也容易遭到破坏和瓦解，不利于正义规范的稳定性运行。宪法共识虽然比重叠共识更容易得到民众支持，但是也给宪法制度环境下的具体价值分歧开了方便之门，仅仅依靠宪法维系的政治社会，只是把许多争议问题隔离开来，并没有形成具体有效的调节手段缓解矛盾。而重叠共识则涉及许多实质的社会正义问题。亚历山大·考夫曼（Alexander Kaufman）认为罗尔斯的稳定性恰当有效，既限制了争议的范围，又对公共领域以外的问题保持自由决策的空间，将公共理性与多元文化相互联合，通过二者的匹配达成重叠共识，从而产生正义稳定性的结果，并不是为了稳定而稳定。[①] 其中正义观念的社会化因素也是允许公民在认知范围内通过反思获得成员自愿认同的过程，与机械灌输和暗箱操作的宣传洗脑本质上不可同日而语。考夫曼认为，比起自由主义价值的中立，罗尔斯对于自由文化价

---

① Alexander Kaufman, "Stability Fit and Consensus", *The Journal of Politics*, Vol. 71, No. 2, 2009, pp. 533 – 543.

值的强调和坚持更能促进多元文化的宽容与和平共存。重叠共识介于宪法共识层面的共识与整全性的道德共识中间，既尊重公民个体的自愿同意，又依赖于一种公共理性的引导达成政治社会的共识，特别是植根于西方宪政民主的传统背景之中，是基于广泛社会文化基础的理论构思。

　　达成共识是正义观念获取政治稳定的重要内容，只有人们达成了一定程度的共同认识才能形成对正义规范的共同遵守，稳定的政治共识应该不仅仅局限于个人视角和个人利益的权宜之计，或者仅仅依靠宪法加以规范的强制约束，还应该是人们理智上的共同接受与共同认可。重叠共识是公民在公共领域获得的稳定的理性共识，是在公共理性的基础之上，通过坚持彼此相互承认的标准而坚持公共生活的推理方式来实现的公共价值目标。总之，从理论上而言，重叠共识确实比宪法共识更能促进社会正义的稳定性，但是从现实的实现角度看来，重叠共识无疑比宪法共识更难达成。

第六章

正义稳定的共同体因素

罗尔斯对于正义稳定性问题的强调，体现了其对于正义政治制度规范的共同体与文化方面的重视，有观点认为，罗尔斯政治自由主义对于共同体价值有着较多关注，可以算是一种共同体面貌的自由主义。这种观点为我们这部分研究奠定了基础，另外，还需要进一步探究共同体成员对于共同体的集体归属与认同的问题。本书的研究主题是罗尔斯正义的稳定性，正义稳定性总体上可以分为道德层面与政治层面的稳定，二者之间密切联系在一起，同时作用于人们对于自我的理解和对正义规范的心理认同，总之这两个方面都离不开政治共同体的探讨。罗尔斯在论述获取正义稳定性的论述中也不乏对于共同体价值的强调，因此我们需要进一步探究共同体价值的限定性内容和存在意义。本章的大致脉络是，首先界定共同体具体内容，其次探究罗尔斯对政治共同体价值的强调，最后总结政治共同体蕴含的善观念对正义稳定性的意义。

第一节　共同体的哲学内涵及伦理意义

正义作为社会德性，其稳定运行不能脱离共同体对于个人关系的探究，正义的实现不能脱离共同体这一载体。罗尔斯在论述正义的稳定性过程中对于共同体的重视是正义理论的一个重要内容，政治自由主义是一种具有共同体色彩的自由主义，有必要进一步探讨共同体因素对于正义稳定性实现的意义。

一 共同体的内涵和分类

我们现在讲的共同体概念是一个舶来品，词源上 community 既可以翻译为共同体，又可以译作社区或社群，社区概念一般用于社会治理和公共管理视角，与人类文化学有着密切关系，种族群体与民族关系一般多用社群的表述方式，而宏观政治社会交往活动语境一般采纳共同体的说法，比如我们国家领导人提出与世界各国建构人类命运共同体的外交政策。共同体在学界广泛应用，其内涵和外延充满争议。在当代政治哲学中呈现出不同理解，"共同体理想就曾表现为不同的形式，从阶级团结或共享公民资格到共同体种族血统或文化认同"①，因此需要进一步明确不同思想流派中共同体的具体内容。一般认为，在个人与共同体的关系中，自由主义者强调个人主义的自由独立视角，发展出一套适合于维护个体权利的正义观念，忽视或者很少讨论共同体的价值，或者将其作为个人正义观念的衍生物，而共同体主义者则致力于共同体价值在当代的复兴。本节通过对思想史中出现过的共同体内涵做一些简单的梳理，进一步挖掘共同体作为人类生活方式的价值和意义。笔者认可滕尼斯的基本观点，即共同体是人与人之间交往的一种模式和载体，本质上是人们相互结合、相互肯定的一种关系。② 关键问题在于人们能够成为共同体需要达成一种什么程度的交往关系，针对人们不同的交往关系，相应就可以区分出多种内涵界定的共同体概念。《布莱克维尔政治学百科全书》从社会关系性质角度入手主要介绍了三种共同体，分别是滕尼斯的价值与情感的有机共同体、麦基佛（Maciver）的共同利益的共同体与以自由派为代表的私人利益聚合的共同体，并且指出三种共同体概念分别会得到保守主义、社会主义、自由主义的青睐。③

学术界一般认为首先对共同体概念进行明确区分和界定的是滕尼斯，他从共同体（community）与联合（association）的区别入手探讨共同体内涵。滕尼斯的共同体是指一种由具有自然亲近性的成员组成，基于血缘、

---

① ［加拿大］威尔·金里卡：《当代政治哲学》，刘莘译，上海三联书店 2004 年版，第375 页。

② ［德］费迪南·滕尼斯：《共同体与社会》，林荣远译，商务印书馆 1999 年版，第52 页。

③ ［英］戴维·米勒、韦农·波格丹诺：《布莱克维尔政治学百科全书》，邓正来编译，中国政法大学出版社 1992 年版，第143—144 页。

种族、共同地域等因素的相似性而相互支持和肯定，并结合在一起的有机整体，共同体是一种人们生而入其中死而出其外的共同亲密生活的领域，是一种有着特定深层情感和价值基础的结合关系。共同体是人们自然关系的发展，是人们相似性意志的结合，这种结合的力量是强大和稳固的，有着生命体一般的生命和活力。与此相反，社会则是公开的陌生环境，是一种暂时的表面结合的关系。二者比较，不难看出共同体比起社会有着更深层次的情感依赖，因而也是更加稳定的人际交往关系。一般而言，较大的共同力量也是较大的进行帮助的力量，[①] 共同体成员之间相互肯定和帮助的倾向要强于社会中普通联合的人与人之间的交往，是更有人情味和更互帮互助的结合。滕尼斯将现代社会与共同体相互区分，社会作为新的产物，不同于共同体的彼此依赖的天然亲缘性，而是人们彼此保持独立，逐渐扩大交往形成的陌生人世界，社会中虽然有各种私人利益的联合，但是依然保持彼此分离。[②] 社会中人们从个人利益角度出发实现彼此的联合，独立平等的行为主体通过签订契约形成彼此的规范联系，诚实守信是社会交往中提倡的主要美德，人们在社会中交往的连接纽带是习惯和契约。

　　第二种共同体概念与此不同，麦基佛从卢梭提出的公意与众意的区分出发，从共同的公共利益角度定义共同体内涵，共同体是民众共同利益的集合，关乎所有成员的基本利益，而非个人利益简单相加形成的社会联合。我们知道卢梭的公意与众意有着特定含义，公意代表了政治生活的公共性，而众意是众多人意见的汇总，公意与众意对应着社会成员对于公共利益与私人利益的不同追求。众意是个人意见相加的结果，公意则并非人们意见的简单汇总，二者的区分同样适用于私人利益简单汇总与公共利益的区分，简单相加的私人利益总和不能表示公共属性。由于私人利益汇聚到一起有可能造成相互之间的冲突，很有可能无法被社会成员共同享用，因此无法对每个人带来肯定性的支持和结合关系。而共同体作为人们共同生活的载体，应当包含人所共享的公共利益，与所有成员的生活息息相关，同时每个成员也都承担着维护公共利益的相应责任，代表公共利益的共同体存在，人们才有赖以生存的生活空间。对于共同体的形成过程，麦基佛认为共同体可以从上到下，按照特殊的思想意志，通过宣传和组织建

---

① ［德］费迪南·滕尼斯：《共同体与社会》，林荣远译，商务印书馆 1999 年版，第53—54 页。

② 同上书，第95 页。

构而成，目的指向共同利益，或者是一个集团的整体利益。① 这种共同体的内涵强调了人为主观意志对于建构共同体公共目标的可能性，以一种美好理想的共同价值目标指引人们行为的趋同性，为人类社会建构和平相处共同体的交往模式提供了指导思想。我们国家提出构建人类命运共同体可以算是这种共同体的理论延续与现实启示，人类命运共同体并非天然形成的亲缘性共同体，而是各国通过协商谈判友好共处达成的互利互惠共赢国际交往模式。

第三种共同体概念可以看作与卢梭强调的公意为基础的共同利益相对的代表众意的个人利益的联合，是一种个人利益的简单相加，或者说共同体局部利益的结合。一般而言，我们认为私人利益的差异性是广泛存在的，而以私人利益为基础的共同体当然也是充满冲突和分歧的，在这个基础上获得的共同体只能算是一种表面的临时利益联合关系。局部共同体的形成建立在差异性个人利益基础之上，在众多差异与分歧的背景下形成的一致联合，是一种多元文化背景中达成共识的过程，因此第三种以差别性私人利益联合的共同体本质上可以看作一种寻求共识的共同体。以局部利益为基础的共同体表达了一种对于成员自愿进入、自愿离开、相互平等尊重权利的认可，这种共同体的临时性和流动性正是现代工业社会陌生人之间契约关系的真实写照。作为局部共识的利益约定，既不需要深层次的情感归属，也不需要深刻的共同价值建构，只是一种临时选择的权宜之计。实际上第三种共同体概念在滕尼斯笔下可以与现代社会相等同，主要依靠利益交往形成的联合关系，缺少道德情感与价值支撑，严格意义上不能算是一种共同体的存在方式。

当代共同体主义对于共同体内涵和种类的划分的强调更具时代意义。代表人物桑德尔对共同体有过经典分类，他主要从共同体的形成和作用角度分为手段型共同体、情感型共同体以及构成型共同体。② 手段型共同体是最低层次的共同体，只是个人在自利动机的基础上形成的权宜之计，而情感型共同体比手段型共同体更进一步，从个人主义视角出发的合作动机逐渐培养起来了情感和价值纽带的结果，最后构成型共同体则强调共同体

① ［英］戴维·米勒、韦农·波格丹诺:《布莱克维尔政治学百科全书》，邓正来编译，中国政法大学出版社1992年版，第143页。
② ［美］迈克尔·桑德尔:《自由主义与正义的局限》，万俊人等译，译林出版社2014年版，第170—171页。

对于身处期间的成员的构成性影响，共同体意识体现在参与者的目的和价值中，因而共同体不只被描述为一种感情，还被描述为一种自我理解的方式。①桑德尔强调共同体对个体生存意义的构成性作用，共同体虽然是人们集体生活的产物，是个体通过交往逐渐聚集的结果，但是共同体形成之后也会对个体的存在和发展带来影响。实际上，共同体对于个体具有构成性作用的同时，也会培养个体对于共同体的情感认同和情感依赖，共享情感与价值是共同体的普遍特征。阿米泰·伊兹欧尼从共同体的功能角度探究建构一种对人的发展起到更大作用的回应性共同体，"'回应性'（responsiveness）是真正共同体的主要特征。如果共同体促进的价值及其结构（财富的分配、权力的运用、制度的形成以及社会化的机制）不能反映其成员的需要，或者只反映部分成员的需要，那么共同体的秩序事实上就是强制性的而没有得到真正的支持。从长远看来，强制新的秩序是不稳定的（最后实际上是混乱的），并会威胁到个体成员和亚群体的自主"②。共同体定义主要有两个方面特征，"第一，共同体是一个人们之间彼此影响的关系网——这种关系经常相互交织，并且能够相互增强（而不仅仅是一对一的关系或像链条那样的个体联系）；第二，共同体是一种针对一系列共同的价值、规范、意义，以及共同的历史与认同——简言之，一种特殊的文化——的承诺标准"③。总之，共同体主义者们强调共同体作为满足共同体成员赖以生存的整体性共同存在，对于个体的形成和发展共同体起到必不可少的情感价值的构成作用。

　　综上所述，几种共同体内涵的不同也代表了不同学者对于社会交往人际关系的侧重，或者说，几种共同体的分类也代表了人们对其中蕴含的价值情感的不同强调，从差异性私人利益的联合达成的共识到建构与人们生活息息相关的共同利益的共同责任，再到深厚亲缘性包括血缘和地缘等积淀的情感价值共同体，是一个由浅入深价值绑定的界定。实际上，在一般性用法上，共同体作为人们赖以生存的集体环境与精神家园的本质属性并没有改变，这个概念也是本书主要采纳的共同体内涵。在传统社会，人与

　　① ［美］迈克尔·桑德尔：《自由主义与正义的局限》，万俊人等译，译林出版社 2014 年版，第 171 页。
　　② ［美］阿米泰·伊兹欧尼：《回应性共同体：一种共同体主义的视角》，载李义天主编《共同体与政治团结》，社会科学文献出版社 2011 年版，第 36 页。
　　③ 同上书，第 164 页。

人之间的交往主要是熟人社会的亲缘关系，而现代工业文明带来广泛的陌生人之间的频繁交往，人与人之间的主要交往模式由亲疏远近的血缘关系变为彼此平等的契约关系，虽然人们仍然追求相互之间的共同之处，但是人们结合的纽带已经发生了天翻地覆的变化。共同体的本质在于人们追求一致性以及彼此之间相互支持与肯定的过程，不同在于，最初的亲缘型共同体具有默认的一致性，是根植于人们的亲缘性和地缘性基础之上自然而然诞生的一致性。而以共同利益为指向的共同体则是人为努力建构的价值趋同，局部共同体则更是在多元化差异性的社会环境中通过广泛的协商妥协努力维护各方利益。历史上越接近古典主义的思想家对于共同体的探讨越接近亲缘性的情感共同体，而随着人类社会多元化的发展，共同体内涵越来越向利益的内涵转变。当代国际社会，我们提倡建构的国际关系中各个国家利益共同体和人类命运共同体很大程度上已经脱离了亲缘性价值内涵，但是不妨碍我们依然积极努力追求一种价值层面的共识，通过平等协商的方式尽可能获得广泛的利益与社会共识。

共同体从古至今经历的发展演变是社会现代性变奏的重要组成部分，传统的亲缘性共同体在工商业文明的发展下逐渐土崩瓦解，利益共同体从个人自身利益出发寻求利益共识的临时共同体，只是建立在个人利益基础之上的临时约定，常常由于缺少稳定的价值情感基础以及面对变动不居的社会环境而发生改变，而现代社会努力尝试建构的构成型共同体，也遭到价值内涵过于厚重的批判。按照鲍曼的说法，共同体从古至今主要经历了从伦理共同体到审美共同体的转变，现代社会共同体类型主要是表面兴趣爱好相一致结合的美学共同体，"一个美学共同体可能是围绕一件一次性发生的热闹事件而形成的，如一个流行的节日、一场足球赛或是一次为很多人谈论的人头攒动的时尚展览"①。这种共同体像钉子一样可以挂上一些东西，但是又可以很快拿下来挂上另一些东西，钉子固定不变，但是附着的事物可以随时更换，其中的利害关系由于不涉及内在的道德价值也不涉及深层次的承诺关系可以很快转变，美学共同体中成员之间的联系草率、敷衍以及短暂，因此十分脆弱。与美学共同体相对应的是道德共同体，有着更深层次的成员价值归属，"这种道德共同体需要用长期的承诺、不可剥夺的权利和不可动摇的义务才能编织起来，正由于被期望（而且还有更

---

① ［英］齐格蒙特·鲍曼：《共同体》，欧阳景根译，江苏人民出版社 2003 年版，第 86 页。

好的制度性保证）的持久性"①。道德共同体是一种"兄弟般的共同承诺"，有着持久性的联系纽带，不同于美学共同体的临时约定，道德共同体是对确定性、可靠性、安全感的追求。而作为局部利益的临时共同体，实际上已经脱离了共同体最初包含的共同亲缘、价值、情感等内容，现代性文明使得现在的共同体增加了临时性和流动性，可以说如果达成利益一致的临时协定都可以算作一种共同体，共同体概念的泛化实际上也表明共同体内涵的被消解，"表面上看，共同体概念似乎无所不能了，但无所不能，恰恰意味着什么也不是。这是共同体的本质被耗尽的结果"②。共同体代表了一种人类理想的相互支持、信赖、肯定，追求一致性价值的精神家园的追求，而作为局部利益达成的临时协定，在某种程度上虽然具有表面上的一致性，但是严格意义上不能算作共同体。虽然我们也承认共同体既有自发形成的属性，也有人为建构的可能，但是共同之处都应该包含人们深层次的情感和价值依赖，代表了人类不断追寻的精神家园。

　　经过上面的论述，我们发现传统亲缘性共同体逐步面临瓦解，现代社会共同体观念内容更加复杂和多元化，新兴的建构型利益共同体、命运共同体成为现代共同体的主要类型。同时，共同体之间也会出现竞争关系，比如一个国家之内的地方共同体与中央层面的共同体就会产生冲突，国际联合的命运共同体与单个国家的政治共同体之间会有利益冲突，如何进行取舍也是问题。伊兹欧尼提倡一种诸共同体的共同体概念，主张在各个共同体之间培育层级忠诚关系，以此实现共同体对于民众要求有效回应，"当不同层次的共同体在一些涉及秩序与自主的选择性问题上发生规范性冲突的时候，所有成员共同体对总体共同体的忠诚就必须优先于直接共同团体的忠诚"③。罗蒂曾经提出的"较大忠诚的正义"可以用来解释对于更大共同体的支持和认可，但实际情况是人们更忠诚于与自己关系更近的小共同体，比如人们更有可能维护本国利益照顾本民族情感，大共同体优先于小共同体的忠诚虽然理论美好但是实践上缺少可行性。卡尔霍恩用一种比较研究的方法指出人们并不总是追求在最高层面实现共同性，而是更

---

① ［英］齐格蒙特·鲍曼：《共同体》，欧阳景根译，江苏人民出版社 2003 年版，第 88 页。
② 李荣山：《共同体的命运——从赫尔德到当代的变迁》，《社会学研究》2015 年第 1 期。
③ ［美］阿米泰·伊兹欧尼：《回应性共同体：一种共同体主义的视角》，载李义天主编《共同体与政治团结》，社会科学文献出版社 2011 年版，第 53 页。

有可能寻求较低层面的共同性，① 这种观点可以解释我们的一般性感受，比如我们身处世界其他地方会对来自共同的亚洲同胞感到亲近，我们身处中国倾向于与来自共同的省份或城市的人产生更多亲近感，身处一个县城会对同村的乡邻有更多亲近等，体现的是共同体成分的比较性变化，越是低层次共同体越容易激发人们的情感依恋。总之，如何在较高层次的共同体与较低层次共同体之间做出抉择也是现代共同体内涵变化的内在难题。

二 共同体的伦理意义

虽然从古至今共同体概念和内涵发生了很大变化，但是人们对共同体的追求则并未停止，共同体对于个人获取自我理解以及人类社会的团结稳定发展依然有着不可替代的作用。共同体的本质在于探究人与人之间的交往关系，而对于不同共同体的界定，反映了学者对于人们本性、人际关系等不同内容的强调。共同体从人的本性生长出来的人与人之间的结合关系，又会反过来对人本性的发展起着一定程度的促进作用，人的本性与人生活其中的共同体是一个相互肯定的互动关系。人是追求社会交往关系的动物，对于共同体的追求依然是人类社会价值追求的重要主题，在当代共同体主义视野中，共同体依然有着深刻的伦理意义。

现代社会商业文明发展对传统共同体的存续带来严重挑战，一方面随着个体意识的诞生和发展个人利益与权利越来越成为社会问题的核心；另一方面传统价值情感纽带也逐渐丧失稳定的根基，因此不可避免带来现代社会中传统亲缘性共同体的逐渐瓦解，共同体作为过去代表人们共同情感价值纽带的依赖性集体，在现代社会逐渐变为实现个人利益的临时性手段联合。以上主要是一种描述层面的现实概况，针对这种共同体内涵的变化，学术层面可以持有不同的评价观点，对于共同体的不同态度也反映了人们对于现代性的不同价值观念。实际上，共同体作为人们生活其中的集体环境，不可避免与人类一切社会属性的情感和价值发生联系，甚至包含人类一切美好价值，如自由、平等、正义、民主等都需要在特定共同体之内进行探讨。一方面，有人接受个体主义立场，从维护个人利益出发探究共同体工具价值的可能性；另一方面，人们努力捍卫共同体的价值理想，

---

① ［美］克雷格·卡尔霍恩：《共同体：为了比较研究而趋向多变的概念》，载李义天主编《共同体与政治团结》，社会科学文献出版社 2011 年版，第 12 页。

努力维护共同体对于个人追求更美好生活的决定性意义，对于个体与共同体关系的论述形成不同思想流派的分野，逐渐形成西方从自由主义到共同体主义的区别。"其中只有自由主义（尤其是洛克式自由主义）完全接受了从共同体到社会的转型以及由此伴生的个人主义，而社会主义、保守主义、民族主义以及共和主义仍旧以各自不同方式捍卫着'共同体'的理想：从阶级团结、共享公民资格到共同种族血统或者文化认同，不一而足。"① 洛克式自由主义从个人意志出发探究公民社会的联合，明确指出公民社会的目标是保障个体的生命、财产和自由，关注的社会联合往往是多元社会背景下通过谈判努力实现的临时结果，而非自然而然的产物，也缺少对人们自我实现的深层次道德绑定。其他学派也多少重视个体的价值，同时强调个体自身的存在和发展离不开共同体价值的影响和塑造，共同体对于个体成长发展起到不可忽视的影响，对于自我理解与自我实现有促进意义。捍卫共同体价值的思想家探究共同体的团结和发展对于个人的构成意义，坚持个人主义的学者努力维护个人利益为目标的社会联合界限，总之，在实现个人与社会关系和谐发展目标中探究一种成熟的个人与共同体关系。实际上，更多观点介于极端的个人主义与共同体主义之间，去思考共同体与个体的关系，探究共同体对于人们生活的伦理意义。

在西方政治思想史上，对于共同体的伦理研究可谓汗牛充栋。共同体作为人们的精神家园和理想目标，与人类其他的美好价值，如自由、平等、正义、民主、法治也有着紧密联系。人类一切社会归属性的情感和价值取向几乎都与共同体的追寻联系在一起。古希腊思想家持有一种整体主义的视野，城邦政治的有序发展是思想家关注的重点，共同体与正义有着密切联系，通过探究城邦国家的正义来实现对共同体的建构。柏拉图明确指出共同体的建构原则在于明确分工为基础的城邦正义，正义是共同体维持发展的基石，共同体是实现正义理想的必经之路。现代启蒙运动，多数学者从人类理性出发追求一种普遍主义的价值，也有一些反启蒙运动的思想家从自然共同体的角度探究人作为具有共同体情感的本质存在，代表人物是赫尔德。赫尔德从个人幸福出发关注共同体作为人的精神家园和感情世界而存在，以此定义人生存的意义，"共同体是最契合人之本性的生活

---

① 周濂：《正义与幸福》，载邓正来、郝雨凡主编《转型中国的社会正义问题》，广西师范大学出版社 2013 年版，第 325 页。

形态","共同体的精神体现为一个国家、一个民族和一种语言的感情"①。
共同体代表着民族文化的载体，作为与特定的文化背景产生的文化模式，
具有独一无二不可比较的特质，是人类繁荣发展多样文明财富的重要组成
部分，一个既定的共同体"通过共同体的语言、历史记忆、习惯、传统和
感情这些摸不着又剪不断的纽带，同它的成员联系在一起，是一种和饮
食、安全、生儿育女一样自然的需要"②。

对于共同体的研究和论述经过传统观念的现代转型，逐渐形成了当代
共同体主义思潮的兴起和繁荣，进一步激发人们对于共同体价值的探讨。
进入现代社会以来，随着个体意识的觉醒，个体本身的存在和发展逐渐进
入政治哲学视野，共同体是人们赖以生存的集体环境，共同体的存在意义
主要从对个体带来的影响上进行探究，特别是关乎现代性背景下个人自我
理解的伦理意义。传统共同体主义者滕尼斯从意志自由探究共同体的本质
属性，共同体代表了人的本质意志，蕴含人的本质属性，而社会联合只是
人们外在选择意志的表现形式，因此共同体更能体现人性本身的核心归
属。黑格尔关注共同体之中人的自由和自我实现需要建立在人与人之间的
相互承认的基础上，指出共同体对于人实现自由的必要性，马克思对黑格
尔的自我实现与自由思想进行继承和超越，认为"每个人的自由是一切人
的自由的条件"③，延续和发展黑格尔强调共同体对于人的自由与自我实现
的必要意义。当代共同体主义思潮对于共同体的强调仍然在很大程度上保
持着传统自然亲缘性的共同体内涵，同时发展出构成型共同体的伦理内
涵，而自由主义关注的共识往往是多元社会背景下通过协商谈判努力实现
的结果，其中个人与共同体关系是双方关注的基本问题。在当代政治哲学
中，"共同体理想就曾表现为不同的形式，从阶级团结或共享公民资格到
共同体种族血统或文化认同"④，因此还需要进一步明确不同思潮对共同体
观念的界定。一般认为，在个人与共同体的关系中，自由主义者强调个人
主义的自由独立视角发展出一套适合于维护个体权利的正义观念，忽视或

---

① 李荣山：《共同体的命运——从赫尔德到当代的变迁》，《社会学研究》2015 年第 1 期。

② ［英］伯林：《反启蒙运动》，《反潮流：观念史论文集》，冯克利译，译林出版社 2002 年版，第 14 页。

③ 王晓升：《共同体的个人自由与自我实现——马克思正义理论的新理解》，《道德与文明》2014 年第 3 期。

④ ［加拿大］威尔·金里卡：《当代政治哲学》，刘莘译，上海三联书店 2004 年版，第 375 页。

者很少讨论共同体的价值，或者将其作为自由平等个人出发的正义观念的衍生物；而共同体主义者则强调共同体价值对于道德主体的构成作用，以及正义社会所促成的维持共同体稳定发展的目标。当代西方共同主义的代表人物有桑德尔、麦金泰尔、伊兹欧尼等，他们从个体和群体两个层面对应共同体内部与外部两个维度探究共同体意义，主要包括对于个体自我人生价值理解的意义、对于实现社会共同目标的意义以及对于非共同体成员的排他性意义三个方面。

首先，共同体是为个人的自我理解提供伦理依据，作为实现个体自我人生价值的构成部分，共同体与人们的生存和发展密不可分，只有在共同体内的交往中人们才能形成自我价值认同，这是共同体主义者强调共同体对于个人构成性意义的集中体现。伊兹欧尼指出共同体对于人的进步繁荣带来多方面意义，共同体有助于培育人的自由能动性（free agency），有助于政府强制行为的最小化，共同体的特殊纽带使人们变得更有人性，以及促进人类美好生活的繁荣发展。"如果没有稳定的和有意义的社会依附，就不可能形成和培育完整的个人；个人的自我意识（认同）无法确立；人们也不能像理性的自由行为者那样行动。"[①] 古代共同体的出发点强调集体主义的"我们"视角，常常抹杀个人意识和能动性，而现代共同体的瓦解带来的是"我"的个人意识独立，但是又会造成原子化的个人孤立与孤独，甚至极权主义的兴起很大程度上就是原子化个体孤独的产物。而现代共同体主义结合二者的优势，将"我们"与"我"结合起来形成"我与我们的社会"的思考视角，将个体的成长和发展纳入集体，将个体与集体放到同样的地位，"我们所需要的运动，不是从一个'以我为中心'的社会转向一个'以我们为中心'的社会，而是像许多人指出的那样，要从一个强调'我'或'我们'的社会转变为一个强调'我与我们'的社会"[②]。

鲍曼从现代性的角度分析人类追求自由与确定性之间的张力探究共同体在当代的命运，[③] 人生意义是人不断在生活中努力追寻的价值目标，自由代表了人生的渴望，但是自由带来了负面的结果即不确定性，而共同体

---

① ［美］阿米泰·伊兹欧尼：《特殊主义义务是否合理?》，载李义天主编《共同体与政治团结》，社会科学文献出版社 2011 年版，第 173 页。

② ［美］阿米泰·伊兹欧尼：《创造好的共同体与好的社会》，载李义天主编《共同体与政治团结》，社会科学文献出版社 2011 年版，第 352 页。

③ ［英］齐格蒙特·鲍曼：《共同体》，欧阳景根译，江苏人民出版社 2003 年版，第 19 页。

代表了人们对于确定性人生存在意义的追求，自由和共同体是一把双刃剑，自由给人以多样的选择，但是却无法给人以生活的意义，共同体给人以确定性和意义，却又在一定程度上固化人们的选择。总之，二者处在永恒的怪圈之中。鲍曼针对当代社会多元世界的发展指出了人类社会存在的追求自由与确定性的永恒悖论，越是追求共同体越是求之不得的处境。鲍曼指出共同体可以给我们提供安全的确定性意义，但是他悲观地认为人们越是追求确定性越难以实现对于共同体的认同和归属，人们永远在追寻共同体求之不得的状态中。在这个过程中，梦想作为提醒我们努力的意义可能比实现梦想的意义更加重要，这样看来对于共同体的追求不断提醒着我们是谁、从哪里来、将要到哪里去的根本哲学命题。

其次，共同体对于政治社会团结的重要意义。共同体可以给个体带来确定的生存意义，增强人与人之间的联系纽带。在一个传统的简单亲缘性为主的共同体中，人们依靠彼此之间的交往就可以建立联系和互信，但是当代社会是一个异质性、多元化、充满纷争的社会，传统的自然亲缘性共同体面临解体，取而代之的是人们通过主观意志与行为活动建构的构成型共同体，政治制度和社会文化的结合有助于人们形成稳定的团结共同体。在人们主观意志的建构活动中，政治建构最具有代表性意义，政治共同体的形成与完善对于社会稳定团结而言具有根本意义。政治共同体中，政治权威的正当性以及政治义务感是构成人们乐于接受政治统治的基础。要获得政治制度规范的稳定发展，既需要制度获取人们普遍的理性共识，也需要培养人们对于政治共同体的情感依赖。政治共同体的情感一方面依赖于政治制度对于满足人们生存需求的建构和实践，另一方面则依赖于人们长期生活在共同的社会文化环境中接受的潜移默化的情感熏陶。民族集体的共同记忆以及群体行为的无意识影响，可以促进形成人们对于政治共同体的民族认同和民族自豪感，进而实现政治社会对人们形成的民族团结和政治忠诚。共同体自豪感、集体生活的荣誉感以及政治责任感可以很大程度上影响正义社会的团结和稳定，进一步而言为成员的整体生活提供明确的伦理意义指导。

最后，共同体涉及成员资格问题，对于非共同体成员具有排斥性，共同体的共同价值与情感主要维持成员内部交往关系，非共同体成员无法享受共同体内部的情感依赖与价值共享，因此，成员资格的确立是关乎共同体存在以及与成员关系的根本问题。以亲密关系为基础的共同体作为熟人社会对于陌生的外族人具有排斥性，以现代权利义务关系为基础的政治共同体主要是公民资格的确立问题，总之接纳与排斥是一个共同体独立存在的核心问题，暗示着共同体自治与存续的深层含义。① 共同体对于非共同体成员的排斥体现共同体特殊主义的价值取向，只有承认该共同体价值的人才能成为共同体成员，因此共同体价值规范的贯彻首先就需要对其边界加以确认，然后才能进一步考虑共同体理想的实现问题。共同体成员问题需要政治手段加以维护和保障，只有成为政治共同体的成员才能享受相应的权利义务关系，受到共同体的保护，反映到国际关系问题中国家边界是一个根本问题，现代民族国家面对移民的接纳与否常常充满争议。共同体的成员资格问题也是社会正义的关注焦点，多大程度上允许外来移民的加入，如何界定与已有成员的权责关系，涉及共同体内部成员之间的公平参与和权益分配问题。因此，一个良好独立的共同体的存在价值需要对其边界成员资格进行确认，只有界定了成员资格，才能进一步探究共同体内部的权益共享以及价值情感的依赖和归属，进一步发挥共同体对于个人存在的伦理意义以及社会团结的价值引导。

综合上面的论述，共同体的种类和内涵从古至今发生了较大变化，进入现代社会，共同体存续依然具有深刻的价值意义。总结共同体哲学内涵的伦理意义主要体现在两个方面：一方面个体层面关乎个人生活方式的自我理解与认同，以及进一步而言对于实现自我价值与全面发展具有必要性；另一方面则在于社会层面的伦理意义，关乎政治系统建构达成社会共识的稳定性，以及社会公平公正的确立。前者是伦理共同体作用于个体的存在价值，后者则为伦理共同体对于政治社会团结稳定的影响，从个人视角到政治社会团结的脉络中，呈现出不同类型共同体内涵的区分，帮助我们更深刻地理解人类共同体载体，及在此基础之上探究正义社会的稳定性。

三　政治共同体

共同体内部根据自然的亲缘性差异以及人为建构的不同基础而不同，相应而言政治共同体也发生变化。一方面，政治共同体的存续和发展需要

---

① ［美］迈克尔·沃尔泽：《正义诸领域——为多元主义与平等一辩》，褚松燕译，译林出版社 2002 年版，第 77 页。

建立在政治制度的建构基础之上，比如亨廷顿在《变化社会中的政治秩序》中指出政治制度权威统治对于促进共同体形成的重要意义。另一方面，政治制度规范性选择又需要以共同体本身的传统文化与风俗习惯为基础，规范性的政治制度要获得稳定发展需要以共同体的文化背景及政治责任的特定感情为依托，政治制度的稳定发展依赖于特定政治文化的匹配。"如果要取得长期的稳定，制度就需要有某种政治责任，这种政治责任基于对政治制度的普遍的依附感——我们将这种政治责任称之为'体系感情'。"① 政治共同体形成的社会团结，不是完全的理性利益计算，稳定的政治共同体也需要建立一定的情感纽带，"通过政治共同体，以前还是独立的、各自分离的团体融合成了同一的政治系统。政治共同体概念的独到价值在于它具有一个潜在的含义：在所有的系统功能的背后，一定存在着某种具有内在聚合力的粘合剂，即系统成员对共同体的感觉或感情"②。

共同体发展到现代，探究其连接纽带大致可以分为：基于亲密关系的纽带、基于特定义务的纽带以及基于松散义务的纽带。③ 传统的共同体纽带主要源自亲密关系，现代政治共同体的纽带主要是一种人为建构，边界较为封闭的国家联系主要来自特定的权利义务关系，而国际交往之间的国家组织和联盟可以看作比较松散的权利义务关系，政治责任来源于共同体与成员之间权利义务关系的界定。我们认为，共同体的主要构成是成员资格，而针对政治共同体而言其核心概念是公民资格，公民资格的权利和义务以及社会基本结构是一个政治共同体的主要内容，政治共同体的公民资格在多大程度上依赖于共同体本身的情感和价值取向，还是可以保留一定程度的分离，以及相应的公民资格理论允许何种准入机制以及适用于什么样的社会文化背景，这都是共同体研究的主要问题。政治共同体虽然是我们研究正义问题重点关注的共同体类型，但是政治共同体的政治功能可以在多大程度上依赖于伦理和道德属性，公民资格的确认以及社会基本结构安排则是一些充满争议的限定性问题。亲密关系纽带结合成的共同体很大

---

① ［美］加布里埃尔·A. 阿尔蒙德、西德尼·维巴：《公民文化——五个国家的政治态度和民主制度》，张明澍译，商务印书馆 2014 年版，第 356 页。

② ［美］戴维·伊斯顿：《政治生活的系统分析》，王浦劬译，华夏出版社 1999 年版，第 205 页。

③ ［美］克雷格·卡尔霍恩：《共同体：为了比较研究而趋向多变的概念》，载李义天主编《共同体与政治团结》，社会科学文献出版社 2011 年版，第 20 页。

程度上是历史悠久的文化产物，而现代以来共同体纽带的濒临瓦解也是一种趋势，因而思想家努力维护共同体的社会建构捍卫共同体价值，其中重要手段就体现在对于政治共同体的建构上。政治共同体的主要内涵在于政治性，"政治共同体是共同体成员基于某种共同的利益与观念而形成的对内具有团结一致性，对外具有某种排斥性的，以政治关系的发生为主导的一系列经济的、社会的和文化关系的总和"①。在政治建构主义基础之上，形成共同体成员对政治共同体目标善的情感依赖，从而实现正义的稳定性。

第二节　罗尔斯论正义与善的关系

正义目标在于保障个人尊严和个人发展，正义规范是维护个人尊严和价值的制度规范，具有工具理性特征，同时，从人们对于正义价值理想的无条件追求看，正义本身就可以作为人类社会的目标，本质上是一种共同善。正义与善的关系在微观层面表现为道德行为主体在正义规范基础之上选择良善生活目标，宏观看来是一种共同体趋向。

一　正义先于善

罗尔斯将善的主要内容界定为，"在给定的合理有利的环境里，究竟什么是它最合理的长远生活计划"②。简单而言，善就是理性欲望的满足，问题是如何界定理性与善的关系，如何理解正义与善的关系。前期正义理论中，罗尔斯在道德层面的正当与善的关系上坚持权利/正当先于善，通过维护道德主体在遵守正义规范基础之上选择合理生活计划实现正义与善一致性。后期政治自由主义中，区分五种善的理念以此作为论述正义与善关系的理论前提，主要有作为理性的善理念（the idea of goodness as ration-ality）、基本善（primary goods）的理念、可允许的整全性善理念、政治美

---

① 王宏伟：《古希腊城邦共同体中的民主政治与奴隶制——一种共同体理论的研究视角》，硕士学位论文，天津师范大学，2008 年，第 14 页。
② ［美］约翰·罗尔斯：《正义论》，何怀宏、何包钢、廖申白译，中国社会科学出版社2011 年版，第 93 页。

德理念以及组织良好的（政治）社会的善理念。①

正义与善的区别在于正义为社会划定界限，而善指示了前提和目的，正义与善的关系意味着划定公共领域与私人领域的边界之后，人们可以自由选择想要的人生目的，罗尔斯作为公平的正义的政治自由主义就是为社会提供分配界限。正义是所有人必须遵守的行为规范，而善理念则是个人自由选择的行为领域，公共的政治规范不对个人理性生活部分做强行规定，只要是公平正义允许范围之内的，人们可以自由追求各种各样的整全性学说，罗尔斯反对以任何整全性的道德哲学作为统领整个社会的正义标准。正义的政治观念必须优先于各自的善理念，为所有公民共享的政治价值具有压倒的优先性。罗尔斯指出，一般而言自由主义传统意味着政治对于善的中立性，"自由主义思想的一个共同主题是：国家在整全性学说以及与它们相连的善观念上必须保持中立"②。公平式正义的政治观念即政治自由主义则在此基础上发展出公共政治价值对于个人主义与集体主义的各种善观念尽量保持中立性的观点，"'作为公平的正义'在整体上可以看作是某种形式的程序性中立的示例，并且它也希望在这样一种意义上满足目的中立性的要求：基本制度和公共政策的设计，不能偏袒任何特定的整全性学说"③。实际上，政治自由主义对于个人主义立场的价值追求保持一定的偏爱，罗尔斯认为，政治自由主义在关乎个人生活意义层面多元规范价值善观念上保持中立，但是并非完全独立于所有的善理念，而是要积极促进公民的政治美德以及公共政治生活的共同善。

二　五种善理论的区分

作为理性的善理念以及基本善是个人遵守正义规范的出发点，公平正义提供个人以基本善理念作为理论前提，善的弱理论是公民在保证公共政治生活团结的基础之上，追求自己良善生活的自由。基本善是罗尔斯正义理论的一个基本理念，在罗尔斯前后期正义理论中都有着基础理论的作用，而作为理性的善理念则是宪政民主背景下政治公民追求的理性目标的

---

① John Rawls, "The Priority of Right and Idea of the Good", *Philosophy & Public Affairs*, Vol. 17, No. 4, 1988, p. 251.

② ［美］约翰·罗尔斯：《正当优先性与善的诸理念》，《罗尔斯论文全集》，陈肖生等译，吉林出版集团有限责任公司 2013 年版，第 517 页。

③ 同上书，第 520 页。

善理念。作为理性的善理念与基本善理念是作为善的弱理论（thin theory of good）被罗尔斯加以论述的，是正义理论原则进行深入论证的前提，以此为基础发展成为善的强理论（full theory of good）。罗尔斯说的正当/正义先于善，指的是先于善的强理论，而基本善作为善的弱理论实际上是先于正当/正义而存在的。虽然基本善与作为理性的善二者都是弱意义上的善理念，都是政治意义上的善理念，二者也有区分。基本善可以作为客观公共框架基础而存在，作为理性的善则是公民主观上对于自由平等价值理想的追求。[1]

可允许的整全性善是在基本善的框架内个人追求自我合理整全性生活善的理念，是公民在弱理论的善理念基础之上追求个人终极人生价值目标的善的强理论。在《正义论》里面，罗尔斯论述了个人理性生活计划（a person's rational plan）的善独立于正义观念，个人理性生活计划就是罗尔斯认为的正当/正义先于善，也指的是作为公平的正义理念先于个人理性生活计划的善理念。罗尔斯认为，在公民满足了政治性质的善的弱理论之后，可以在这样的框架内追求各自人生的终极价值。正义的政治观念对于个人生活的终极善观念持有开放态度，个人在正义的政治观念的理论框架之内追求各自的人生理性计划，就是可允许的整全性善。罗尔斯指出作为公平的正义在公民追求自己可允许的善的过程中保持中立，不仅是程序中立，而且是目的中立的要求，"基本制度和公共政策设计，不能偏袒任何特定的整全性学说"[2]。然而，既然可允许善是一种在基本善以及作为理性的善的允许范围之内的整全性善，因此就不可能平等对待所有的整全性善，对于所有的整全性善也不是完全的价值中立，根据正义政治观念中预先设定的基本善，对其他整全性善进行排序。

政治美德理念是就宪政民主背景下公民参与政治生活的美德而言，一般我们认为强调公民美德的共和主义思想家，是自由主义的短板，罗尔斯吸纳了共和主义思想的精华，提倡公民美德，传统共和主义强调公民集体责任的美德，以此为依据，罗尔斯倡导社会基本结构中在公平式正义原则指导下塑造公民的政治美德，可以看出罗尔斯对共和主义思想的继承和发展。一般而言，自由主义与共和主义有较多重合，最大的区别在于对于自

---

① 谭安奎：《政治的回归：政治中立性及其限度》，中央编译出版社 2007 年版，第 203 页。
② ［美］约翰·罗尔斯：《正当优先性与善的诸理念》，《罗尔斯论文全集》，陈肖生等译，吉林出版集团有限责任公司 2013 年版，第 520 页。

由概念的界定不同。"自由主义所主张的非干涉的消极自由，强调的是个人的主观自由和权利。共和主义的当代倡导者们希望提供一个不同于自由主义的自由概念，从而将其与共同善、共同体、责任等价值更好地联系起来。"① 具有代表性的区分是佩蒂特提出的"无支配的自由"，用以概括共和主义的自由观，承认非控制的干涉行为并没有使人不自由。② 在这种区分下，自由主义仅仅考虑在免于政治权力干涉的情况个人所具有的选择自己生活意义的消极自由，而共和主义则认为虽然存在一定程度的干涉，只要不存在支配性的权力就可以算是自由，因此提倡积极参与公共生活，提倡公民积极参与政治生活的美德。罗尔斯正义的政治观念提倡公民的政治美德，可见其所持有的自由观不是一种简单的消极自由，有着提倡公民积极参与公共政治生活的积极自由的特征，具有明显的共和主义色彩。罗尔斯倡导作为公平的正义的政治美德，与整全性自由主义的美德如康德提倡的自律美德以及密尔提倡的个性价值美德相区分。通过对不同的美德内涵从公共政治文化与制度的角度加以限定，在公民认可正义的政治观念的基础上尽可能尊重各种各样其他美德的发展。

组织良好的（政治）社会的善理念是罗尔斯正义理论中定义正义作为共同善的最终归宿，具体而言，"是公民作为个人和作为合作的主体，在维护立宪政体并管理该政体事务的过程中实现的善"③。虽然罗尔斯否定政治共同体指向确定的共同目标和善，但是作为组织有序的社会而言，不管个人追求何种个人生活计划的终极目标，对于个人和社会合作来说都是一种基础意义上的善。一方面，政治社会的善对于个人意义而言是一种善，可以有助于个人实现自己的人生理想和目标，组织良好的社会是一个稳定有序的社会，个人的价值可以发挥最大的效果。另一方面，对于社会成员彼此之间的交流合作而言也是一种善，人类作为有着基本社会交往需求的存在，组织良好的社会可以促进人们良好的社会交往，有助于社会安定团结和互信的培育。随着社会交往的逐渐扩大，良好秩序社会的政治善的作用将更加突出。总之，罗尔斯对政治善有着明确的重视，"组织有序的

---

① 谭安奎：《公共理性与民主理想》，生活·读书·新知三联书店 2016 年版，第 190 页。

② ［澳］菲利普·佩蒂特：《共和主义：一种关于自由与政府的理论》，刘训练译，江苏人民出版社 2012 年版，第 35 页。

③ ［美］约翰·罗尔斯：《正当优先性与善的诸理念》，《罗尔斯论文全集》，陈肖生等译，吉林出版集团有限责任公司 2013 年版，第 526 页。

社会的善，在政治性正义观念的范畴内是一种意义重大的善"①。政治善是人们共同的目标，为共同生活的人们提供发展各自合理生活计划的秩序基础和整体观照，虽然并不涉及个人追求生活计划的具体内容，但是却为个人实现生活目标奠定基础和前提。

三　正义观念作为共同政治善的价值取向

罗尔斯引用了五种善理念来说明正当性/正义先于善的观点，其中基本善与作为理性的善是正义观念的前提基础，而秩序良好社会的政治善是正义的目标，实际上罗尔斯暗示正义本身就是一种目的善。正义作为社会基本结构的制度价值，指向保障个人尊严和幸福的目标，由此促进公民追求各自理性生活计划的善，正义与个人的理性善具有指向上的一致性，但是不具体介入个人生活善的具体内容。正义作为政治制度的价值，其本身也是善，上面也论述了组织良好社会的政治善理念，既是正义观念本身的目标所在，实际上也可以代表正义价值本身，因此正义与共同的政治善具有一致性。罗尔斯将共同善限制在公共政治领域，与共同体主义的伦理构成型共同体有着不同的含义，同时也异于古典自由主义提倡的工具主义国家观念。② 罗尔斯对于政治正义价值观念的强调，使以国家为载体的政治可以成为一种善，强调政治社会的善，也就是肯定了政治价值作为社会成员共同追求价值目标的意义所在，社会成员共同的最高目标是正义，正义本质上就是社会成员共同追求的政治善。作为一种政治共同体善的正义，不同于一般意义上的共同体善观念，正义本质上是政治善，正义并不提供个人生活计划的具体幸福观，只是在外在社会机构的具体安排上为个人幸福完满生活提供保障。政治正义避免介入个人生活计划的具体内容，是罗尔斯秉持政治中立性的内在要求。罗尔斯建构的政治自由主义即正义的政治观念，本质上树立的是一种正义作为共同政治善的基本观点。

共同政治善的确立就是政治共同体的确立过程。政治共同体对于成员资格的权利义务关系有着明确界定，而有关权利义务的分配关系是关乎社会基本结构的正义问题，政治共同体是社会基本结构关系的载体。通过前

---

① ［美］约翰·罗尔斯：《正当优先性与善的诸理念》，《罗尔斯论文全集》，陈肖生等译，吉林出版集团有限责任公司 2013 年版，第 529 页。

② 谭安奎：《政治的回归：政治中立性及其限度》，中央编译出版社 2007 年版，第 208 页。

文论述，我们可以总结，正义作为社会制度的公共价值取向，本质上是一种公共善，正义规范是人们在政治共同体生活中所追求的价值，正义也是一种共同体中的政治善，关键是一种什么程度的共同体。正义的实现离不开政治共同体的支持，罗尔斯的正义观念是一种共同的政治善，关键是如何界定共同体以及梳理与正义政治善的关系。

第三节　罗尔斯正义观念作为共同体善的稳定性

罗尔斯正义观念在正义与善的关系中，既有作为政治价值依赖于政治共同体强制权力的界定，又有作为道德价值的正义规范则需要道德内化为人们的自我认同，二者统一于正义与善的关系的确立，实现个人与共同体价值的共同确立。正义只有作为一种共同体的政治善，才能实现更进一步的稳定性。姚大志指出："罗尔斯论证的逻辑是：如果正义是一种善，那么它就成为人们所共享的东西；如果正义是一种人们所共享的东西，那么它就成为整个共同体的善；如果正义是共同体的善。那么正义观念和正义制度就是稳定的。"① 罗尔斯的共同体内涵主要是从其论证正义稳定性的角度进行考察，对于共同体的内涵界定，罗尔斯主要将其与民主社会、联合体（unity）概念相区分。在罗尔斯看来，民主社会没有成员之间的共享目标，而一般意义上的联合体则是成员之间分享共同目标的结合，尽管这些目标不一定是整全性的善，可能是纯粹工具性的联合，而共同体是一种特殊的联合体，内含成员共享整全性的宗教、道德或哲学学说的领域，有着共同善的标准和内容。② 罗尔斯认为共同体完全不同于依据公共理性建立正义的政治观念的非整全性学说的民主社会。可见，罗尔斯所理解的共同体与共同体主义强调的伦理自我理解相一致，不同在于罗尔斯并不承认正义以这种共同体为存在条件。换句话说，罗尔斯建构的正义观念并不以伦理自我理解的共同体存在为先决条件，而是以公共理性为基础、以政治价值和目的为优先的政治共同体，在这样的共同体中正义的政治观念具有决定性意义。共同体不是先于正义而存在，而是在正义规范特别是正义的政

---

① 姚大志：《正义与罗尔斯的共同体》，《思想战线》2010 年第 4 期。

② ［美］约翰·罗尔斯：《政治自由主义》，万俊人译，译林出版社 2013 年版，第 37 页。

治价值确立之后，人为建构而形成的社会联合。政治共同体只有满足政治价值的公共理性，才能发展出完整的正义规范，实现共同体的稳定发展。然而，我们要讨论的问题在于如果正义仅仅是一种脱离共同体价值的人为政治建构，如何能够获取社会人们的广泛认同和接受？既然政治共同体作为正义规范带来的政治建构，正义的稳定性需要以共同的存在价值为前提条件。上文我们已经论述，虽然政治建构作为正义规范实现的前行步骤，正义稳定性的最终归宿是人们心理层面的正义感为主的道德情感的形成。仅仅依赖以公共权力为基础的政治共同体无法保证道德情感的培育，道德情感的培育必须是一个长期的伦理教化过程。

不管从正义的角度出发，还是从善的角度出发，我们都可以得出正义是一种政治善的结论。罗尔斯认为正义的运行背景在于秩序良好的民主社会，民主社会不同于共同体也不同于社会联合。与公平式正义紧密相连的有两个理念：一个是自由而平等的公民理念；另一个是秩序良好的社会理念。自由而平等的公民具有区分政治价值和非政治价值明确参与政治生活的公共理性，具有区分政治上充分自律形成正义感以及完整生活的理性自律形成个人理性生活计划的善观念两种道德行为能力，作为原初状态限定的公民品德，在打开无知之幕进入现实社会中可以保持稳定性。秩序良好的社会主要有两个特点：一个是封闭的系统，人们生而入其中死而出其外，一旦进入社会就意味着与社会联系一生；一个是社会作为人们相互交往的活动领域不存在一个最终的具体目标，而是保持开放的包容态度容纳所有人的交往与合作。这两个理念作为限定公平式正义观念的限定性条件，先于公平式正义具体内容而存在，而政治共同体则是在公平式正义的政治观念和价值确立之后形成的政治团结。罗尔斯不承认先于正义的政治观念存在的道德观念，也否定社会风俗习惯的客观真理属性，而是认为只要满足了宪政民主公共理性的程序，正义的目标也就相应达成。问题在于，正义目标的实现是否可以保证正义本身获得稳定的运行，以及在一个多元文化的背景之下，仅通过公共理性是否就可以达成政治团结。我们认为正义要获得牢固的稳定性，仅仅依靠公共理性是不够的，还需要集体情感的培育，而情感的培育是内涵于共同体价值的伦理规范。

在罗尔斯看来，共同体作为整全性学说的伦理同构，与孕育合理的多元价值冲突的公民社会有着本质不同。然而，否定共同体价值的正义很难获得集体情感的培育，而依赖共同体价值的正义规范，又会使正义沦落到共同体价值的次要地位，罗尔斯需要在二者之间寻求一个平衡的结合之处，既可以保障建构的正义政治观念对于共同体价值的优先性，又能够实现政治共同体反过来促进正义规范的伦理认同。不同于共同体主义明确宣扬共同体价值对于个人自我发展的构成性意义，罗尔斯主要通过重新定义社会的联合目标来实现共同体价值。罗尔斯对于正义稳定性与共同体善关系的理论探讨经历的三个阶段的演变，体现了罗尔斯从道德哲学向政治哲学的转变，也是其理论探究越来越贴近西方现实社会的过程。罗尔斯的政治哲学转向学者们褒贬不一，总之是一种更加系统化、充实化的理论体系。总体而言，正义观念的整全性质降低，作为政治价值更加确立，同时适用范围也越来越依赖于西方宪政民主的文化环境。

一 作为社会联合的共同体中的正义观

如果早期的罗尔斯对共同体的关注体现了其共同体主义倾向，那么在《正义论》中罗尔斯的共同体思想体现了其个人主义及自由主义视角对于人社会本性的探讨。罗尔斯从自由主义出发，在反对功利主义正义观的基础上，通过康德式道义论建构他的程序正义理论，在关注正义稳定性问题时提出了有关社会联合（social union）的共同体思想。罗尔斯对比黑格尔私有社会与洪堡社会联合观点不同，私有社会是每个人追求个人利益而没有共同信念的社会，社会联合则是共同成员共享合作目的和善的社会。罗尔斯支持社会联合的观点，认为社会联合就是共同体。他引用洪堡的观点，指出社会成员通过在相互需要和发展潜能的基础上形成社会联合，每一个人都可以分享其他人表现出来的才能。人们在只有生活在共同体之中才能充分发挥个人才能，相互合作。① 罗尔斯认为，组织良好社会本身就是一个社会联合形式，可以算是诸种社会联合的社会联合。② 社会联合构成共同体，而社会本身由各种社会联合构成，也就是社会联合的共同体。

罗尔斯通过两个特征论述社会联合的成立，第一个特征是所有成员的

---

① ［美］约翰·罗尔斯：《正义论》，何怀宏、何包钢、廖申白译，中国社会科学出版社2011年版，第526页。

② 同上书，第530页。

最终目的是成功实行公正制度，第二个特征是这些制度形式本身就被人看作善。① 一方面最终目的的论述延续了罗尔斯正当先于善的基本观点，罗尔斯虽然承认社会联合的共同善的存在，但这种善不是先验存在的，而是社会成员共同遵守社会制度准则和正义规范后达成共同目标的结果。每个人都有在公正制度的作用下实现个人活动的意图，这种意图表现为人们通过遵守正义制度达成有效的正义感，每个人分享其他人活动造成的结果和影响，形成人们对于共同事务的共同目的，最终实现对共同善的追求。另一方面正义的实现过程是一种善，制度本身被当作一种善，体现了罗尔斯对善概念本身的发展。这里罗尔斯主要从三个方面加以论证。首先是康德式人是目的的观点，每个人都是自由平等的理性存在物，当人们按照正义原则去行动时，每个人坚持公正制度就实现了个人和集体善的协调。其次是亚里士多德原则对人类活动的界定，根据亚里士多德原则，每个人的合理生活计划都被赋予更为丰富的结构，每个人的私人生活是整体计划的一部分，更大的计划虽然没有支配性目的，但是它的实现必须在社会公共制度下由私人计划的实现得以达成。② 最后，组织良好社会本身作为一种善体现在每个人相互需要的劳动分工上。劳动分工不需要每个人都掌握全面的技术手段，而是充分调动人们各自的能力特长，使人们在优势互补的基础上形成社会联合，是节约人力、物力促进社会进步发展的巨大推动力。

社会联合不仅体现在横向上同时代的成员联合，也表现在纵向上不同时代历史传统的延续中。人是历史与文化的产物，生活在任何一个时代的人们都是之前多代人的延续，不可避免受到数代人历史传统的影响。人们的思想观念、行为习惯，也是受到祖辈们生活习惯的熏陶。每个人都不是孤立的，既表现在与社会中其他成员的紧密联系，也体现在与历史长河中祖先的血脉相通。人格的形成是多方面作用的结果，人生活在其中感受彼此的相互影响，发挥各自的特长潜能，在一个联合的社会中相互承担共同命运，是社会联合的共同体的应有之义。

由于罗尔斯正义理论遭到共同体主义的强烈批判，因此有必要将其与共同体主义者笔下的共同体进行一下比较。桑德尔区分了三种共同体：个人主义的工具型共同体，个人主义的情感型共同体，非个人主义的构成型

---

① ［美］约翰·罗尔斯：《正义论》，何怀宏、何包钢、廖申白译，中国社会科学出版社2011年版，第530页。

② 同上书，第531页。

共同体。其中，桑德尔将罗尔斯作为社会联合的共同体主要看作第二种情感性共同体，同时又有构成型共同体的成分，对于个人主义出发的正义理论来说不协调，桑德尔认为罗尔斯的作为社会联合的共同体与其个人主义出发的自由主义是无法匹配的。① 罗尔斯一方面延续着早期共同体主义倾向观点中对人的社会性的关注，另一方面也体现了其从个人主义视角思考正义问题建构社会联合的努力，不管是个人如何在共同体中获救，还是个人如何在正义的社会中维持有效的正义感问题，贯穿其中的是罗尔斯对于个人与社会关系问题的关注。但是正义论作为一种整全的（comprehensive）自由主义哲学，并未很好地解决这个问题，这使他遭到众多共同体主义思想家的攻讦，也使他后来进一步反思政治自由主义修正作为公平的正义的努力方向。

二　建构自由主义政治共同体中的正义观

罗尔斯作为公平的正义论问世之后遭到共同体主义的强烈批判，加之受到伯林提出的多元价值论的影响，罗尔斯在《政治自由主义》中深入探讨了多元民主社会如何保持长久稳定的问题，提出一种"正义的政治观念"（political conception of justice）的理念。罗尔斯一改《正义论》中以公平的正义作为整全性道德学说的观点，转而从政治自由主义视角探究政治社会的基本结构，建构一种非整全性的政治学说，政治自由主义关注的问题就是"由自由而平等的公民——他们因各种合乎理性的宗教学说、哲学学说和道德学说而产生深刻分化——所组成的公正而稳定的社会如何可能长治久安"②。罗尔斯的正义原则主要以西方多元民主社会作为背景条件。他设定研究的社会是一个封闭的社会结构，这个结构本身自我包容，可以自给自足，所有成员生而入其中死而出其外。③ 在建构政治自由主义的理论背景下，罗尔斯认为多元民主社会背景下的组织良好的社会并不是一种共同体，也不是一种社会联合。这里可以看出罗尔斯对于他在《正义论》中关于社会联合的社会联合观点的否弃，罗尔斯并没有改变他对于联合体本身内涵的界定，而是改变了他以社会联合对现实社会的解释程度。

---

① ［美］迈克尔·桑德尔：《自由主义与正义的局限》，万俊人等译，译林出版社 2014 年版，第 169—175 页。

② ［美］约翰·罗尔斯：《政治自由主义》，万俊人译，译出版社 2013 年版，第 3 页。

③ 同上书，第 11 页。

罗尔斯区分民主社会与联合体两个概念的不同：第一，民主社会是一个政治社会，是一个完全封闭的系统，可以给予人类生活所有目的相应的地位，而联合体是成员可以自愿加入、自愿退出；第二，秩序良好的民主社会没有整全性意义上的任何个人或者联合体具有的那种终极目的，而社会联合本身具有成员加入的基本合作动机，有社会成员共享的最终目标。① 可见，罗尔斯在《正义论》中持有的"组织良好社会是社会联合的社会联合"这个观点在这里变成了"民主社会作为政治社会不是社会联合，也不是共同体"。罗尔斯并不否认民主社会下公民进行社会合作的可能性，而是区分社会合作与社会联合体的不同，根本问题在于个人进行的是什么样的合作，以及这种合作取得了什么样的成就。民主社会的合作是自由平等公民在政治制度背景下基本公正结构中的合作，合作的目的是保证彼此之间的相互正义，为公民追求个人需求提供背景制度，对公民有强制约束力；而社会联合则是作为联合体的成员进行合作，成员加入联合体有着预先的合作动机，并且可以自由改变合作动机同时更换加入的联合体。② 相较而言，罗尔斯认为民主社会也不是共同体，共同体由整全性的宗教、哲学、道德学说支配，而民主社会的完整统一有赖于公共理性，公共理性是公民涉及宪法实质问题运用的理性，并不涉及公民对私人善的追求，公共理性限制了正义的政治观念遵循的原则。

在后来整理出版的《作为公平的正义》一书中，罗尔斯进一步表达了他的共同体思想。由于该书是由罗尔斯课堂讲义整理而成，所以前后的观点有些不一致，正可以看出罗尔斯共同体思想的一些变化。

在前文探讨基本理念中，罗尔斯依然坚持将个人定义为康德式自由平等理性存在物，并且将自由平等人的理念作为其公平正义理论的基本理念之一来探讨。罗尔斯指出个人自由平等的意义主要体现在个人所具有的两种道德能力上：一个是正义观念的能力，另一个是善观念的能力，二者分别对应不同的领域。作为公共领域的正义环境，对应公民道德能力的正义观念能力；作为个人合理生活计划的私人领域，对应公民道德能力的善观念的能力。当罗尔斯指出公民是一种自由平等的理性存在物的平等取向时，主要指的是道德能力的平等，对应的是个人处于政治社会中的平等。

---

① ［美］约翰·罗尔斯：《政治自由主义》，万俊人译，译林出版社 2013 年版，第 37—38 页。

② 同上书，第 38—39 页。

罗尔斯认为个人平等的道德价值在共同体中无法得到保障，共同体对整全性哲学的追求必定会对个人生活产生压制，侵犯个人自由平等的独立权。罗尔斯区分政治社会与共同体的不同，共同体有着共同享有的价值和目的，而现代自由民主多元的政治社会尊重每个人选择自己价值和目的，在理性价值多元时代，共同体用强行政治手段推行统一的道德价值观念是违反自由民主要求的。"一个共同体的成员们在追求某些所共同享有道德价值和目的（不是经济的）中成为一个统一的整体，而这些价值和目的能够使他们支持团队，并一定程度上使他们受其约束⋯⋯一个民主的政治社会不具有任何这样能够共同享有道德价值和目的⋯⋯他们共同享有的目的就是相互正义地对待对方。"① 在此基础上，罗尔斯进一步区分了民主政治社会的理念与共同体的理念，"一个民主社会可以接纳存在于它内部的众多共同体，并努力成为一个社会世界，在这种世界之内，各种各样的共同体繁荣兴旺，和谐相处；但他自身并不是一个共同体，从理性多元论这个事实来说他也不可能是一个共同体"②。政治社会是人们生存的必然基础，共同体只能作为政治社会之下的小团体而存在，人们可以自由出入共同体，但是却无法自由离开政治社会。共同体可以按照共同价值和目的，对人们的贡献大小进行奖励和选拔，但是民主政治社会却不可以根据共享的价值和目对公民进行等级区分。可见罗尔斯这里认为的共同体的目的和价值只能是整全性的宗教、哲学、道德学说，而政治社会却是可以作为多个整全性学说的共享空间。

虽然罗尔斯明确指出政治社会不是共同体，但是在后文正义的稳定性中，针对"作为公平的正义抛弃政治共同体"的反对意见时，又重申政治社会可以作为一个共同体，不是共同体主义者认为的构成型共同体，而是政治共同体。实际上，罗尔斯定义的共同体和共同体主义所定义的共同体本身含义并没有根本区别，都认为共同体拥有对共同目的价值和善的一致性追求，只是不认同共同体主义者认为的政治社会必须是整全性宗教、哲学、道德学说定义的共同体，而是认为政治社会可以由非整全性的政治学说定义塑造共同体。③ 在这个意义上，罗尔斯重申作为公平的正义视野下

① ［美］约翰·罗尔斯：《作为公平的正义》，姚大志译，中国社会科学出版社 2014 年版，第 30 页。

② 同上。

③ 杨晓畅：《试论罗尔斯后期"社会统一"问题及社会观》，《求是学刊》2012 年第 6 期。

的秩序良好社会有着共同善的观念，这一点和《正义论》中探讨组织良好社会的社会联合是一种共同善有相似之处，不同在于前者共同善是不整全的政治哲学追求的社会价值和善，而《正义论》中的社会联合的共同体追求的是一种整全的道德哲学下的共同善。罗尔斯认为，政治共同体只能追求政治意义上的共同目的和价值作为政治上的共同善，而且政治共同善具有对其他善的优先性，除了政治目的以外政治共同体不能追求任何意义上的善。"虽然公民真的没有认可相同的统合性学说，但是他们认可了相同的政治观念。这意味着，他们共同分享一种基本的政治目的，而且这种政治目的具有高度的优先性，也就是说，这种目的就是支持正义制度并且互相以正义相待，更不用说通过政治合作他们必须共有和实现的其他目的了。"① 作为公平的正义之秩序良好社会是一种公民生而入其中的共同社会，主要体现在它对个人来说是一种公共秩序的善，因为它是民主多元社会保障个人自由平等地追求个人合理性善的基础，政治上的公民共享的非整全性学说是个人追求自己整全性宗教道德学说的前提。同时秩序良好社会的共同体本身也是一种善，因为共同体体现了公民之间的相互需要、共同合作，需要公民共同行动得以实现，公民共同分享着共同体的政治目的，本质上也是一种政治上的共同善。这里体现了罗尔斯对于善观念运用的发展，一方面不同于目的论者将善作为社会成员追求的先验目的和价值，罗尔斯的善是公民按照正义制度原则相互合作最终达成的政治结果；另一方面不同于共同体主义者将善定义为社会成员集体共同追求的整合性社会价值和目的，罗尔斯的善观念可以看作在非整全性政治背景下个人合理生活计划的实施。总体而言，罗尔斯将正义作为政治社会的善是其政治稳定性考量的一个重要方面，即每个人都拥有自己私人领域整全善观念，追求合理生活的善目标，但是公共领域中人与人之间的社会交往合作只能以非整全的正义原则的政治善为指导，这样才能减少社会的纷争和不稳定，实现多元民主社会的长治久安。

三　作为政治共同体善的正义观

在罗尔斯的思想脉络里面，正义作为核心理论，作为社会制度的首要

---

① ［美］约翰·罗尔斯：《作为公平的正义》，姚大志译，中国社会科学出版社 2014 年版，第 239—240 页。

价值美德，决定其必然在政治共同体中进行探讨，罗尔斯反复强调正义的最终归宿是共同体的政治善，实际上也就是政治共同体的善。我们可以看到，罗尔斯一直都关注个人与共同体、个人与社会、个人的正当与共同体善的关系，早年倾向于关注共同体，后来个人主义的自由主义视角更为明确。我们认为严格的共同体问题必须涉及参与者共享的个人的自我理解，罗尔斯对共同体思想的变化也与他对参与者人格特征的关注相联系，一方面其整全性道德学说向非整全性政治学说转变，另一方面也可以看到其个人理论与共同体理论关系的变化。罗尔斯在探究神学有机体的共同体时，秉持的是一种人格即共同体理论，而在社会联合共同体和政治共同体中，罗尔斯都是以康德式自由平等理性存在物作为其个人理论的基础。不同的是，正义论视角中的个人理论有建构型人格的倾向，而政治共同体中的人格理论更有彻底的自由主义内涵。

罗尔斯的共同体思想内容虽然经历三个阶段的变化，但是贯穿其中的也有不变的内涵。初期罗尔斯持有一种整全性的哲学学说，认为人类社会是社会联合的联合，后来蜕变为政治自由主义视野下的政治共同体，贯穿其中的是罗尔斯对个人与社会关系的研究。个人的社会性是罗尔斯一直以来坚持的理论基础，社会联合也是罗尔斯一脉相承的关注重点，由始至终其社会观并没有发生根本的变化，即社会是个人赖以生存的环境，秩序良好的社会及相互合作的共同善是罗尔斯旨在实现的理想目标。[1] 而罗尔斯的关注点从个体如何获得在共同体中的救赎，变为如何在个体融入社会的过程中保证个人权利不被侵犯以及如何实现多元民主社会的长治久安，共同体观念经历从道德共同体到政治共同体的转变。这里的变化主要表现为罗尔斯抛弃了《正义论》中提到的社会联合即共同体的思想，罗尔斯在道德层面接受了黑格尔的"私有社会是每个人追求个人利益而没有共同信念的社会"的观点，但是在政治层面依然保持洪堡的"社会联合则是共同成员共享合作目的和善的社会"。罗尔斯并没有放弃社会联合的概念，并没有放弃共同善的追求，只是否定了社会联合具有共同的道德价值和目的的观点，将社会联合从道德层面转化为政治层面，将共同善的追求从道德层面降为政治层面。

通过上面的论述，我们看到罗尔斯由始至终都坚持正当先于善的观

---

① 杨晓畅：《试论罗尔斯后期"社会统一"问题及社会观》，《求是学刊》2012 年第 6 期。

点。正当是个人的理性动机，善是达成的合理结果。正义论中明确提出正义是社会制度的首要价值，个人的善的观念是正义观念的结果，作为社会联合的社会联合也是人们在正义原则的规范下选择个人合理计划达成的社会合作，从而实现的共同善。政治共同体观念中更是明确非整全的政治价值对于个人整全的宗教道德哲学的优先性，区分公共理性对于个人合理性的优先性，以此确定个人正当先于善的行为准则。虽然罗尔斯也对共同体思想有较多关注，但是主要还是作为正义理论的附属物而存在，正义也是优先于共同体的。共同体代表人们对共同善的追求，正义则是人们生而入其中的政治社会制度背景及基本行为规范，正当先于善的观点反映在正义与共同体关系上是正义具有优先性，并且是政治共同体的目的，因此，共同体思想成为实现正义稳定性思考的重要途径。

罗尔斯共同体思想大体经历了年轻时的神学和有机的共同体[①]，作为社会联合的共同体，否定民主社会是共同体进而确立自由主义政治共同体三个阶段，作为神学和有机的共同体是一种整全性宗教学说，作为社会联合的共同体是一种整全性的道德哲学，而最终形成的政治自由主义的共同体则是政治上的非整全学说。一方面其学术转向为其个人经历所致，为应对共同体主义的批判而调整；另一方面也是价值多元文化日益繁荣的时代产物。或许有人会说，罗尔斯的共同体思想对于人们的联合紧密程度要求逐渐降低，有一种理论强度退却的倾向，但是实际效果却并非如此，就像万俊人在《正义为何如此脆弱》中对公平正义是否退却的反思所言，"将'公平的正义'从一种社会伦理原则转变为一种基本的政治原则，在价值理想上的高度上似乎是降低了，后退了，但从其现实实践的可能性和实际操作性上来看，却无异是一种提高和进步，在最起码的程度上，它至少使'公平的正义'目标有了更加坚强有力的社会制度支持和政治保障"[②]。一方面，我们应该看到罗尔斯理论的退却是一种被动的反应，共同体的价值在多元社会越来越失去稳固的根基，道德共同体成为人们努力追求却难以实现的空中楼阁，政治共同体可以算是一种不得已而为之的选择；另一方面，我们也应该看到其思想变化积极的一面，罗尔斯共同体思想从宗教学说到政治学说的退却体现了其理论的日益成熟，界定范围更加清晰，指导

[①] ［美］约翰·罗尔斯：《简论罪与信的涵义》，左稀、仇彦斌、彭振译，中国法制出版社2012年版，中文序第11页。

[②] 万俊人：《正义为何如此脆弱》，经济科学出版社2012年版，第203页。

实践更明确有力。

第四节　共同体因素对于实现正义稳定性的意义

通过梳理罗尔斯正义理论从论证到获取稳定性的整个思路，我们可以看到作为公平的正义观念要获得稳定性，意味着正义不是简单的工具手段，而是包含基本的政治社会善目标，作为政治社会的基本目标而存在，为了实现政治社会的共同善，需要放在共同体的思路中进行考察。

一　基本善的共同体含义

前面我们论述了个体道德情感促进正义稳定性实现方面的具体内容，个体正义感的形成最根本的在于自尊的获得，只有满足个体自尊价值的正义规范才能获得上文论述的自尊内涵的个体心理基础，实际上个体自尊的获得还需要社会经济条件的基础，个体的自尊也与集体的自尊紧密相连，罗尔斯在论述正义稳定性的外在社会条件时指出"公正的宪政制度只有为个人和集体自尊提供政治经济基础才具有可能性"[①]。现代社会人们追求各自定义的幸福生活，很难共享一种终极幸福的目标，因此对于不同价值的平等尊重是当今社会的一个严峻挑战。

罗尔斯的自尊概念依赖于基本正义原则为基础的正义的政治制度来实现，自尊依赖于保障个人权利的政治自由主义来实现，从个人主义角度出发，罗尔斯考察的是普遍的个人权利对于自尊的维护。自尊作为最重要的基本善，是罗尔斯设置的无知之幕与社会契约相结合的理论产物，联系实际情况则是在西方宪政民主文化背景下坚持自由主义宽容原则的基本目标。自尊依赖于社会的相互承认和尊重，是人们彼此之间同等制度保障下社会地位和尊严的象征，个体作为相互交往的道德主体，彼此之间相互承认和尊重是保障个人自尊的基础。罗尔斯认为，承认的尊重是人生而为人就应该具有的平等权利，不依外部的社会物质条件以及个人的文化种族、职业性别与社会地位而改变，体现罗尔斯将道德主体看作与特定的文化族

---

① Paul Weithman, "John Rawls and the Task of Political Philosophy", *The Review of Politics*, Vol. 71, No. 1, 2009, p. 123.

群相剥离的产物。

　　然而，宪政民主的社会环境也是一个充满多元文化差异的社会，正义的调节作用不能不考虑特定文化群体的不同地位。在一个多元族群共存的社会中，个体不能获取作为纯粹抽象的独立个体的自尊，而是依赖于集体族群获得的差别承认与尊重。个体的生存和发展往往维系在文化共同体的范围之内，个体的权利也孕育于集体权利之中，不同族群有着不同的文化认同，也会产生不同的多元主义伦理共同体的承认。如果尊重在多元文化主义群体中有其必要的存在价值，那么尊重也将指向特定群体为单位的人们，泰勒将个体得到社会承认的尊严与特定文化族群的认同紧密联系在一起，[①]弗雷泽认为尊重主要是一个文化价值问题，文化价值本质上指向伦理共同体内涵。[②] 在西方多元社会环境中，多元文化主义的研究方法指出，少数族裔是否获得普遍的平等尊重需要以特定文化共同体（社群）为单位，"族群权利、利益划分与宪政规范也就构成了西方多元文化主义正义理论以及多元文化治理的基本思路"[③]。从中我们可以看到，在个人主义的公民身份与社群角度出发的文化认同之间有着不可避免的紧张关系，以个人权利为导向的正义理论与多元主义文化为基础的多元正义理论之间内含一定的张力。如果个人作为独立存在要获得平等的自尊，那么少数族群的特定文化权利就会被多数个人的集体投票而削弱，而如果给予特定少数族群以特殊权利，那么实际上不同的群体之间就将会得到权利的差别对待。为了既照顾平等承认的个人权利自尊，又考虑特定文化族群的特殊地位，需要兼顾个人平等权利与文化共同体的集体权利，需要在实际的国家治理过程中，兼顾保障个人权利与保护文化共同体的族群权利，在普遍价值与特殊主义之间寻找适当的平衡。

　　总体而言，仅仅依靠政治自由主义制度保障的个人尊严是一种相当空洞的理论产物，现实的文化环境中还应该考虑多元文化的族群地位与社会认同，将政治自由主义制度与不同文化群体的承认和认同问题联系在一起，更接近西方社会的现实环境，"政治自由主义必须要和伦理多元共同

---

　　① ［加拿大］查尔斯·泰勒：《承认的政治》，载汪晖、陈燕谷主编《文化与公共性》，生活·读书·新知三联书店1998年版，第290页。

　　② ［美］南茜·弗雷泽：《正义的中断——对"后社会主义"状况的批判性反思》，于海青译，上海人民出版社2009年版，第23页。

　　③ 常士訚：《多元文化主义的正义理论与多元文化治理》，《政治思想史》2011年第4期。

体主义实现某种结合，前者确保个体在制度上不被羞辱乃至赢得自尊，而后者则承诺安全性、确定性、可靠性乃至幸福本身"①。

二 作为一种共同体价值的正义

正义的基本目标在于保障个体的自尊，个体的自尊本质上要依赖集体自尊的社会经济基础，正义规范本身也延续了社会经济的内涵。社会正义作为一种人为建构的社会德性，包含了社会秩序的基本安排以及社会成员的团结内涵，正义的实现又来自人们对于共同价值的承认。共同体与正义产生密切联系形式上是社会群体与正义的作用，根本上也是为了每个个体的进步和发展，正如马克思所言每个人自由而全面的发展是所有人自由而全面发展的前提，罗尔斯也认为正义对于保障个人自尊的根本意义，正义的最终目标在于人的尊严和发展，而个人的发展又离不开伦理层面的自我理解，因此无论是从正义作为社会道德的实现角度探究，还是从正义旨在实现个体尊严和发展的目标出发，正义都与共同体有着紧密的联系。

正义规范作为政治公共价值，首先依赖于政治共同体的主导作用，政治共同体对于实现正义的稳定性具有基础意义。政治共同体不同于一般意义上的共同体，共同体强调个体的伦理性自我理解，但是政治共同体的根本内容在于基本政治制度中规定的权利义务关系的确立以及稳固的政治系统。政治共同体是正义获取政治稳定性问题的基本保障，作为政治制度的首要美德，正义的运行需要特别考虑政治共同体的内涵。政治共同体与政治系统有着密切关系，涉及政治系统内部的各项政治制度、政治关系以及政治生活中成员的各种行为表现。政治共同体与共同体既有联系又有区别，联系在于，政治共同体归根结底依赖于共同体所包含的共同利益和共同情感，以及共同体成员的认同和支持，或者称作共同体感；不同在于，政治共同体更加受到政治活动操作的影响和干预，政治共同体的形成和发展更多依赖于政治领袖通过建构政治制度、梳理政治关系、组织政治活动、达成政治目标等一系列过程，更注重将彼此独立的社会组织团结在一起的政治力量的运用。

正义作为政治价值，也是人为创造的社会德性，需要探究社会价值规

---

① 周濂：《政治社会、多元共同体与幸福生活》，《华东师范大学学报》（哲学社会科学版）2009 年第 5 期。

范的根本问题，正义的实现依赖于共同体价值，而共同体价值暗含特定的自我伦理理解，蕴含着深刻的伦理道德问题。一般而言，道德与伦理有着不同内涵，黑格尔明确指出二者的差异，他认为道德是特殊实存中的理念，作为个人出发的行为规则，是一种主观精神，伦理是一种普遍存在的理念，依赖于共同体的社会风俗习惯，属于客观精神。① 哈贝马斯主体间交往行动理论详细区分了正义的道德问题与自我理解的伦理问题，正义规范追求普遍的行为规范本质上属于道德问题，而正义规范的内化以及认同又离不开特殊的语境下的伦理自我理解。伦理问题产生于个人与他人共享生活方式的视角，而道德问题中我们则以个人的自我视角出发思考价值规范，"当我们处理一个道德问题时，我们问的是什么样的规则符合所有人的平等利益（或者说什么'对所有人都同样为善'）。但在涉及伦理问题时，我们就要权衡不同的个人和集体的行为取向，他们致力于弄清楚他们是谁以及要成为什么样的人，从而确证自己的同一性以及应当过什么样的生活（或者说什么是'对我/我们从整体上和长远来说是善的'）"②。道德问题意味人类对普遍意义上良善生活的追求，而伦理问题关乎自我的个人理解与集体理解问题，代表不同人群选择不同的良善生活，特定人群共享某种特殊生活方式，可以说道德问题追求个人普遍价值，而伦理问题本质上是特殊群体的认同问题。这样就带来道德问题与伦理问题的冲突视角，表现为"我们是否能够仅仅在我们自己的伦理价值形成的、从而是特殊的世界观和自我观的视角内提出和解答道德问题，或者我们是否从道德的视角扩展这种解释的视角"③。共同体依赖于特殊环境的伦理价值，而正义作为一种独立发挥作用的先验道德标准，往往具有不与特殊共同体风俗习惯相妥协的社会批判含义，道德与伦理的冲突也表现在正义与共同体之间的冲突之中。正义的实现问题需要探究道德情感的形成，即人们对于道德价值的认同和内化过程，对于特定道德价值的认同离不开特殊伦理的自我理解。也就是说，探究正义实现的稳定性问题，既要从普遍的道德规范出发考察政治法律制度的建构，又需要对于特定共同体内部的传统历史文化与社会风俗习惯的伦理性含义进行研究，二者结合于政治共同体这一个复合

---

① ［德］黑格尔：《法哲学原理》，范扬、张企泰译，商务印书馆 2010 年版，第 41 页。

② ［德］尤尔根·哈贝马斯：《后民族结构》，曹卫东译，上海人民出版社 2002 年版，第 233 页。

③ 同上书，第 234 页。

型概念之中。

德沃金指出，伦理学必须有一个"定泊之锚"，一个是主观上"一个处在行动者信念之外的立场，而唯一可能的锚就是行动者的政治共同体的不受怀疑的共同信念"，另一个则是道德风俗习惯的客观正确性。① 承认客观道德风俗习惯的客观性实际上也是否定了不同道德价值的多元性，德沃金认为这种观点实际上否定了自由主义的多元价值与宽容。因此德沃金否定风俗习惯可以成为具有客观真理属性的"定泊之锚"，认为风俗习惯如果成为评价制度的标准，这样的社会理论将变得缺乏批判精神。对于不同学派界定的不同信念，自由主义强调政治共同体对于正义道德价值的优先性，而共同体主义强调伦理共同体对于正义规范的优先性。政治共同体优先论认为需要正式的政治行为维持共同体的统一和团结，政治共同体的集体生活的立法、行政和司法机构从事的行为"就是一个政治机体的共同生活的全部内容，因此仅仅从这种制度角度把公民的共同行为理解为集体行为"②。伦理共同体的共同行为不限于政治活动，而是需要厚重深刻的道德同质性，包括共同体生活的各方面偏好选择，类似一种"拟人论的共同生活观"。在自由主义者看来，这种人格一体化的共同体会侵犯自由主义的宽容价值，因此主张对于个人伦理道德生活保持一定距离的政治共同体价值取而代之，作为实现社会正义的基础。

上文曾论述，正义的产生条件包括主客观的局限性，正是因为人们缺少普遍的仁爱，而且社会环境中的道德学说处于多元价值的竞争之中，所以才依靠正义对人们的行为加以适当的规范和协调。作为法律制度的根本评价标准，正义规范的实现离不开政治共同体作为依托，共同体对于正义的实现一方面体现在政治共同体对于成员资格遵守正义规范的界定，另一方面需要引导人们对于共同体生活方式的认同产生稳定道德情感，为正义运行提供保障，发挥根本作用的是共同体规范。不同政治思想学派有着不同的共同体观念，自由主义强调从普遍的个人权利入手在对社会多元道德冲突尽量保持中立的基础上建构政治共同体，而共同体主义则强调社会成员对于已有现实共同体包含的文化习俗和社会传统的依赖与和解，马克思则主张通过社会革命建构共同利益基础之上的政治共同体，从社会共同体

---

① ［美］罗纳德·德沃金：《至上的美德》，冯克利译，江苏人民出版社 2008 年版，第229—230 页。

② 同上书，第 240 页。

视角探究人的发展需要的权利和德行。① 针对正义与共同体的关系，不同学派也有不同侧重，自由主义的共同体观念关注建构正义制度对于共同体价值的引导，共同体主义则坚持不同正义观念对于各自文化传统的适宜程度，而马克思主义则强调社会革命理想对于共同体正义目标的改造和完善。总体而言，自由主义强调正义政治观念对于共同体价值的优先性，而马克思主义与共同体主义比起自由主义者都更强调共同体价值对于正义的引导。

　　具体而言，在当代西方政治哲学内部，对于共同体与正义关系的探究主要表现为自由主义与共同体主义的分庭抗礼，共同体主义比自由主义有着更实质的共同体内涵。对于共同体价值与正义原则的不同强调，金里卡指出，共同体主义内部也不是完整的铁板一块，又可以分为不同的思想流派，"一些社群主义相信，共同体取代对正义原则的需求。另一些社群主义则认为共同体与正义是完全一致的，但却认为，对共同体价值的恰当尊重要求修改我们的正义观"。后者又分为两种共同体主义观点，"一个阵营论证说，共同体应该被当作正义原则的源泉（也就是说，正义应该基于对社会的共识，而不应该基于非历史的普遍性原则），另一个阵营论证说，共同体应该更大地影响正义原则的内容（也就是说，正义应该加重共同利益的分量，而减少个人权利分量）"②。共同体主义认为"不可能从道德上激发人们对一个政治体的忠诚，除非建立在一个高度同化的共同体基础之上，这就是他们被贴切地称为社群主义者的原因"③。而且，这种共同体不是社会革命的人为建构，而是自然而言的社会习俗的集合，"共同体一直存在共同的社会习俗文化传统以及社会共识中。共同体不必重新建构，相反，共同体需要被尊重和保护"④。当代共同体主义很大程度上继承了黑格尔对于共同体现有秩序的维护和保持，核心概念在于与现实达成某种程度的和解（reconciliation），由于这层原因，人们经常将共同体主义与保守主

---

① 马俊峰、杨晓东：《政治哲学视阈中共同体概念的嬗变》，《华北电力大学学报》（社会科学版）2012 年第 2 期。

② ［加拿大］威尔·金里卡：《当代政治哲学》，刘莘译，上海三联书店 2004 年版，第 378—379 页。

③ ［澳］菲利普·佩蒂特：《共和主义：一种关于自由与政府的理论》，刘训练译，江苏人民出版社 2012 年版，第 109 页。

④ ［加拿大］威尔·金里卡：《当代政治哲学》，刘莘译，上海三联书店 2004 年版，第 377 页。

义相提并论。

　　与共同体主义强调共同体对于人们生活介入的观念相对比，自由主义主张建构一种政治价值与道德价值相对中立的政治共同体，通过政治上的正义调和公共价值与私人生活的矛盾，强调政治共同体对于道德良善生活的优先性。德沃金从批判共同体主义的角度出发建构了自己的自由主义共同体观念，他批判了四种共同体主义的论证，即多数至上论证、家长主义论证、广义上的自利论证以及一体论的论证，以此捍卫自由主义宽容（liberal tolerance）。① 德沃金认为这四种共同体观念具有较多道德实质性要求因而破坏了自由主义宽容，他主张建立一种自由主义政治一体化的共同体模式，自由主义共同体一体观不同于拟人论共同体一体观，前者把共同体生活严格限制在政治活动之上，后者则把共同生活介入人们生活中方方面面的选择偏好。② 罗尔斯建构的政治共同体是自由主义共同体的另一种，作为政治共同体中的基本价值，罗尔斯承认公平式正义的政治观念，即政治自由主义主要适用于西方宪政民主背景下的良序社会，与西方宪政的背景文化有着密不可分的联系，也就是说，罗尔斯式正义的稳定性还依赖于正义本身所在宪政民主的共同文化环境。公平正义本身的变化与正义所处环境有着密切联系，"在稳定、单一的社会中，公平的标准也相对稳定，一成不变。但在不同文化背景的移民与国民相互融合的多变社会中，公平的标准确实在相互了解、不断适应的过程中形成的。在这种情况下，标准改变的速度往往超乎我们的想象"③。罗尔斯所探究的正义稳定性也是在一个较为封闭的西方宪政文化背景下实现的，通过一个理论上的思想实验，获取公平式正义在人们心中以及制度层面获取稳定确立的努力，在当今世界国家、地区之间密切交往的时代背景下，对于现实问题的解决还是力有不逮，要想全面探究正义的稳定性问题，还需要进一步讨论共同体的文化与情感因素。

三　正义稳定性的共同体因素

　　罗尔斯作为公平的正义观念从个人主义出发建构的共同政治社会规

---

　　① ［美］罗纳德·德沃金：《至上的美德》，冯克利译，江苏人民出版社 2008 年版，第218 页。
　　② 同上书，第 241 页。
　　③ ［以色列］埃亚尔·温特：《狡猾的情感》，王晓鹏译，中信出版社 2016 年版，第65 页。

范，要获得正义的稳定性，不仅需要在个人层面对于正义观念形成道德情感，即正义感，还需要探究个人与共同体关系上进一步形成的一种集体共同情感。一个社会要实现稳定的发展，不仅需要正义原则为社会的健康发展提供良好的秩序基础，为人们相互信任与合作提供基本的社会结构安排，还需要进一步探究生长其中的成员的共同体归属感，人们还需要分享共同的历史记忆、当下经历以及未来愿景。当代政治哲学对于共同归属感的研究主要包括三个方面内容，一是对共同体生活方式的强调，二是对共同民族性的强调，三是对政治参与的强调，分别代表了共同体主义、民族主义以及共和主义三种思潮的关注重点。① 罗尔斯致力于在正义的政治观念的基础上实现社会团结和政治稳定，表明了其主旨思想从政治自由主义出发向共同体主义进击的努力，很多学者指出罗尔斯的政治自由主义是一种共同体面貌的自由主义。他对背景文化和身份归属所在共同体的强调，对于"生而入其中死而出其外"的共同成员的界定，都表明了罗尔斯正义的稳定性思想中成员归属以及共同情感问题。前文我们论述罗尔斯正义稳定性问题的两个维度，包括政治建制与道德认同，具体而言，正义作为政治价值依赖于政治共同体强制权力的界定，而作为社会价值的正义规范则需要道德内化为人们的自我认同，二者统一于伦理性共同体价值的确立，因此研究正义的稳定性还需要探究共同体的伦理属性。

正义观念形成稳定性依赖于人们生活在其中的共同体情感，对于集体共同价值生活的认可和接纳，即诱发生活在其中的人们对于共同体的集体情感，这使人类社会中的重大历史事件几乎都有集体情感的身影，"科学、技术和艺术发展主要是个人层面的认知和情感现象，但人类进步历史主要由集体情感支配，战争与条约以及大规模的革命和影响广泛的政治与经济变革均主要由此类情感推动"②。对于集体情感的探讨，从群体心理学之父勒旁开始就对群体无意识做出相当多的探讨，人们生活在群体之中，由于群体的匿名性、无意识以及大众的意图，人们容易增加共情的感受力。同样的一件事情，人们处在集体之中的感受比起一个人来说更加放大，因为当感到后面有集体的支撑，感受到集体的力量，人们会放大对于某种价值观念的认同和反对。在中西方历史上，类似的特殊群体事件层出不穷，

---

① ［加拿大］威尔·金里卡：《当代政治哲学》，刘莘译，上海三联书店 2004 年版，第472 页。

② ［以色列］埃亚尔·温特：《狡猾的情感》，王晓鹏译，中信出版社 2016 年版，第 103 页。

"二战"纳粹德国集体对犹太人的残害等都是集体无意识作用下的迫害事件。群体心理学研究者认为，集体无意识是一种古老的遗传密码，使"铁板一块、相须而行的狂热集团可能会对我们产生强大的情感影响力，几乎可以达到煽动的程度，这在很大程度上源于我们所有人对集体归属感的古老需求"①。正是由于人类群体生活的共同归属感，人类战胜比自己更加凶猛的野兽成为地球的主宰。罗蒂从沃尔泽提出的稀薄与厚重的理论区分正义与忠诚的情感基础问题，认为正义与忠诚都建立在情感基础之上，具体表现为情感较为厚重、理性较为稀薄的忠诚与情感稀薄而理性逐渐厚重的正义之分，"人的道德同一性取决于他认同的团体或多个团体，就像他不可能不忠诚于自己一样，他不可能忠诚于那个团体或多个团体"②。沿着这样的思路，罗蒂将正义定义为"对某个确定的较大团体的忠诚"，正义本身就是对于共同群体的情感忠诚。

罗尔斯从个人主义视角出发，探究正义规范的共同作用，也承认群体归属感对于稳定性不可替代的重要作用。甚至有学者认为后期罗尔斯的关注点已经从康德转向了黑格尔，主要转变体现在他对个体对共同体和解的观点上。在罗尔斯正义稳定性的论述中，正当性一直都是不能绕过的概念，罗尔斯认为正当性是比正义内涵较弱的概念，因而正义要实现稳定运行的前提是政治权力具有正当性，关键是正当性的基础是什么。上文论述了罗尔斯正义观念运行中正当性的主观同意来源，以及正当性的公共理性基础。西方政治哲学从个人主义视角探究公民对于政治权利和义务的自愿接受都是围绕同意展开的，同意作为正当性基础是西方社会契约论传统论述政治正当性的核心概念，关键是以同意为基础的正当性是否足以保障正义观念的稳定运行。我们认为是远远不够的，正义稳定性运行还需要考虑其他因素。爱德华·桑指出罗尔斯将正当性来源界定于一种个体与群体的联系之中，归根结底是一种个体对于共同体的依托关系，是个体生活在特定共同体之中、接受共同体价值观念熏陶而形成的，是将个性融入社会之中的和解。"罗尔斯政治自由主义的核心问题在于，政府的正当性不是对统治的同意，也不是政府服从于适当的正义原则，而是公民基于他们自己正义观念的理解对政府以及对潜在

---

① ［以色列］埃亚尔·温特：《狡猾的情感》，王晓鹏译，中信出版社 2016 年版，第 102 页。
② ［美］理查德·罗蒂：《文化政治哲学》，张国清译，北京大学出版社 2011 年版，第 51 页。

宪政原则的认可（endorsement）。"① 公民的同意体现的是个人主观的公共理性的运用，直接主观做出的明确肯定，明确表达接受与否的态度陈述，而认可包含默认同意的含义，并没有明确表达个人观点的指向，深刻依赖个体与共同体的情感与信念关系。

因此，正当性来自认可而非同意，实际上认可是一种比同意主观性成分更弱的态度。按照我们明确考察与现实社会实际运行的政治正当性思路，罗尔斯的正当性基础有着强烈的个人对于群体的价值认同与和解的共同体因素。正当性的基础分为同意与信念态度，二者相互联系也有不同。共同之处在于都是个人的实际主观认知；不同之处在于同意更具有外部特征，更接近理性的认可，而态度则更倾向于内心的感受，更多来自情感的纽带。以自愿同意为基础的正当性一般指向公民对政治义务的接受程度，社会中政治义务是否合理以至于应该被人们接受，需要得到公民的同意，然而现实生活中每项公共政策并不能完全得到每个人的明确同意表达，更多时候是一种默认的肯定态度。而以情感纽带为基础的正当性则指向个人与群体的认同关系，考虑的不是政治义务必须来自同意的确认，而是公民生长在共同体之中与生俱来的社会责任。前者的同意更具有主观的臆断性和直觉性，因而较不稳定性；后者则植根于个体与群体的长期认同关系，因而更具有政治稳定意义。罗尔斯认为，政治系统是一个生而入其中死而出其外的共同体，也就是最终正当性的获取依赖于个体与群体的关系，以正当性为基础的认可是个体主体依赖于其中群体的认同，依赖于共同体的文化传统与社会价值，这种观点被爱德华·桑称作和解（reconciliation）。总体而言，罗尔斯认为政权中公民的认可并不是提供统治许可，而是与之达成的情感与信念的和解，持有不同整合学说的公民与现实政权在共同体情境中寻找可以和解的重叠共识，作为自身深刻规范承诺的表达，以此影响政治实践，形成道德内化，实现正义的稳定性。

---

① Edward Song, "Rawls's Liberal Principle of Legitimacy", *The Philosophical Forum*, 2012, p. 153.

结论与启示

正义的实现与稳定运行是一个理论联系实际的政治哲学论题，架构的是正义本身的规范内容以及联系现实生活具体运行的桥梁，是正义规范的实现程度问题。罗尔斯的作为公平的正义规范是一个适应于美国当代的宪政文化背景、延续西方政治思想文化传统的思想实验，具有明确规范意义上的正义理论，其理论内涵所具有的特定文化适应性在多大程度上具有普遍适用性是一个深刻的政治哲学问题。罗尔斯的政治哲学是一种当代典型意义的世俗主义道德哲学，致力于关注现实社会正义问题，引发政治哲学主题的改变。我们探究罗尔斯正义观念的稳定性问题，主要内容是围绕其理论内涵的可行性展开讨论，从而进一步探究其理论内涵的可普遍化成分。

一 罗尔斯正义稳定性问题内容总结

（一）确立政治价值作为正义稳定问题的基础——认识论问题

罗尔斯提出的作为公平的正义是一套复杂的正义理论，对于正义两原则的论证体现了理论可欲性的叙述，而理论与现实的联系问题是正义理论的可行性方面。针对正义原则的实现和运行，罗尔斯建构了一套系统的政治哲学思想体系，其中正义大厦的根本基础在于政治价值的确立，就像施密特提出的政治的首要问题是确定敌友，罗尔斯则将政治制度的首要价值确立为正义，将正义首要问题归结为政治制度价值的确立。将政治价值从道德价值中切割出来是其晚年解决正义稳定性问题转向政治自由主义的创新所在，而政治自由主义集中体现的是罗尔斯在政治与真理价值相区分的认识论基础上对于公平正义规范程序与规则共识的强调。

罗尔斯对于正义稳定性问题的探究首先区分出政治问题与非政治问题，排斥完整的真理对于政治生活领域的影响，认为正义观念不具备普遍主义适用性的观点，反映了罗尔斯在认识论层面的基本内容。虽然罗尔斯本人并不承认自己的理论是反本质主义与相对主义，但是将真理排除在正义的政治性内容之外获得社会共识，多多少少具有反本质主义的成分。虽然罗尔斯本人认为现实的人类社会可以具有真理，但是在实现正义的稳定性目标看来，在建构正义的政治观念的民主共识的进程中，应当尽量将真理排除在政治领域范围之外，政治领域的自由、民主与真理领域的无可置疑的绝对性相互矛盾。罗尔斯坚持正义价值高于一切，而正义要获得稳定性的首要条件是建构政治制度观念，政治价值不是整全的哲学学说，同时政治领域的真理事实也不是完整的。政治是党派林立、党派交织的领域，罗尔斯这种为了实现正义而将争议束之高阁的做法在我们看来有一种为了稳定而稳定的表象。与罗尔斯提出一种正义的政治观念相对应，科恩提出一种真理的政治观念来代替罗尔斯在政治领域排除事实真理的做法。如果罗尔斯坚持的正义问题可以明确区分为非整全的政治观念与整全性的全部道德学说，那么真理性质也可以分为政治性与非政治性问题。这是一个典型的认识论问题，关键在于是否可以如此对真理的性质进行划分，进而在于如果我们做出了真理的政治观念与非政治观念的划分，这种定义下的政治观念与罗尔斯排除完整事实的真理是否有本质区别。实际上，虽然罗尔斯排除政治领域的完整真理，但是并没有否认政治价值的普遍真确性，罗尔斯表达了对自由、平等、民主、理性等政治价值不可争辩的存在意义，只不过罗尔斯用共识的概念取代了真理。共识是身处政治生活领域的公民通过从下到上的协商与讨论达成的共同认识，而真理则具有先验不可争辩的专断性，罗尔斯认为这是民主政治生活相违背的价值属性。

政治作为人为创建的充满各种利益关系交织的领域，应该遵循政治本身的内在运行规律，而事实真理作为世界本来面目的真实性质，如果在政治领域否认事实真理的存在，那么政治煽动性危机将大大增加，这些都是有着强烈公共责任意识的政治学者们无法接受的。我们不禁要质疑罗尔斯排除真理追求重叠共识的政治价值的可行性问题，实际上，罗尔斯并没有完全排除真理价值的基础意义，他只是排除了一般性意义上的完整事实真理，然后树立了自由平等人的价值真理。同时，我们都知道真理往往建立在前提条件的限定上，因此必不可少需要探讨一定程度的具体适用范围。这些都是罗尔斯正义理论中的重要内容，正义观念要获得稳定性，不可回避这些具体内容。

（二）探究正义观念获得稳定的个人动机——人论问题

罗尔斯正义获得稳定性的首要条件是在认识论层面确立政治价值的优先性，但是政治价值的优先需要满足特定道德主体的属性。一直以来，自由主义的人性观念常常被批评者总结为是一种脱离社会属性的原子论个人主义，进而被诟病为是一种不切合实际的思想观念，这种说法虽然不乏一定道理但也失之笼统。罗尔斯提出以政治自由主义来解决实现正义的稳定性，也是对于自由主义、个人主义的进一步发展，探究正义观念获得人们心中的道德情感的稳定性，道德主体的本质属性和心理内涵成为必要内容。

按照心理学的启示，人们具有追求个人私利的本性，以此为出发点如何做到人类群体合理节制个人私利从而实现社会公平合作的持久稳定，是人性研究必须要回答的问题。换句话说，正义的稳定性其实就是解决外在确立的正义规范如何获得个人内化于心的自愿接受和认可，人们基于何种正当理由遵循正义规范是一个人如何在正义规范作用下形成道德情感的过程。这种理由既有对于政治价值共识的优先性强调，又与道德主体本身的内在本性相配合，即正义稳定性的内在心理追求建立在对于人性解读的基础之上。罗尔斯的正义稳定性提出了一种规范的政治家治理理论，与此相适应，道德主体也是一种规范性的价值确立。一个正义的政治规范不会获得稳定的持续发展，除非其内部的公民形成了认可该正义政治规范的基本动机。由于建制下的政治制度具有教育宣传功能，对于其治下的民众产生观念上的影响，从而促使人们形成内化于心的道德理念。

具体而言，罗尔斯正义稳定性的道德心理学继承了康德式自由平等的道德主体，同时吸收了休谟式情感主义的因素，正义的政治观念建构具体的政治制度，政治制度通过塑造民众的观念意识，形成追求公共利益的公共政治文化，最终形成稳定的正义观念。其中，公民作为道德主体的本性，是正义稳定性的基本落脚点，更高级的目标则在于最终形成正义稳定性的政治共同体。道德主体作为自由平等的理性存在物具有两种道德能力的行为主体，一种是在一定的社会化作用下形成正义感的倾向能力，另一种是追求个人理性善的能力，总之都是通过外在理性规范形成道德情感的过程。每个道德主体都追求个人的自尊与权利价值，正义规范就是为了符合道德主体这种根本属性而确立的正义原则。罗尔斯定义两种自尊内容，一种是普遍意义上的无差别的平等自尊，另一种是差异性质的评价自尊。前者作为一个独立存在的个体具有被人尊重的特质，后者依赖于社会文化交往活动的相互承认。在个体层面，正义稳定性的落脚点是对于道德主体本身自尊价值的满足，平等的自尊是表明人生而为人的平等价值和地位的存在，但是人的平等存在是以承认个体独立的差异性为前提的，平等的承认与个性自由发展是相得益彰的人性的两翼，一味追求同质化的平等只能造成个体尊严的压制，罗尔斯的自尊基本善是平等的个人自尊，以此为基础的正义感是个人在理性作用下形成的道德情感，是人类社会情感的高级阶段。在罗尔斯正义理论中，个体的自由和权利具有优先性，既是正义两原则第一原则定义的主要内涵，又是政治价值优先性保障的核心内容。然而，正义要获得稳定性，在个体层面的正义感还需要深入探究社会联系的共同交往活动，以分享共同政治善为基础的共同体价值与文化作为正义获得持久稳定的群体因素。在政治共同体的背景下，个体的交往过程依赖于社会活动为载体的文化与制度因素，个体本身的自尊与价值也是社会文化环境与个体相互作用塑造的结果，特定共同文化产生潜移默化的共同情感，与个人高级的理性情感相得益彰，从而实现正义稳定性。正义作为群体的规范价值，共同体因素对于个体视角的正义稳定性具有重要意义。

人性的探究自古以来就是道德原理与政治思想的基础问题，不论是柏拉图关于人性的等级划分，还是康德式自由平等理性的存在物，抑或是休谟式追求感性自利的流动性主体，都与特定的道德伦理学说与政治理想交相呼应。罗尔斯公平式正义的稳定性探究对应政治自由主义观点，作为继承自由主义的个体主义观点，同时吸纳作为互信合作的社会联合的人性观念，是一种改良面目的自由主义，虽然其中蕴含的对于个体自尊的强调依然具有深刻的个人主义理性色彩，对于正义稳定性归属之道德情感的培育，以及对于集体情感的共同体因素的关注，可以看出其调和群体与个体、理性与情感之间张力的努力。同时，罗尔斯探究正义稳定性之人性层面的讨论，可以看作对马克思主张"个人自由而全面发展是所有人自由而全面发展的前提"这一经典论断的进一步诠释，也充分说明了生存在群体中的个人，充满错综交织的复杂性。然而，将人性看作固定不变的自由平等理性存在物，是对人性的抽象和简化，作为生活在社会制度、习俗等观念之中的具体人，因不同的社会环境而发生变化，因不同的历史时期而不同，罗尔斯将人性确立为自由平等理性是固化为特定生产环境之中的人性，是对人本性的简化。

（三）植根于西方宪政民主的公共文化背景之中——适用范围问题

罗尔斯探究的正义的政治观念，即政治自由主义是植根于西方宪政多元民主背景下的良序社会追求正义社会长治久安的思想结晶。正义的稳定性的基本前提条件是适用范围和背景的问题，是理论本身的可行性考量。罗尔斯的正义稳定性是依托于作为公平的正义规范本身的建构与实现问题，有着明确的理论背景作为支撑，依赖于具体规范的西方宪政民主的公共政治文化环境作为支撑，实现起来有着更高的条件要求，"罗尔斯的思路，某些刚性的、无法让步的特性：它既要求长期氤氲化生的民主背景文化，也要求处在稳定的立宪民主整体的政治生活之中，更要求政教成功分离的政治实践经验，这些刚性的条件，让非西方、非民主国家的人们只能仰天长叹"①。

西方宪政民主制度建立在特定的民主公共文化背景之下的思路，是制度与文化、习俗与自然相互影响、相互联系的一般性思路，问题在于罗尔斯一方面论述实现政治权力正当性的公共理性建立在西方宪政民主的传统文化背景之中，另一方面又宣扬政治哲学所具有的教育宣传功能，以公平正义的政治观念为核心内容的政治制度建构可以在很大程度上促进公共政治文化的形成，正如詹姆斯·尼克指出的那样，罗尔斯实际上高估了政治哲学家对于政治文化的建构与塑造作用，现实的传统政治文化经过漫长的历史发展演变，其中广大民众创造的历史文化更具有潜移默化的影响意义，这是罗尔斯理论中并未足够重视的地方。罗尔斯将宪政民主作为西方公共文化相伴而生的产物，宪政民主制度与公共政治文化互为彼此的前提和基础，构成了一个理论的循环，而其中蕴含的宪政民主文化内容，是具有明显英美哲学特色的正义政治观念，对于其他国家社会正义的适用性将大打折扣，或者说只有接受罗尔斯正义理论的宪政民主制度与文化的前提条件，才能进一步发展罗尔斯式的公平正义，这是西方式自由民主等普遍主义价值的当代发展，其在多大程度上具有普适性是罗尔斯正义理论广泛争议的焦点。

---

① 任剑涛：《拜谒诸神：西方政治理论与方法寻踪》，社会科学文献出版社 2014 年版，第 17 页。

二　正义稳定性的文化内涵

（一）政治哲学和政治文化

通过上面的论述我们可以看出，罗尔斯的正义理论进行了一系列复杂的政治哲学论证，通过原初状态的社会契约理论建构，在重叠共识与公共理性理念的基础之上，与现实的制度文化环境相结合。为了实现正义观念的稳定性，从政治社会基本结构的建构、道德心理的规律的探究，到正义作为政治共同体之共同善的塑造等阶段，是一项政治哲学理论的严密论证。然而，政治哲学意义上的正义观念稳定性的论证在多大程度上可以得到现实中人们的接受和认可，是一个复杂的政治社会化过程，与特定的政治文化土壤有着密切的联系。詹姆斯·尼克指出，在现实的社会政治活动之中，政治哲学掌握在少数理论精英的手中，而现实的政治社会的稳定发展则依赖于普罗大众的社会交往和政治活动。罗尔斯对于政治哲学的关注高估了政治哲学对于现实政治实际运行的作用，现实实践的政治活动更多的是一种基于特定历史文化、传统背景、人为操作的多重因素交织的复杂过程，更多依赖于政治文化而非政治哲学的作用。[①]

实际上，罗尔斯政治哲学的自由主义建构，并未忽视对于政治文化的作用，通过对于正义所依赖的政治共同体的探究，正义成为一种共同的政治社会善。虽然正义的出发点是普遍意义上的个人权利和自尊，但是正义的运行和实现路径依赖于西方宪政民主的文化环境。作为公平的正义理论适应于西方宪政民主的特定模式，在西方社会文化环境的土壤中生长出来，通过公民的公共理性达成社会各种道德学说的重叠共识，他的正义稳定性在很大程度是以西方多元主义的宪政民主文化为前提，对于正义观念的稳定性探究也是寻求"积极政治文化的动机推动"。我们说罗尔斯的正义理论具有共同体主义色彩，主要因为正义的稳定性在于寻求普遍主义的正义规范与特殊主义的伦理共同体的实践平衡，合理有效的正义制度需要建立在相应的政治文化基础之上才能获得稳定的支撑。一个多民族的民主国家要获得稳定的联结，不仅仅依靠共同的正义规范，不仅仅依赖基本的社会制度结构的正义程度，更需要对于公民美德的培育，以及每个人都拥

---

① Jams W. Nickel, "Rawls on Political Community and Principle of Justice", *Law and Philosophy*, Vol. 9, No. 2, 1990, p. 209.

有坚持正义规范的正义感，同时还要对政治共同体拥有相当程度的认同感，正义的稳定性需要公民之间形成一种理性的道德情感，最终指向一种相互之间的共同情感。这种情感是指向集体历史与文化的自豪感，是在长期的历史文化的演进中形成的民族认同，与特定的共同体文化相互交织，最终才能促进正义原则的现实运行以及正义目标的实现。

（二）社会正义的文化内涵

社会正义是人类社会的重要价值追求，其根本目标在于保障人的平等尊严和实现人的全面发展。而文化是人类社会交往活动现象的复杂集合，主要内含人类社会的价值目标和精神气质。我们探究社会正义问题，离不开文化视角的解读。广义上看，文化包含人类社会生活的一切现象、市农工商兵等的各种运行规则，"文化，就是吾人生活所依靠的一切"①。狭义上看，文化则主要与文字、文学、思想、学术、教育等内容相关。针对广义与狭义文化概念引申出政治文化的内涵，根据内容、范围的广泛性又可以分为三种，狭义的政治文化主要是西方学者的定义，重点关注民族特性的社会政治心理，"是一个民族在特定时期流行的一套政治态度、信仰和感情。这个政治文化是由本民族的历史和现在的社会、经济、政治活动进程所形成的"②。而广义的政治文化则不仅包括政治态度和情感，还包括政治思想、政治理论、政治制度。介于二者之间的界定则把政治文化界定为政治的主观层面，主要包括政治心理和政治思想、政治评价。③ 西方主流学者将政治文化定义为狭义的社会政治心理层面，始于阿尔蒙德，也有学者将文化解读为一种非正式规则，与制度作为正式规则产生明确的对应关系。④

社会正义的出发点是普遍生而为人的价值和尊严，需要从普遍角度追问人的本质和存在意义，因此对于作为伦理文化存在的人的本质属性和处境的分析，离不开特定文化与环境的界定。社会正义的实现目标指向文化价值确立的人的发展，正义事业的发展需要建立在公民对于国家治理手段与价值观念的文化认同之上。人本质上是一个文化的存在，保障人的尊严

---

① 梁漱溟：《中国文化要义》，上海人民出版社 2005 年版，第 6 页。
② ［美］阿尔蒙德、鲍威尔：《比较政治学——体系、过程和政策》，曹沛霖、郑世平、公婷、陈峰译，东方出版社 2010 年版，第 26 页。
③ 徐大同、高建：《中西传统政治文化比较研究》，天津教育出版社 1997 年版，第 7—8 页。
④ 吕元礼：《政治文化：传统与现代的会通》，人民出版社 2004 年版，第 12 页。

价值和发展的正义必须依赖文化的内涵，"任何真正的正义理论，都以丰富的人类文化内涵为底蕴。如果一种正义观放弃或忽略对文化的关注与理解，这种理论就无法避免人性的贫困与理想的狭隘"①。文化的正义要求主体具有公平公正的精神和意识，认识到社会作为一个公开的人们交往的场所，仅仅考虑个人利益的实现是远远不够的，而是要多多关注社会公共精神的培育。文化正义的精神目标也是作为正义主体的人全面发展的内在要求，每个人的存在依赖于社会中共同交往的良好氛围和实践理性，彼此之间的相互尊重是基本的礼仪。在当今社会中，正义作为规范虽然是不同社会的普遍追求，但是具体到不同的社会环境之中又有着诸多不同的表现。社会正义的具体内容根据不同的文化模式而千差万别，有着对特定文化传统的路径依赖。社会正义的目标界定、实现方式和评价标准都离不开特定的传统文化背景，是特定历史文化沉淀的结果，也是社会正义之静态文化的主要内容，即人们选择适合本民族、本地区发展状况与历史条件相符合的正义目标，进而形成共同的价值追求，成为国民的共同潜在历史意识。文化作为社会正义价值的集合，直接表现为特定的文化背景下诞生特定的正义规范，社会正义的界定需要探究特定社会文化的特点，传统的文化背景使人们形成社会团结，为实现社会正义奠定深厚的历史基础。正义作为特定历史文化时期的产物，随着社会文化模式的转变，社会正义标准也往往发生变化。沃尔泽指出，普遍化正义规范的实现难度，根本问题并不在于利益的排他性，更大的问题在于历史、文化、成员资格的特殊性。即便人们心存公正，政治共同体成为普遍化条件下的人们的理性选择，我们依然将面临一些不可避免的问题：相同处境的人们将选择什么，谁将分享什么的问题。正义是人为建构和解释的，因而分配正义理论有很多答案，在答案范围之内，为文化多样性和政治选择留有空间。②

一方面，本民族的文化传统是实现社会正义的历史价值来源；另一方面现代化文化建设的发展方向又为引导实现社会正义提供了现实的环境基础，促使公平正义价值内化为人们的文化认同。社会正义目标的确立来源于文化积淀，同时又在文化的建设过程中增加更多力量促进正义社会的实现。实现社会正义的价值目标，需要建构公平合理、科学民主的文化发展

① 胡海波：《文化精神的正义呼唤》，《求是学刊》1997 年第 2 期。
② ［美］迈克尔·沃尔泽：《正义诸领域——为多元主义与平等一辩》，褚松燕译，上海人民出版社 2002 年版，第 4 页。

方向，通过现代化的科学民主价值引领实现社会正义的认同意识。实现社会正义的文化建设方向主要是建设政府治理的廉洁文化以及在社会交往中确立公共价值的公民文化。廉洁政府文化是达成公正政府的基础，而塑造公民文化是实现社会公平正义的民众基础。社会的正义与和谐发展目标，来源于特定的文化背景，引导着国家的制度安排和治理方式。社会正义与文化都是人为活动创造的领域，正义首先表现为一种人们共享的公共价值追求，文化则是人们社会生活中赖以存在的思想体系和精神意识形态，思想体系是理性的主观成分，精神意识则是民族的集体无意识，属于超越理性的成分，正义规范的接受与稳定运行是二者结合的产物。文化作为社会正义的基础，很多内容表现为先于人为正义本身而诞生。同时，正义既可以作为人类理想目标的崇高价值追求，又可以作为人类现实行为活动以及制度建构的直接价值指导，前者是普遍的人类最高价值追求，后者则需要贴近人们的日常生活目标。文化是人类长期生活形成的历史沉淀，正义规则的确定和实现本身就是文化表现的一种形式，正义目标的确立虽然是历史文化的传统积累，也可以通过文化的塑造进行更新和完善，文化的塑造是实现社会正义的重要途径。

总体而言，社会正义虽然是人为的创造，但是人本身是一个文化生成的过程。正义作为社会领域的价值目标，也是依托特定文化而诞生的。"社会公正就其作为一种历史实践过程而言，本质上是也只能是依托'构成性共同体'而'自然生成'的历史。"① 自然生成是本民族传统文化的历史沉淀内容，而构成性共同体意味着文化被现代化的科学价值重塑的过程，社会正义的实现既要求与特定的历史文化传统相一致，也需要文化在塑造的过程吸取现代化的科学民主文化价值，实现社会正义目标，而实现社会正义的文化基础，需要文化传统与现代化的文化建设相结合。文化对于是实现社会正义的主要作用表现为文化促进社会成员的团结，引领社会风气，塑造社会正义价值观念的内化以形成人们对于统一正义规范的认同。社会正义的实现基于不同文化的具体内容，文化为社会正义的实现提供可行性的基础支持，关键是建设何种文化可以促进社会正义的有效实现。社会正义的实现主要依靠政治制度的分配和治理活动，制度建构背后

---

① 袁祖社：《公共性的文化建制：中国公民社会公正实践的伦理价值诉求》，《文史哲》2010年第 5 期。

的文化因素对社会正义的实现起到至关重要的作用，社会正义的实现需要树立正确的国家政治文化。社会正义的实现意味着公共性文化的确立。

（三）实现社会正义的文化路径

正义是公共性政治价值的主要内容，要实现社会正义，需要建构公共政治文化作为支撑。公共文化的建立与发展，需要建立在三个现实条件基础之上，"一是人们在明确认识到的共同体中谋求生存条件的满足，二是人们自觉意识到他们是在同一个政治共同体中满足发展权益，三是他们愿意并乐于在一个共同体中处理相互的生活问题。这三个条件分别与现代市场、现代政治与现代社会的建构相对应"①。公共文化的确立与市场经济的完善、民主制度的健全以及公共性政治参与意识的提高紧密相连，代表了一个成熟文明社会的发展程度。

正义的实现与文化认同有着密切的关系。随着世界交流的日益丰富和频繁，文化之间的影响与融合也在进一步发展，正义规范本身的可行性问题需要建立在相应文化的认同基础上。"特定文化对于特定群体的生存是性命攸关的。有了它，一个群体才能够成为一个共同体，使共同体具有内聚力，拥有自己的个性和生命，并使共同体得以维系、运转和成长。"② 不同正义规范的竞争对于既有的正义规范构成威胁和挑战。正义的实现需要连续性，而多元价值观的冲突不可避免地威胁正义的稳定和持久。作为文化的产物，不同的文化背景下相应会产生不同的正义规范，特别是西方政治文化背景下自有制度的多元文化冲突，正义规范产生于特定的历史文化背景之中，文化的冲突也会带来正义规范本身的价值冲突。③ 这样的复杂环境给正义的实现增加了难度，社会正义的具体内容在于调节社会中各种价值的矛盾和对立，实现社会秩序的有序发展，主要手段在于公共性的政治活动调节，公共性文化是公共性政治正义获得稳定运行的精神基础。

三 罗尔斯正义稳定性思想中的普遍价值与共同价值

普遍价值作为一种对于价值的规范性描述，意味着价值本身的广泛适

① 任剑涛：《后革命与公共文化的兴起——〈后革命时代的公共政治文化〉前言》，《开放时代》2007 年第 2 期。
② 马德普、常士间：《多元文化存在的不可避免性与人类文化的繁荣》，《云南行政学院学报》2009 年第 5 期。
③ ［美］约翰·罗尔斯：《政治自由主义》，万俊人译，译林出版社 2013 年版，第 3 页。

用性，作为西方主流的自由民主思想，一直以来标榜自身的普遍性，通过各种手段向世界推广。罗尔斯正义理论作为西方政治自由主义的代表，也代表了自由主义普遍价值的基本特征，主要表现为在自由民主宪政制度下维护个人权利与自尊，实现社会联合的稳定发展等。作为基本社会结构与安排，其在多大程度上具有普遍适用性，需要不断追问。与此相对应的是，习近平主席在联合国大会上提出人类社会"共同价值"理念，指出"和平、发展、公平、正义、民主、自由，是全人类的共同价值"的论断，以此作为指导构建人类命运共同体的价值理念。比起普遍价值思路，共同体价值理念更能代表全人类发展的同步性和一致性，比起普遍性推广的价值对人类主体有更少的压迫性。我们认为，越是抽象的一般性理论越具有普遍适用性，越是具体性要求越具有条件特殊性，罗尔斯正义理论中纷繁复杂的限制性条件，在很大程度上说明了其理论具备有限的普遍性。罗尔斯正义理论作为当代西方世界具有新鲜活力的政治思想，虽然并不适用于世界上所有国家，但是其中包含着人类社会追求的共同价值。

罗尔斯对于作为公平的正义规范获得稳定性思想的探究，内含一般性正义规范的实现问题，表明罗尔斯不仅仅关注抽象的政治哲学论证，以及西方社会的稳定发展，也指明了多元主义文化环境下共通性问题的解决思路，特别是将理论与现实相结合的实践思路，是理论内容的扩展和升华。虽然其中的共通性问题代表着普遍意义上的条件，需要剥离特定的刚性条件谈论正义规范对于多元价值与文化的区分与整合，但是其中蕴含着丰富多彩的共同价值，包含着人类社会生活的众多内涵与发展方向，对于其他文化环境中的人们解决问题有着重要的启示性意义。罗尔斯对于正义问题的研究和探讨将正义主题引入政治哲学，使其成为被人们广泛关注的话题，当代政治哲学在自由、平等的基础上更加深了对于社会正义、全球正义的深入反思。正义问题是政治哲学的古老而根本的问题，社会中的诸多问题都和公正与否密不可分，比如社会公共资源优化分配的公平与效率的平衡问题，公共权力与私有财产的规范尺度问题，以及国家之间成员的资格与难民救助问题等，都是现实社会公平正义问题的主要内容。罗尔斯反思公平式正义及其稳定性为我们解决政治制度建构、成员资格确立、社会公共资源分配等提供了指导方向，蕴含了深刻的共同价值成分。

对于正义的实现途径而言，罗尔斯正义理论也提供了很多启示。罗尔斯在承认社会多元文化的基础上做出政治自由主义的改进，个人权利和自尊依然是最为根本的正义内容。虽然罗尔斯将自由主义改进为非整全性的政治自由主义，坚持这样的区分具有广泛的适用性，同时在实现范围上增加更多限制，那就是西方宪政民主背景中的多元文化社会。罗尔斯认为不管是自由主义社会还是功利主义社会，抑或是民主社会主义社会都会接受以个人基本权利和自由为基础的政治制度，同时，基础的法权正义概念的建设对于政治正义优先性强调，对于实现政治制度的建设具有根本指导意义。对于公平式正义两原则的具体内容及其先后顺序学者们可能有较多争议，但是正义稳定性以及实现过程的限制性规范，可以指示我们共同的公正追求。首先是对于个人政治权利与自由的重视，其次是社会经济平等权利的补偿，公共政策向弱势群体倾斜以此来维护他们的自尊，进一步而言，道德主体的情感培育是正义规范获得稳定的最终归宿，正义感、羞耻感、负罪感等相关道德情感的运行原理以及形成过程，都是具有一定普遍性意义、充满共同性价值的重要内容。贯穿其中的是个人与群体的关系，从个人主义视角出发的社会契约论作为主要方法，共同体思想体现人们对特定个人生存环境中生活方式的理解。我们知道个人主义思想是自由主义价值的根本出发点，个人与群体二者之间的张力是政治哲学的永恒话题。罗尔斯从个人主义视角出发向共同体思想因素的变化，体现其对当代西方多元民主社会随着价值多元文化发展、传统价值遭到更新瓦解时，社会如何维系并保持稳定繁荣的深入反思，从建构正义理想到解决现实正义问题的转变，代表其思想观点的改进与完善。

罗尔斯曾指出政治哲学的四种主要功能，即实践功能、推理与反思的导向功能、与现实的和解功能，以及探讨实践政治之可能性的极限功能。[1]罗尔斯正义理论提出的无知之幕设想因为简化了现实问题，遭到学者们诸多批评，但是其对于正义稳定性的探究体现了理论与现实相结合的实践思路，深刻的哲理思考代表了其蕴含的推理与反思功能，宪政文化的多元认同代表了与特定文化背景的和解，同时也为现实政治树立了不断推进的理想边界，即确立现实主义乌托邦（realistically utopian），这几个方面为我们探究公平正义的实现，以及广泛的公共政治参与提供了指导。罗尔斯建构的现实主义乌托邦是一个将理论与实践相结合的尝试，充分体现了其运用

---

[1]　John Rawls, *Lectures on the History of Political Philosophy*, edited by Samuel Freeman, Massachusetts：Harvard University Press, 2008, p. 10.

政治哲学的四种功能，表明了罗尔斯不限于理论探讨的书斋式冥想，而是有着与现实紧密结合、将理论付诸实践的政治抱负，代表了一种知识分子的社会责任和践行努力，表现了一位有着强烈社会关怀和时代感的思想家的胸襟和气度。进一步而言，建构的正义政治观念是一种与现实和解而非批判的思路，也因此遭到了一些批评。我们认为，与现实和解首先是一种支持现有基本制度的思考路径，和解并不意味着不加改变，而是代表着渐进改良思路，意味着以循序渐进的方式作为改变社会的手段，表明我们对于社会的发展和进步最终指向一种和谐共存的方向。建构的正义理想对于指导现实改变有导向作用，这种指导不是高高在上、遥不可及的空洞说教，而是通过温和途径改善现实，趋近理想达成与现实的和解，对于渐进改革稳步推进实现中国特色社会主义公平正义具有一定启示。

四 罗尔斯正义稳定性问题对于中国特色社会主义公平正义的启示

罗尔斯正义稳定性问题中包含实现社会正义的一般性探讨，其正义理论中通过政治制度的建构维护个体尊严和权利，在道德情感形成规律基础之上对于公民正义感的培育，以及建构公共政治善为目标的共同体道路，对于建设中国特色社会主义公平正义有重要启示意义。罗尔斯对于正义稳定性的探究告诉我们要想获得社会的稳定发展，需要维护并实现建立在保障个体尊严和价值基础之上的社会正义。社会正义规范要实现社会中的稳定性运行，首先需要建立公共制度的建构，进而以此基础培育公民的理性道德情感，正义稳定性主要是道德主体在个体层面获得足够动机支持的内在正义感，同时将以公共政治善为主要内容的共同体文化作为基础内容，形成社会成员之间的联合纽带，实现个人与群体层面的双重稳定。

社会公正/正义问题本身包含着"公共性"的伦理道德要求，反映在现实社会的具体运行过程中，则主要是公共领域关于社会基本结构的公平分配体制和过程，既有经济上的物质分配，又有法律制度上的权利、义务分配。实际上，正义问题并不深入涉及经济运行的基本规律，而是关于如何让社会共享经济发展带来的成果问题，关乎如何对公共资源进行合理平衡的分配，尽可能满足更多人的基本需求，实现个人价值。如果正义问题归结为发展问题，那么明显的结果就是在效率与公平的对立中优先选择效率价值而非公平程序，而正义问题则是处理公平与效率的关系问题。罗尔斯提出正义是社会制度的首要美德，关乎社会的基本结构，在学术界被广泛引用论证正义问题。虽然我们认为罗尔斯的观点主要适用于物质水平较为发达的西方宪政民主文化世界，虽然社会正义关乎社会德行的培育，但是也都承认正义问题首先是一项严肃的政治制度建制问题。实现社会正义的主体主要是国家，国家代表的公共价值与公共治理能力在维护社会正义的过程中具有决定性作用，社会正义价值也是国家治理的基本目标。

当代中国处于国家治理主导社会发展的重要时期，面临政治、经济、文化等全方面的改革和社会转型，经济上逐步推进市场经济深化发展，政治上不断深化政治体制改革，加强国家治理，促进人们共同富裕，实现社会全面发展的伟大目标。现代社会发展的必经过程，也是社会矛盾突发的过程，亨廷顿曾经断言现代性蕴含着稳定，但是现代化的过程却充满不稳定因素。医疗、卫生、教育都有可能面临巨大的社会危机和压力，面对危机，主要看国家治理水平的差异而带来的国家治理效果。社会中的各种矛盾更可能激化，更需要国家规范市场经济的运行、维护社会的安定团结、实现社会公平正义，特别是削减贫富差距以及维护个人权利与尊严方面。当代中国在社会发展过程中社会公正问题越发凸显，多方面的社会不公正问题相继涌现，经济发展水平的贫富差距、医疗教育等资源的地域差异等，都涉及各种社会正义问题。一段时间之内，发展问题依然是当今中国崛起的首要问题，同时社会正义也是国家健康发展的重要指标。

分析当今中国的社会正义，建构社会主义的公平正义，一方面要深切关注显而易见的经济分配中的贫富差距问题，对于低收入群体和弱势群体的保护成为公共议题的关注焦点；另一方面也应该注重一系列复杂的公平正义问题，从制度法律层面维护广泛民众参与的平等权利。双管齐下，兼顾效率和公平，才能逐步走向共同富裕。"时至今日，社会正义问题已不单单是经济正义问题，它不仅是与个体自主'参与性平等'等政治自由主义诉求相联系的一种政治价值，而且也是社群主义和公民共和主义关于个体自我认同、'善生活'等诉求相联系的一种文化——政治价值。"① 社会公平正义目标的实现首先在于清晰界定以政治价值观念为基础的政治制度的建设，完善各级政治制度、机制建设。相应的政治观念对应相应的政治制度建设，作为社会主义的国家制度，更具有维护最广大人民的根本利益

---

① 邓正来：《中国语境中的社会正义问题》——序〈转型中国的社会正义问题〉》，《法制与社会发展》（双月刊）2013 年第 5 期。

价值内涵，充分调动广大公民的政治参与积极性，提高公民的公共责任意识。国家作为公共利益与公共权威的代表，应积极发挥公共治理职能，通过法律、制度的手段规范社会公平正义的标准，并通过严格的执行和监督手段贯彻法律制度目标的落实到位，从而促进我国社会主义公平正义目标的深入推进。

参考文献

一 中文译著

[澳] 菲利普·佩蒂特：《共和主义：一种关于自由与政府的理论》，刘训练译，江苏人民出版社 2012 年版。

[德] 费迪南·滕尼斯：《共同体与社会》，林荣远译，商务印书馆 1999 年版。

[德] 弗雷德里希·尼采：《人性的，太人性的——一本献给自由灵魂的书》，杨恒达译，中国人民大学出版社 2005 年版。

[德] 哈贝马斯：《在事实与规范之间》，童世骏译，生活·读书·新知三联书店 2014 年版。

[德] 黑格尔：《法哲学原理》，范杨、张企泰译，商务印书馆 2010 年版。

[德] 卡尔·施米特：《合法性与正当性》，刘小枫编，冯克利、李秋零、朱雁冰译，上海人民出版社 2015 年版。

[德] 卡尔·施密特：《政治的概念》，刘小枫编，刘宗坤、朱雁冰等译，上海人民出版社 2015 年版。

[德] 康德：《道德形上学探本》，唐钺译，商务印书馆 2012 年版。

[德] 康德：《法的形而上学原理——权利的科学》，沈叔平译，商务印书馆 2008 年版。

[德] 康德：《实践理性批判》，邓晓芒译，人民出版社 2013 年版。

[德] 马克思：《1844 年经济学哲学手稿》，人民出版社 2014 年版。

[德] 马克斯·韦伯：《经济与社会》，阎克文译，上海人民出版社 2010 年版。

[德] 马克斯·韦伯：《学术与政治》，钱永祥等译，广西师范大学出版社 2015 年版。

[德] 尼采：《道德的谱系》，周红译，生活·读书·新知三联书店 1992

年版。

[德] 叔本华：《叔本华论道德与自由》，韦启昌译，上海世纪出版集团2006年版。

[德] 尤尔根·哈贝马斯：《包容他者》，曹卫东译，上海人民出版社2002年版。

[德] 尤尔根·哈贝马斯：《合法化危机》，刘北成、曹卫东译，上海人民出版社2009年版。

[德] 尤尔根·哈贝马斯：《后民族结构》，曹卫东译，上海人民出版社2002年版。

[法] 布莱兹·帕斯卡尔：《思想录》，钱培鑫译，译林出版社2012年版。

[法] 卢梭：《爱弥儿》，李平沤译，商务印书馆1996年版。

[法] 卢梭：《忏悔录》（第二部），范希衡译，商务印书馆1986年版。

[法] 卢梭：《论人类不平等的起源和基础》，李常山译，商务印书馆1997年版。

[法] 卢梭：《社会契约论》，何兆武译，商务印书馆2014年版。

[古希腊] 柏拉图：《理想国》，郭斌和、张竹明译，商务印书馆2015年版。

[古希腊] 亚里士多德：《尼各马可伦理学》，廖申白译，商务印书馆2003年版。

[古希腊] 亚里士多德：《政治学》，吴寿彭译，商务印书馆2010年版。

[加拿大] 威尔·金里卡：《当代政治哲学》，刘莘译，上海三联书店2004年版。

[美] 阿尔蒙德、鲍威尔：《比较政治学——体系、过程和政策》，曹沛霖、郑世平、公婷、陈峰译，东方出版社2010年版。

[美] 阿拉斯代尔·麦金太尔：《伦理学简史》，龚群译，商务印书馆2003年版。

[美] 阿拉斯戴尔·麦金泰尔：《谁之正义？何种合理性》，万俊人、吴海针、王今一译，当代中国出版社1996年版。

[美] 阿拉斯戴尔·麦金泰尔：《追寻美德》，宋继杰译，译林出版社2011年版。

[美] 艾里希·弗洛姆：《健全的社会》，孙恺祥译，上海译文出版社2011年版。

［美］艾里希·弗洛姆：《占有还是存在》，李穆等译，世纪图书出版公司
　　2015 年版。

［美］艾伦·布坎南：《马克思与正义》，林进平译，人民出版社 2013
　　年版。

［美］戴维·伊斯顿：《政治生活的系统分析》，王浦劬译，华夏出版社
　　1999 年版。

［美］弗洛姆：《为自己的人》，孙依依译，生活·读书·新知三联书店
　　1988 年版。

［美］汉娜·阿伦特：《过去与未来之间》，王寅丽、张立立译，译林出版
　　社 2014 年版。

［美］汉娜·阿伦特：《论革命》，陈周旺译，译林出版社 2007 年版。

［美］汉娜·阿伦特：《人的境况》，王寅丽译，上海人民出版社 2014
　　年版。

［美］理查德·罗蒂：《偶然、反讽与团结》，徐文瑞译，商务印书馆 2005
　　年版。

［美］理查德·罗蒂：《文化政治哲学》，张国清译，北京大学出版社 2011
　　年版。

［美］列奥·施特劳斯：《自然权利与历史》，彭刚译，生活·读书·新知
　　三联书店 2011 年版。

［美］罗伯特·诺齐克：《无政府、国家和乌托邦》，姚大志译，中国社会
　　科学出版社 2014 年版。

［美］罗纳德·德沃金：《至上的美德》，冯克利译，江苏人民出版社 2008
　　年版。

［美］迈克尔·桑德尔：《公正》，朱慧玲译，中信出版社 2015 年版。

［美］迈克尔·桑德尔：《自由主义与正义的局限》，万俊人等译，译林出
　　版社 2014 年版。

［美］迈克尔·沃尔泽：《正义诸领域——为多元主义与平等一辩》，褚松
　　燕译，译林出版社 2002 年版。

［美］南茜·弗雷泽：《正义的中断——对"后社会主义"状况的批判性
　　反思》，于海青译，上海人民出版社 2009 年版。

［美］塞缪尔·亨廷顿：《文明的冲突与世界秩序的重建（修订版）》，周
　　琪、刘绯、张立平、王圆译，新华出版社 2012 年版。

［美］涛慕思·博格：《罗尔斯：生平与正义理论》，顾肃、刘雪梅译，中国人民大学出版社 2010 年版。

［美］约翰·凯克斯：《反对自由主义》，应奇译，江苏人民出版社 2008 年版。

［美］约翰·罗尔斯：《简论罪与信的涵义》，左稀、仇彦斌、彭振译，中国法制出版社 2012 年版。

［美］约翰·罗尔斯：《罗尔斯论文全集》，陈肖生等译，吉林出版集团有限责任公司 2013 年版。

［美］约翰·罗尔斯：《万民法》，陈肖生译，吉林出版集团有限责任公司 2013 年版。

［美］约翰·罗尔斯：《正义论》，何怀宏、何包钢、廖申白译，中国社会科学出版社 2011 年版。

［美］约翰·罗尔斯：《政治自由主义》，万俊人译，译林出版社 2013 年版。

［美］约翰·罗尔斯：《作为公平的正义》，姚大志译，中国社会科学出版社 2014 年版。

［以色列］埃亚尔·温特：《狡猾的情感》，王晓鹏译，中信出版社 2016 年版。

［英］G. A. 科恩：《拯救正义与平等》，陈伟译，复旦大学出版社 2014 年版。

［英］伯林：《反潮流：观念史论文集》，冯克利译，译林出版社 2002 年版。

［英］布莱恩·巴里：《正义诸理论》，孙晓春、曹海军译，吉林人民出版社 2011 年版。

［英］戴维·米勒、韦农·波格丹诺：《布莱克维尔政治学百科全书》，邓正来编译，中国政法大学出版社 1992 年版。

［英］戴维·米勒：《社会正义原则》，应奇译，江苏人民出版社 2008 年版。

［英］哈特：《法律的概念》，张文显、郑成良、杜景义、宋金娜译，中国大百科全书出版社 2003 年版。

［英］亨利·西季维克：《伦理学方法》，廖申白译，中国社会科学出版社 1993 年版。

［英］亨利·西季维克：《伦理学史纲》，熊敏译，江苏人民出版社 2008 年版。

［英］霍布斯：《利维坦》，黎思复、黎廷弼译，商务印书馆 2015 年版。

［英］洛克：《政府论》（下），叶启芳、瞿菊农译，商务印书馆 2015 年版。

［英］齐格蒙特·鲍曼：《共同体》，欧阳景根译，江苏人民出版社 2003 年版。

［英］乔纳森·沃尔夫：《政治哲学导论》，王涛、赵荣华、陈任博译，吉林出版集团有限责任公司 2009 年版。

［英］乔治·克劳德：《自由主义与价值多元论》，应奇等译，江苏人民出版社 2008 年版。

［英］休谟：《道德原则研究》，曾晓平译，商务印书馆 2015 年版。

［英］休谟：《人性论》，关文运译，商务印书馆 2014 年版。

《休谟政治论文选》，张若衡译，商务印书馆 2012 年版。

［英］亚当·斯密：《道德情操论》，谢宗林译，中央编译出版社 2015 年版。

［英］约翰·格雷：《自由主义的两张面孔》，顾爱斌、李瑞华译，江苏人民出版社 2002 年版。

［英］约翰·密尔：《论自由》，许宝骙译，商务印书馆 2014 年版。

［英］约翰·穆勒：《功利主义》，徐大建译，上海世纪出版集团 2011 年版。

《弗洛伊德文集6》，车文博主编，长春出版社 2004 年版。

二　中文著作

邓正来、郝雨凡主编：《转型中国的社会正义问题》，广西师范大学出版社 2013 年版。

慈继伟：《正义的两面》，生活·读书·新知三联书店 2001 年版。

李建华：《道德情感论：当代中国道德建设的一种视角》，北京大学出版社 2011 年版。

李义天主编：《共同体与政治团结》，社会科学文献出版社 2011 年版。

梁漱溟：《中国文化要义》，上海人民出版社 2005 年版。

吕元礼：《政治文化：传统与现代的会通》，人民出版社 2004 年版。

谭安奎：《公共理性与民主理想》，生活·读书·新知三联书店 2016 年版。

谭安奎：《政治的回归：政治中立性及其限度》，中央编译出版社 2007 年版。

万俊人：《正义为何如此脆弱》，经济科学出版社 2012 年版。

汪辉、陈燕谷主编：《文化与公共性》，生活·读书·新知三联书店 1998 年版。

王利：《国家与正义：利维坦释义》，上海人民出版社 2008 年版。

徐大同、高建：《中西传统政治文化比较研究》，天津教育出版社 1997 年版。

姚大志：《何谓正义：当代西方政治哲学研究》，人民出版社 2007 年版。

姚大志：《罗尔斯》，长春出版社 2011 年版。

赵汀阳：《论可能生活》，生活·读书·新知三联书店 1994 年版。

周保松：《自由人的平等政治》，生活·读书·新知三联书店 2010 年版。

周濂：《现代政治的正当性基础》，生活·读书·新知三联书店 2008 年版。

周濂：《正义的可能》，中国文史出版社 2015 年版。

三　中文论文

常士闫：《多元文化主义的正义理论与多元文化治理》，《政治思想史》2011 年第 4 期。

陈江进：《正义感及其进化论解释——从罗尔斯的正义感思想谈起》，《伦理学研究》2011 年第 6 期。

程立昱：《霍布斯论社会契约与公平正义》，《党政干部学刊》2010 年第 8 期。

丛占修：《罗尔斯的稳定性论证探析》，《天津社会科学》2011 年第 2 期。

窦炎国：《论道德认知》，《西北师大学报》（社会科学版）2004 年第 6 期。

段元秀：《西方政治思想中的共识理论研究——从"个体同意"的共识到"对话与交往"的共识》，博士学位论文，天津师范大学，2015 年。

顾速：《多元民主社会中的重叠共识与公共理性》，史军译，《马克思主义与现实》2008 年第 1 期。

顾速：《重叠共识如何可能——后期罗尔斯的自由主义理念》，《南京大学学报》（哲学·人文·社会科学）1999 年第 4 期。

郭良婧：《论"伦理信念"的失范与重建》，《宁夏社会科学》2018 年第

7 期。

韩东屏：《论对行为的道德评价方法》，《华中科技大学学报》（社会科学版）2011 年第 4 期。

胡海波：《文化精神的正义呼唤》，《求是学刊》1997 年第 2 期。

胡炜赟：《羞感：道德生成的情感机制——马克斯·舍勒羞感理论解读》，《理论与现代化》2013 年第 5 期。

黄芳、张国清：《正义感与成员利益：罗尔斯良序社会之考察》，《浙江社会科学》2014 年第 2 期。

李刚：《秩序良好社会的稳定基石——浅谈罗尔斯的重叠共识》，《学术论坛》2012 年第 4 期。

李荣山：《共同体的命运——从赫尔德到当代的变迁》，《社会学研究》2015 年第 1 期。

廖申白：《西方正义概念：嬗变中的综合》，《哲学研究》2002 年第 11 期。

刘擎：《政治正当性与哲学无政府主义：以西蒙斯为中心的讨论》，《华东师范大学学报》（哲学社会科学版）2007 年第 5 期。

刘杨：《正当性与合法性概念辨析》，《法制与社会发展》2008 年第 3 期。

刘永忠：《试论道德评价标准的层次结构系统》，《道德与文明》2000 年第 6 期。

马德普、常士誾：《多元文化存在的不可避免性与人类文化的繁荣》，《云南行政学院学报》2009 年第 5 期。

马庆：《正义与相互性——罗尔斯理论中的可欲性与可行性》，《内蒙古社会科学》（汉文版）2007 年第 3 期。

秦州：《正义感：休谟与罗尔斯两种阐释的同异性辨析》，《人文杂志》2013 年第 3 期。

任剑涛：《后革命与公共文化的兴起——〈后革命时代的公共政治文化〉前言》，《开放时代》2007 年第 2 期。

舒远招：《"正义优先于利他"——西方哲学家的一个重要命题及其现实启发意义》，《湖湘论坛》2013 年第 6 期。

宋广文、李晓芹：《论公民正义感的培养》，《中国德育》2007 年第 3 期。

万俊人：《制度的美德及其局限》，《中国人民大学学报》2005 年第 3 期。

王宏伟：《古希腊城邦共同体中的民主政治与奴隶制——一种共同体理论的研究视角》，硕士学位论文，天津师范大学，2008 年。

王嘉:《社会稳定性的道德心理基础——评罗尔斯的"正义感"概念》,《江淮论坛》2010 年第 1 期。

阎孟伟:《"道德危机"及其社会根源》,《道德与文明》2006 年第 2 期。

杨伟清:《罗尔斯正义理论中的"稳定性问题"》,《学术月刊》2007 年第4 期。

杨晓畅:《多元社会的正义事业——罗尔斯政治自由主义"社会统一论"研究》,博士学位论文,吉林大学,2011 年。

杨晓畅:《试论罗尔斯后期"社会统一"问题及社会观》,《求是学刊》2012 年第 6 期。

杨勇:《正义的局限:批判正义的三种理路》,《求索》2009 年第 5 期。

姚大志:《公共理性与政治合法性——评罗尔斯的政治自由主义》,《江苏行政学院学报》2010 年第 2 期。

姚大志:《正义与罗尔斯的共同体》,《思想战线》2010 年第 4 期。

姚大志:《重叠共识观念能证明什么?——评罗尔斯的政治自由主义》,《天津社会科学》2009 年第 6 期。

袁祖社:《公共性的文化建制:中国公民社会公正实践的伦理价值诉求》,《文史哲》2010 年第 5 期。

张国清、刁小行:《正义、忠诚和团结——罗蒂与沃尔泽社会批判理论之比较》,《浙江社会科学》2013 年第 4 期。

赵协真:《试论康德对道德主体的规定》,《云南大学学报》(社会科学版)2009 年第 1 期。

赵新居:《浅议道德行为与道德评价》,《新疆社科论坛》1996 年第 3 期。

郑湘萍、李绍元:《正义感的基本内涵及现实意义》,《湘潭师范学院学报》(社会科学版)2003 年第 5 期。

周保松:《稳定性与正当性》,《开放时代》2008 年第 6 期。

周濂:《从正当性到证成性:一个未完成的范式转换》,《华东师范大学学报》(哲学社会科学版)2007 年第 6 期。

周濂:《正当性与合法性之辨——评戴岑豪斯〈合法性与正当性〉》,《读书》2014 年第 5 期。

周濂:《政治社会、多元共同体与幸福生活》,《华东师范大学学报》(哲学社会科学版)2009 年第 5 期。

朱勇:《道德的正义内涵及其形成途径——兼论多重视角下的自律和他

律》，《云南社会科学》2013 年第 5 期。

四 英文著作

Bernard Williams, *Ethics and the Limits of Philosophy*, Taylor & Francis e – Library, 2006.

James H. Kuklinski, *Citizens and Politics: Perspectives from Political Psychology*, Cambridge: Cambridge University Press, 2008.

John Rawls, *A Theory of Justice*, Massachusetts: Massachusetts: The Belknap Press of Harvard University Press, 2005.

John Rawls, *Lectures on the History of Moral Philosophy*, edited by Barbara Herman, Massachusetts: Harvard University Press, 2000.

John Rawls, *Lectures on the History of Political Philosophy*, edited by Samuel Freeman, Massachusetts: Harvard University Press, 2008.

Joseph Raz, *The Morality of Freedom*, Oxford: Oxford University Press, 1986.

Paul Weithman, *Why Political Liberalism: On John Rawls's Political Turn?*, New York: Oxford University Press, 2010.

五 英文论文

A. John Simmons, "Justification and Legitimacy", *Ethics*, Vol. 109, No. 7, 1999.

Alan Apperley, "Liberalism, Autonomy and Stability", *The Journal of Political Science*, Vol. 30, No. 2, 1990.

Alexander Kaufman, "Stability Fit and Consensus", *The Journal of Politics*, Vol. 71, No. 2, 2009.

Brian Barry, "John Rawls and the Search of Stability", *Ethics*, Vol. 105, No. 4, 1995.

EdWingenbach, "Unjust Context: The Priority of Stability in Rawls's Contextualized Theory of Justice", *American Journal of Political Science*, Vol. 43, No. 1, 1999.

Edward F. McClennen, "Justice and the Problem of Stability", *Philosophy & Public Affairs*, Vol. 18, No. 1, 1989.

Edward Song, "Rawls's Liberal Principle of Legitimacy", *The Philosophical Forum, 2012.

Fabienne Peter, "Rawls' Idea of Public Reason and Democratic Legitimacy", *International Political Theory*, Vol. 3, No. 1, 2007.

Frank Thilly, "Conscience", *The Philosophical Review*, Vol. 9, No. 1, 1900.

George Klosko, "Political Constructivism in Rawls's Political Liberalism", *The American Political Science Review*, Vol. 91, No. 3, 1997.

George Klosko, "Rawls, Weithman, and The Stability of Liberal Democracy", *Res Publica*, Vol. 21, No. 3. 2015.

George Klosko, "Rawls's Argument from Political Stability", *Columbia Law Review*, Vol. 94, No. 6, 1994.

George Klosko, "Stability: Political and Conception: A Response to Professor Weithman", *Res Publica*, 2015, Vol. 21, No. 3.

George Klosko, "Rawls's 'Political' Philosophy and American Democracy", *The American Political science Review*, Vol. 87, No. 2, 1993.

H. L. Hart, "Rawls on Liberty and Its Priority", *The University of Chicago Law Review*, Vol. 40, No. 3, 1973.

Henry Shue, "Liberty and Self – Respect", *Ethics*, Vol. 85, No. 3, 1975.

J. E. Creighton, "Reason and Feeling", *The Philosophical Review*, Vol. 30, No. 5, 1921.

James R. Zink, "Reconsidering the Role of Self – Respect in Rawls's a Theory of Justice", *The Journal of Politics*, Vol. 73, No. 2, 2011.

Jams W. Nickel, "Rawls on Political Community and Principle of Justice", *Law and Philosophy*, Vol. 9, No. 2, 1990.

Jeanne S. Zaino, "Self – Respect Rawlsian Justice", *The Journal of Politics*, Vol. 60, No. 3, 1998, pp.

John Rawls, "Justice as Fairness: Political not Metaphysical", *Philosophy & Public Affairs*, Vol. 14, No. 3, 1985.

John Rawls, "Kantian Constructivism in Moral Theory", *The Journey of Philosophy*, Vol. 77, No. 9, 1980.

John Rawls, "Political Liberalism: Reply to Habermas", *The Journey of Philosophy*, Vol. 92, No. 3, 1995.

John Rawls, "The Basic Structure as Subject", *American Philosophy Quarterly*,

Vol. 14, No. 2, 1977.

John Rawls, "The Idea of an Overlapping Consensus", *Oxford Journey of Legal Studies*, Vol. 7, No. 1, 1987.

John Rawls, "The Idea of Public Reason Revised", *The University of Chicago Law Review*, Vol. 64, No. 3, 1997.

John Rawls, "The Priority of Right and Idea of the Good", *Philosophy & Public Affairs*, Vol. 17, No. 4, 1988.

John Rawls, "The Sense of Justice", *The Philosophy Review*, Vol. 72, No. 3, 1963.

Joseph Raz, "Facing Diversity: The Case of Epistemic Abstinence", *Philosophy & Public Affairs*, Vol. 19, No. 1, 1990.

Joshua Cohen, "Truth and Public Reason", *Philosophy & Public Affairs*, Vol. 37, No. 1, 2009.

Kurt Baier, "Justice and the Aims of Political Philosophy", *Ethics*, Vol. 99, No. 4, 1989.

LarryKrasnoff, "Consensus, Stability, and Normativity in Rawls's Political Liberalism", *The Journal of Philosophy*, Vol. 95, No. 6, 1998.

MiguelVatter, "The Idea of Public Reason and the Reason of State: Schmitt and Rawls on the Political", *Political Theory*, Vol. 36, No. 2, 2008.

Onora O'Neill, "Political Liberalism and Public Reason: A Critical Notice of John Rawls, Political Liberalism", *The Philosophy Review*, Vol. 106, No. 3, 1997.

Patrick Neal, "Does He Mean What He Say? (Mis) Understanding Rawls's Practical Turn", *Polity*, Vol. 27, No. 1, 1994.

Paul Weithman, "John Rawls and the Task of Political Philosophy", *The Review of Politics*, Vol. 71, No. 1, 2009.

Paul Weithman, "Reply to Professor Klosko", *Res Publica*, Vol. 21, No. 3, 2015.

Richard Sherman, "Fairness and the Dynamic Stability of Institutions", *The Journal of Conflict Resolution*, Vol. 45, No. 3, 2009.

Robert J. Yanal, "Self - Esteem", *Noûs*, Vol. 21, No. 3, 1987.

Roberto Alejandro, "What Is Political about Rawls's Political Liberalism", *The*

Journal of Politics, Vol. 58, No. 1, 1996.

Roger Paden, "Rawls's Just Savings Principle and the Sense of Justice", *Social Theory and Practice*, Vol. 23, No. 1, 1997.

Ronald Dworkin, "Liberal Community", *California Law Review*, Vol. 77, No. 3, 1989.

Russell Hittinger, John Rawls, "Political Liberalism", *The Review of Metaphysics*, Vol. 47, No. 3, 1994.

Silje A. Langvatn, "Legitimate, but Unjust; Just, But Illegitimate: Rawls on Political Legitimacy", *Philosophy and Social Criticism*, Vol. 42, No. 2, 2016.

Stephen L. Darwall, "Two Kinds of Respect", *Ethics*, Vol. 88, No. 1, 1977.

Sterling Lynch, "The Fact of Diversity and Reasonable Pluralism", *Journey of Moral Philosophy*, No. 6, 2009.

Susan Moller Okin, "Justice, Gender and the Family", *Ethics*, Vol. 105, No. 1, 1994.

Susan Moller Okin, "Political Liberalism, Justice, and Gender", *Ethics*, Vol. 105, No. 1, 1994.

Thomas Nagel, "Rawls On Justice", *The Political Review*, Vol. 82, No. 2, 1973.

后　记

　　本书是以博士学位论文为原型改编而成，重新修改书稿也是重温读博经历的过程，三年的读博生涯与三年的工作生涯相得益彰，让人感慨时光匆匆，庆幸的是所学没有荒废。读书生涯有曲折、悲伤、焦躁、无奈，工作之后也常常身不由己，回顾这一路，思考价值与观念问题是一直以来的坚持。努力向前的人生路宛如一场异彩纷呈的梦幻之旅，初时欣喜亢奋，中间纠结厌烦，最后和解坦然。好在过去这一段尽力完成了一份书稿的撰写与出版，恳请专家老师们评阅与批评，于我而言表达观点到这个水平已经是对能力与精力的巨大考验，不管结果如何都是自己需要承担的责任。

　　三十多年的人生经验告诉我，没有什么事是轻而易举、一帆风顺的，随着阅历的增加，更让人理解珍惜当下的意义。很多事物都是不断努力争取的结果，包括自由与公正，过程常常充满难忘的经历，有众多值得怀念与感恩的人和事。如阿多尼斯诗中所言，"无论我们身在何处，都有泥土相伴，那是永恒的相会；无论我们身在何处，都有时光伴随，那是永恒的离别"，过往存于心中，时光永远向前，我们能做的只有铭记与感恩。记忆是无声的翅膀，带我们飞入怀念的天堂，指引前进的方向。

　　感谢天津师范大学徐大同教授、高建教授、马德普教授、佟德志教育、刘训练教授等老师们引领我进入西方政治思想的学习和研究，本书的很多参考书出自当年的课堂阅读书目，为我进一步思考社会正义问题打下了坚实的理论基础。感谢西华师范大学聂应德教授、任中平教授、李永洪院长、张思军副院长对我出版学术著作的支持和鼓励。

　　最后感谢四川省社科规划后期资助项目以及西华师范大学学术著作出

版基金的资金支持。感谢中国社会科学出版社王琪编辑认真负责的审稿与润色，减少了书中很多语句的错误。同时也感谢家人、朋友的宽容与谅解，为我减少了许多后顾之忧。

乔新娥
2020 年疫情期间